CATRIN GEORGE PONCIANO

LEISER TOD IN LISSABON

Kriminalroman

emons:

Lust auf mehr? Laden Sie sich die »LChoice«-App runter, scannen Sie den QR-Code und bestellen Sie weitere Bücher direkt in Ihrer Buchhandlung.

Bibliografische Information der Deutschen Nationalbibliothek
Die Deutsche Nationalbibliothek verzeichnet diese Publikation in der Deutschen Nationalbibliografie; detaillierte bibliografische Daten sind im Internet über http://dnb.d-nb.de abrufbar.

MIX
Papier aus verantwortungsvollen Quellen
FSC® C083411

Umschlagmotiv: Montage aus Cristina Macia/Pixabay.com, shutterstock.com/Captblack76
Umschlaggestaltung: Nina Schäfer
Gestaltung Innenteil: César Satz & Grafik GmbH, Köln
Lektorat: Susann Säuberlich, Neubiberg
Druck und Bindung: CPI – Clausen & Bosse, Leck
Printed in Germany 2020
ISBN 978-3-7408-0783-2
Originalausgabe

Für Arménio

Wer das Kap bezwingen will,
muss erst den Schmerz besiegen.
Gott gab dem Meer Abgründe und Gefahren
und ließ es doch den Himmel spiegeln.

»Das portugiesische Meer« von Fernando Pessoa

25. November 1975, Dragoner Hauptquartier, Lissabon

Es geschah an einem klirrend kalten Sonntagmorgen Ende November. Auf den Wiesen im Park am Torre de Belém knirschte Raureif in der steifen Nordwestbrise. Die einlaufende Flut presste von Sturm und Brandung aufgewühltes Meerwasser schlammbraun in den Tejo. Unruhig klatschte der Fluss gegen den Kai in Alcântara. Die Bars am Cais do Sodré hatten längst die Schotten dicht gemacht. Die leichten Mädchen lagen in ihren eigenen Betten. Lissabon suchte erschöpft Schlaf und blieb dennoch aufmerksam wach.

Ein Streifen Morgendämmerung zuckte silbrig am östlichen Horizont. Er begrüßte den Tag, den kein Portugiese über fünfzig jemals vergessen würde. Es war der Tag, an dem Portugiesen auf Portugiesen geschossen hatten.

Kommandant Romeu drehte den schweren Eisenschlüssel im Schloss der Tür zum Waffenarsenal um. Dann folge er seinen Kameraden hinter die Mauerbrüstung auf die Dachterrasse über dem Exerzierhof und forderte absolutes Redeverbot. In der Stille des Morgens hörte er die zwei herannahenden Militärjeeps bereits, noch bevor sie am Kutschenmuseum rechts in die Calçada da Ajuda abbogen und über das spiegelglatte Kopfsteinpflaster die steile Gasse zur Kaserne hinaufschlingerten.

Romeu gab das verabredete Zeichen. Seine Gefährten duckten sich, das geladene Gewehr bei Fuß. Kein einziger Laut verriet sie.

Im Hauptquartier der Dragoner Militärpolizei blieb alles ruhig. Nebelperlen, in denen sich das Morgenlicht spiegelte, verwandelten kunstvoll gewebte Spinnennetze in schimmernde Ketten in den Arkadenbogen im Patio der Kaserne. Sperlinge mit aufgeplustertem Gefieder hockten dicht gedrängt im Jacaranda-

Baum. Die Turmglocke der Kapelle schlug. Es war sieben Uhr morgens. Nichts deutete auf die drohende Gefahr hin.

Zwei Militärpolizeistreifen kehrten von ihrer Patrouillenfahrt zurück. Beim Aussteigen klopften die Soldaten ihrem Sergeanten für die erfolgreiche Razzia in Alcântara kumpelhaft auf die Schulter, verstauten ihre Schlagstöcke und Revolver in ihrem Gürtel und schlugen den Weg zur Messe ein. Ihre Hände steckten in Wollhandschuhen, um den Hals hatten sie einen Schal gebunden. Ihre Wangen und Ohren glänzten rot von der bitterkalten Nachtluft. Atemwölkchen begleiteten ihren Wortwechsel. Sie freuten sich auf heiß gebrühten Kaffee mit süßer Milch, Salzsardinen und frisch gebackenes Brot. Und liefen den Soldaten des Kommandanten Romeu direkt in die Falle.

Als der erste Schuss in der morgendlichen Stille barst, ließ der Koch in der Kasernenküche fluchend eine Pfanne mit Spiegeleiern fallen. Die Sperlinge flatterten erschreckt auf und tschilpten ohrenbetäubend durcheinander.

Der Sergeant schubste seine Kameraden hinter die Säulen im Bogengang. »Kopf einziehen«, befahl er und zog seinen Revolver.

Der Militärputsch am 25. November 1975 begann.

1

Donnerstag, 8. August

Lissabon ächzte. Agonie lag in der Luft. Die seit Wochen andauernde Hitzewelle machte die Stadt apathisch. Tag und Nacht blies warmer Wind durch die Straßen, pustete schwüle Luft durch das Gassenlabyrinth im Burgviertel, durch jede Ritze an Fenster und Türen in die Häuser. Die aufgeheizte Luft brannte in den Augen, kratzte auf der Haut und klebte auf den Lippen. Einen solch erbarmungslos heißen Sommer hatte es seit 1975 nicht mehr gegeben, sagten die Alten und trotzten den Temperaturen jenseits der vierzig Grad Celsius mit stoischer Gelassenheit.

Lissabon bewegte sich bloß mehr im Schneckentempo. Der sonst chaotische Verkehr schleppte sich dahin. Der Alltag passierte untertourig. Nur der Fremdenverkehr hielt die Stadt und ihre Menschen auf Trab. Melancholische Fado-Melodien dudelten aus den Radios in den Café-Bars. Leiser als sonst, als sei es sogar den Musikapparaten zu heiß. Die kunterbunten Basthocker vor den Lokalen blieben unbesetzt, die Gäste flüchteten ins schattige Innere.

Über den auf die Straße vor den Kneipen aufgebauten Grillstationen säuselten Qualmfähnchen. Die Grillroste waren leer. Die andauernde Hitze verdarb jeglichen Appetit auf frische Sardinen oder würzig scharfes Hähnchen vom Holzkohlegrill. Kellner standen vor leeren Terrassen, lustlos mit dem Rücken gegen eine Hauswand gelehnt. Die Hemden bis zum Bauchnabel aufgeknöpft, fächerten sie sich mit einer Zeitung Luft zu. Über Fußball oder Politik mochte heute keiner von ihnen streiten.

In den Küchen standen Köchinnen und Abwäscherinnen barfuß auf den Fliesen, umringt von einer Kompanie Ventilatoren, und rührten lustlos in dampfenden Töpfen. Überall in dem Häuserlabyrinth in der Altstadt Alfama, das sich vom

Burgfried Castelo de São Jorge bis zum Ufer des Tejo den Hügel hinab ausbreitete und dessen Ursprung bis in die einst maurische Besetzung der Stadt zurückreichte, brummten die Klimaanlagen an den Fassaden der schmalen, Wand an Wand gebauten alten Häuser auf Hochtouren, bis in dem altersschwachen Kabelsalat entlang der Häuserfassaden ein Kabel durchschmorte und der Kurzschluss mit einem zischenden Geräusch sämtliche Aggregate zum Stillstand brachte.

Die Haustüren in der Nachbarschaft standen offen. Wer nicht arbeitete, hockte spärlich bekleidet, lethargisch tatenlos auf der Türschwelle. Einzig den Kindern des Viertels war die Hitze egal. Sie planschten und tobten in dem von der Gemeinde gestifteten mobil aufgestellten Schwimmbecken im Schatten eines Feigenbaumes hinter der Igreja de São Miguel und gluckten vor Vergnügen.

Vom letzten Straßenfest übrig gebliebene Krepppapierblumen zitterten an gespannten Leinen in den Weinranken über dem vermoderten Brunnen auf dem Platz. Auf der Treppe neben dem Brunnen saß ein buckliger Junge und sang.

Die schlanken Glockentürme der Kirche überragten die rostrot schraffierte Dachlandschaft in der unteren Alfama. Die Igreja de São Miguel stand in dem Teil der Alfama, wo früher die Frauen der Fischer fangfrischen Fisch am offenen Stubenfenster anpriesen. Zwar verkaufte nun keine Hausfrau mehr Fisch am Fenster, dafür gab es Ginja. Ein Gläschen Kirschlikör im Vorbeigehen, ein Euro. Und es gab den Fado. Lissabons Schicksalsgesang zum Mitweinen. Die Igreja de São Miguel markierte das Herz des Fado-Viertels für Touristen. Ihre barocken Kuppeln reckten sich in den postkartenblauen Himmel.

Durch das zweiflügelige Portal fand bloß wenig Sonnenlicht Einlass in das Innere des Gebetshauses. Im Lichtkegel der Sonnenstrahlen tanzten Staubpartikel durch den Mittelgang bis zum Altar. Die sonst von Lissabon-Besuchern stets gut besuchte Kirche war an diesem unerträglich heißen Augustnachmittag bis auf einen einzigen Besucher leer.

Die Kirchenwächterin Dona Rosário saß an einem niedrigen Tischchen auf einem Hocker und sortierte Rosenkranzketten. Ihre von Gichtattacken gekrümmten Finger entwirrten flink die feinen Schnüre der religiösen Heilsbringer, die sich in den Händen hereinströmender Touristen täglich wieder neu verhedderten.

Ihr Blick wanderte aufmerksam umher. Den letzten Besucher beobachtete sie bereits seit geraumer Zeit und schielte auf ihre Armbanduhr. Siebzehn Uhr zehn. Die Besuchszeit war vorbei. Sie wollte die Kirche schließen.

Zehn Minuten wollte sie dem Besucher noch geben. Schließlich kannte sie ihn. Er kam jeden Tag zum Beten, begrüßte sie und verabschiedete sich bei ihr und erkundigte sich nach ihrem Befinden. Ein Senhor mit guten Manieren. Sonst verließ er die Kirche stets pünktlich um kurz vor fünf. Dass er heute später kam und länger blieb, musste einen Grund haben. Deswegen wollte Dona Rosário ihn nicht stören.

Sie seufzte, stand auf und tippelte den Mittelgang entlang durch das Kirchenschiff am Altar vorbei zur Kapelle der heiligen Mutter Maria.

»Senhor«, wisperte sie und berührte den Mann sanft an seiner Schulter. »Wir schließen.«

Der Mann sackte zur Seite und blieb regungslos auf der Bank liegen. Seine Augen standen weit offen. In einer Wunde in seiner Stirn steckte ein langer metallener Gegenstand.

Dona Rosário schrie laut »Jesus« und noch lauter um Hilfe.

***

Aus den geöffneten Dachgaubenfenstern einer Patriziervilla hallten Gitarrenakkorde, rhythmisches Händeklatschen und das Echo klappernder Absätze auf Parkett. Sechs Frauen übten in dem Tanzsaal auf einem ehemaligen Dachboden Flamenco, bis die Holzdielen unter ihren Schuhsohlen vibrierten.

»Meninas! Bitte!«, forderte ihre spanische Tanzlehrerin Carmenzita trotz flirrender Hitze und klatschte laut den Takt der Musik. »In jedem Schritt will ich euren Puls spüren. Stuten seid ihr. Stolze Stuten. Zeigt euren Stolz. Kinn hoch, Brust raus, Schultern aufrecht, Rücken durchdrücken. Dora, deine linke Ferse tritt nicht fest genug auf, du kannst das besser. *Un, dos, trés, quatro.*«

Inspetora-Chefe Dora Monteiro aus dem Morddezernat der Kriminalpolizei Lissabon, Secção de Homicídios da Polícia Judiciária de Lisboa, trat absichtlich heftig mit der linken Ferse auf. Spitze, Ferse, Spitze, rechts, links, immer im Wechsel. Ihre Arme, ihre Hände, ihre Finger, alles an ihr zuckte im Takt des Gitarrenspiels, das aus den Lautsprechern dröhnte, begleitet von dem für Flamenco eigentümlichen Jammergesang und dem ureigenen rhythmischen Klatschen der Hände. Dora kombinierte Schrittfolgen mit Drehungen, je nach Dramaturgie der Melodie mal langsamer, mal schneller.

»Ferse, Spitze, Ferse, Ferse«, zählte Carmenzita, verbesserte Haltungsfehler ihrer Schülerinnen, rückte hier eine Taille in Position, hob dort ein Kinn an, drückte behutsam Schultern zurück. »Einatmen, ausatmen, Becken spannen und wieder von vorn.«

Gleich beim ersten Akkord ließ sich Dora vom eindringlichen Takt des Flamencos einfangen und durch den Saal treiben.

»Dora«, mahnte Carmenzita in ihrem unnachahmlichen spanisch-portugiesischen Singsang-Tonfall. »Dein Telefon vibriert.«

Dora ließ die Arme sinken. *Chatice!* Ausgerechnet jetzt. Seit Jahren wollte sie tanzen lernen, ihr im Dauerlauf denkendes Gehirn abbremsen, hach, einfach einmal alldem Druck ihrer Arbeit entfliehen und hatte endlich eine Tanzschule in der Nähe ihrer Wohnung gefunden, aber fast jede Tanzstunde kam ihr etwas dazwischen. Meistens eine Leiche.

»Cardoso, fassen Sie sich kurz.«

»Boa tarde, Senhora Inspetora-Chefe, wir haben einen Mord in der Alfama. Der Boss will Sie. Sensibles Terrain, sagt er.«

Sensibles Terrain? Womöglich ein Minenfeld mitten in Lissabon, von dem sie nichts ahnte?

Cardosos Antwort »Kirche« erreichte ihr Ohr.

Dora machte: »Oh.«

Sehr viel mehr fiel ihr dazu momentan nicht ein. Schließlich standen in der Altstadt ihrer Heimatstadt über einhundert Gotteshäuser, da war ein Mord in einer Kirche statistisch betrachtet nichts Außergewöhnliches. Jedenfalls heutzutage nicht. Im Mittelalter war im Namen der Kirchen ja ständig hingerichtet worden. Die Inquisition tagte mitten in Lissabon noch im späten 18. Jahrhundert ein allerletztes Mal, und die Richter des Heiligen Stuhls ließen die Verurteilten auf dem Rossio-Platz vor der Igreja de São Domingos auf dem Scheiterhaufen verbrennen. Ein Olivenbaum, ein schlichter Marmorobelisk mit dem christlichen Fischsymbol und ein Davidstern mahnten in Gedenken an die Opfer, die auf grausame Weise während der Epoche der Katholischen Könige in Portugal zu Tode gekommen waren.

Heutzutage gehörten Kirchen zu den Rückzugsorten derjenigen Lissabonner, die einen Augenblick des Innehaltens fern vom Lärm im Hexenkessel ihrer Stadt suchten, und zu den Wirkungsstätten für Taschendiebe, die den Lissabon-Urlaubern während ihrer Besichtigungstouren in den Kirchen und Klöstern mit großer Geschicklichkeit die Geldbörsen mopsten.

»Igreja de São Miguel? Natürlich weiß ich, wo die steht. Im Fado-Viertel für Touristen. Carlos soll mich abholen.«

Dora drückte den Anruf nachdenklich weg. Ein Mord in einer Kirche. Das klang spannend.

Der Tatort war definitiv kein Zufall. Für die Nachbarschaft in der Alfama sorgte ein Toter am helllichten Tag jedenfalls für reichlich Kanonenfutter bei den täglich mehrfach wiederkehrenden Treffen zum Cafezinho in der Konditorei um die Ecke und bedeutete für Schaulustige und Anwohner eine morbidschaurige Abwechslung bei dieser sengenden Hitze. Wie ein Lauffeuer würde sich die Kunde ausbreiten und schneller, als von der Kriminalpolizei gewünscht, die Nachrichtenredaktionen erreichen, unkte Dora.

Geschmeidigen Schrittes kam Carmenzita zu ihr. »Du hast großes Talent für den Tanz meiner Heimat, Dora, aber kein Herz für dich selbst«, kommentierte sie, als sich Dora mit den Worten »Ein neuer Fall« für den Anruf entschuldigte und sich zum Umziehen zurückzog.

Die Worte ihrer Tanzlehrerin trafen Dora scharf in die feine Naht zwischen ihrer Sehnsucht nach einer Welt ohne Bösewichte und ihrem professionellen Ich als Inspetora-Chefe. Seit sie ihren Vater und ihre Kindheit verloren hatte, lebte, arbeitete und atmete sie für den Wunsch, Mörder zu jagen. Ihr Ehrgeiz trieb sie nach der Tragödie rund um den bis heute ungeklärten Mordfall an ihrem Vater unerbittlich dazu an, die Beste zu sein und die jüngste Inspetora-Chefe der Lissabonner Mordkommission zu werden. Ihre Karriere war steinig, schmerzvoll und oftmals bis unter die Gürtellinie demütigend gewesen, denn sie musste sich stets gegen die männlichen Anwärterkollegen durchsetzen. Mit besseren Noten. Mit schnellerer Kombinationsgabe. Mit durchschlagenden Ergebnissen. Nun, sie hatte es geschafft. Ihr Ehrgeiz trug Früchte. In Polizeikreisen war Dora hoch angesehen.

Doch ihr Erfolg schürte auch Neid. Bei ihren Kollegen galt Dora als unnahbar schwierig, weil sie, seit sie befördert worden war, niemandem mehr nach dem Mund redete und Hierarchiestrukturen altmodisch fand. Ihre Mitarbeiter hofften auf Nähe, auf einen gelegentlichen Drink nach Feierabend und auf den Austausch von Vertraulichkeiten, was Dora schlichtweg ablehnte. Ihre Vorgesetzten hofften auf Gehorsam, verlangten ihn manchmal auch sehr nachdrücklich, den sie, falls für die Aufklärung ihres Falls nötig, verweigerte, um stattdessen eigene Wege zu gehen.

Privat gab es in Doras Leben im Gegensatz zu ihrem aufregenden Berufsleben überraschend wenig Abwechslung. Von den täglichen Telefonaten mit ihrem Großvater und gelegentlichen amourösen Ausschweifungen einmal abgesehen, zählten die Tanzstunden bei Carmenzita zu ihrem derzeit einzigen Privatvergnügen.

Dass ihr Leben zwischen zwei Mordfällen, an Tatorten, in den Räumen der Gerichtsmedizin, auf Friedhöfen und bei Zeugenvernehmungen passierte, hatte sie in den vergangenen fünfzehn Jahren voll und ganz ausgefüllt, aber seit einiger Zeit reichte ihr das nicht mehr. Andauernde Unruhe trieb sie durch schlaflose Nächte, im Morgengrauen oft hinaus auf die Straße, wenn sie außer streunenden Katzen, die um Fischabfälle neben Mülltonnen rauften, niemandem begegnete und endlich ohne Bauchziehen tief ein- und ausatmen konnte. Länger am Stück sitzen zu bleiben bereitete ihr immense Schwierigkeiten. Irgendetwas bewegte sie immer. Ein Finger zuckte oder alle. Manchmal bemerkte Dora es und zwang sich dazu, ihre Hände still zu halten, meistens merkte sie es nicht. Zappelig wie ein Rennpferd in der Startbox wartete sie auf den Startschuss, wusste aber nicht, wohin sie rennen wollte. Appetitlosigkeit machte ihr außerdem zu schaffen. Dafür verspürte sie ständig Heißhunger auf Süßes, vertilgte zum Frühstück Pralinen, mittags süße Cremedesserts und nachmittags Schokoladenkuchen.

Vermutlich war es die weibliche biologische Uhr, doch Dora weigerte sich, ihr Befinden einzig auf ihren kommenden vierzigsten Geburtstag zu reduzieren. Zum Familienleben mit Mann und Kind taugte ihre Lebensart ganz und gar nicht. Das Wort Routine existierte in ihrem Beruf nicht. Wie sollte sie da jemals ein Kind versorgen können? Jeder Tag verlief anders, einen geregelten Feierabend kannte sie nicht, und ein Baby konnte sie schließlich nicht an einen Tatort mitnehmen.

Was sich da in ihr aufstaute, hatte mit einem diffusen Verlangen zu tun, wofür sie keine Worte fand. Nicht einmal eine klare Vorstellung von dem, wonach sie sich sehnte, hatte sie. Sich wirklich mit diesem vagen Gefühl auseinanderzusetzen, scheute sie, denn sie ahnte, dass sie mit ihrem Leben doch nicht ganz so zufrieden war, wie sie es nach außen darstellte, sondern dass sie es insgeheim satthatte, immer besser, immer schneller, immer effizienter als ihre Kollegen zu sein. Trotzdem versuchte sie, diesem Etwas mit Worten eine emotionale Gestalt zu geben.

Saudade nannte ihr Großvater ihre durcheinandergeratene Gefühlswelt und fügte meist lapidar hinzu, dass sie sich daran gewöhnen sollte, denn in Portugal trugen alle Menschen dieses Gefühl in sich, eben weil *saudade* in diesem Land wohnte. »Jeder Portugiese hofft auf ein anderes, leichteres Leben weit fort an einem Ort, wo Ruhe, Frieden und Eintracht herrschten, und gleichzeitig war des Portugiesen archaisches Herz vom Heimweh nach seiner Familie erfüllt«, hatte ihr Großvater ihr erklärt und diesen emotionalen Aggregatzustand eine Sehnsuchtszwickmühle genannt.

Familie. Was für ein großes Wort. Es begann mit Beziehung, baute auf Vertrauen und endete mit Kinderkriegen. Dazu musste man allerdings den passenden Partner finden. Und dem war Dora bisher auch noch nicht begegnet. Zwar mochte sie Männer, und Männer mochten sie, aber keiner blieb bei ihr. Spätestens bei der nächsten Leiche nahm jeder Mann Reißaus, und eine längere Beziehung hatte Dora bislang nicht erfahren.

Anwärter hatte es einige gegeben. Nette, amüsante, liebevolle Kandidaten. Einen tatsächlich bis in ihr Leben und in ihre Wohnung zu lassen, hatte Dora jedoch abgelehnt. Allein die Vorstellung einer fremden Zahnbürste in ihrem Badezimmer bereitete ihr Unbehagen. Die einzige Person, mit der sie jemals Badezimmer, Tisch und Bett geteilt hatte, war Marta, ihre einst beste Freundin.

Dora vermisste Marta. Sie kannten sich seit dem Kindergarten, waren gemeinsam eingeschult worden und bis zum Abschluss auf dem Lyzeum immer in derselben Klasse geblieben. Marta und sie hatten gleichzeitig zum ersten Mal »die Tage« bekommen, sich gegenseitig gezeigt, wie ein Tampon funktionierte, und nach dem Sportunterricht unter der Dusche die sprießenden Schamhaare gezählt. Den ersten Kuss, das erste Fummelabenteuer hatten sie sich anvertraut und Präservative auf

Zucchini ausrollen geübt, während sie von Teenagern zu Frauen heranwuchsen und Marta rund geworden war, wo Dora eckig geblieben war. Sie blieb klein, schmalhüftig und flachbrüstig. Marta wuchs groß, vollschlank, vollbusig.

Nach der Schule ging Dora auf die Polizeiakademie, und Marta begann eine Ausbildung zur Diätassistentin. Sie wohnten weiterhin zusammen, bis Dora ihre beste Freundin eines Tages mit ihrem damaligen Geliebten in flagranti im Bett erwischt hatte. Seitdem gab es keine Marta, keine andere beste Freundin mehr und keine feste Beziehung mehr zu einem Mann.

Trotzig zog Dora das Gummiband aus dem straff zum Zopf zusammengebundenen schwarzen, taillenlangen Haar und schüttelte ihre Lockenpracht auf. Sei es drum. Wozu eine Freundin? Wozu mit einem Mann zusammenziehen? Sie fand ja noch nicht einmal genügend Privatleben, um einmal pro Woche einen Tanzkurs zu besuchen oder sich um einen Kanarienvogel zu kümmern. Kein Wunder, dass einer nach dem anderen dem Hungertod in ihrer Wohnung erlegen war.

Lieblos stopfte sie ihr zusammengeknülltes Tanzkostüm in eine Sporttasche. Irgendetwas in ihr lief unrund.

Als sie sich aufrichtete und ihre Tasche schulterte, stand Carmenzita vor ihr. Sie hob die Hand und tätschelte Dora zärtlich die Wange, drehte sich um und stellte die Musik lauter.

Dora schluckte. Carmenzitas zärtliche Geste fraß sich durch ihren Hals abwärts mitten hinein in ihren Bauch und ihr Herz und berührte die andere, sensible, schöngeistige, zurückgezogene Dora in ihr. Die sich in eine rosarote Welt hinfortträumte, in der Betrachtung von Skulpturen verlor und bei Carl Orffs Kantate »Carmina Burana« Rotz und Wasser heulte. Aber diese Dora kam selten und nur in wirklich sicherer Umgebung zum Vorschein. Nämlich nur dann, wenn sie ganz allein war.

Sie setzte ihr Chefe-Gesicht auf, nahm mit einem tiefen Atemzug Anlauf für ihre neue Aufgabe und lief eilig aus dem Tanzsaal über den Flur zum Fahrstuhl. Sie drückte auf den Knopf, doch der Aufzug bewegte sich kein einziges Stockwerk. Ungeduldig trat Dora gegen die Metalltür und nahm dann kurzerhand die Treppe.

Drei Stockwerke tiefer blieb sie stehen und schnappte nach Luft. Das flache Dreieck zwischen ihren Brüsten flatterte wie ein Spatz, der aus dem Nest gefallen war. So fest sie konnte, kniff sie sich in den Bauch. Ein Schmerz vertrieb den anderen.

***

Ihr Dienstwagen, ein in die Jahre gekommener klappriger Toyota Corolla, stand mit laufendem Motor vor der Haustür. An die Motorhaube gelehnt stand jedoch nicht ihr Fahrer Carlos, sondern ein fremder junger Mann.

»Boa tarde, Senhora Inspetora-Chefe Monteiro«, begrüßte er sie und öffnete die Tür an der Beifahrerseite.

Dora ging grußlos an ihm vorbei und setzte sich hinter den Fahrersitz in den Fond.

Der junge Mann schickte einen Blick gen Himmel, schlug die Beifahrertür wieder zu und setzte sich hinter das Steuer.

»Wo ist Carlos?«

»Carlos ist in Urlaub. Ich vertrete ihn. Eigentlich bin ich Student. Mein Onkel ist verheiratet mit der Schwester von Carlos, und als die erfuhr, dass ich nach einem Job in den Semesterferien suchte, bat sie ihren Bruder, sich umzuhören. Sie wissen ja, wie das geht. Familienbande.« Er grinste.

»Und hier bin ich.«

Dora holte ihr Smartphone hervor. »Haben Sie einen Namen?«

»Luís.«

Kaum losgefahren, schaltete Luís das Blaulicht an und drängelte an der Ampel an der Alameda Edgar Cardoso am Parque Eduardo VII durch den alltäglich zum Stehen kommenden Berufsverkehr in die Rotunde Praça Marquês de Pombal über alle vier Fahrspuren rund um die vierzig Meter hohe Gedenksäule, auf dessen Spitze die imposante Bronzestatue des ersten Ministers Portugals und Herzogs von Lissabon thronte, eine Hand auf einem Löwenkopf ruhend, mit Blick über die Baixa Richtung Tejo.

Vom Blaulicht genervt, kniff Dora beide Augen zu und öffnete sie erst wieder, als sie den Kreisverkehr hinter sich gelassen hatten und die Avenida da Liberdade stadteinwärts fuhren.

»Stellen Sie das Ding aus«, bat sie mit Nachdruck. »Wir müssen niemanden retten. Das Opfer ist mausetot.«

Ihre Blicke trafen sich im Rückspiegel. Als sie den verwunderten Ausdruck in Luís' Augen wahrnahm, tat es ihr beinahe leid, so barsch gewesen zu sein. Er konnte schließlich nichts für ihren versauten Feierabend. Er wollte einfach dienstbeflissen sein, vielleicht ein bisschen Eindruck bei ihr schinden. Dabei war das gar nicht notwendig. Entweder er fuhr gut und zügig und redete nur, wenn sie ihn fragte, oder er blieb morgen gleich wieder zu Hause und fragte bei Carlos' Schwester wegen eines anderen Jobs nach.

Unwirsch wischte Dora mit dem Zeigefinger durch das virtuelle Newsfeed auf dem Display ihres Smartphones. In den sozialen Medien hatte sich die Neuigkeit vom Mord in der Igreja de São Miguel längst verbreitet. Bizarr formulierte Kommentare, gespickt mit haarsträubenden Spekulationen, verbrämt mit Unmengen an Fotos vom Tatort, geisterten bereits zu Hunderten durch das Netz.

»Brutaler Mord am helllichten Tag im Herzen von Lissabon.«

»Ermordeter betet mit Eisennagel im Kopf weiter.«

»Teufelswerk im Herzen der Millionenmetropole Lissabon.«

»Kirchenkiller schlägt wieder zu.«

»Leiser Tod in Lissabon.«

Solche und andere reißerische Meldungen hatten sogenannte Augenzeugen gepostet, da sollte es nicht lange dauern, bis die aktuellen Nachrichten ebenso spekulativ über den Mord berichteten. Eine Pressemeldung sollte es aber so bald noch nicht geben.

Dora wurde unruhig. Die Fahrt zum Tatort kam ihr endlos

lang vor. Auf der Avenida da Liberdade erwischte Luís eine rote Ampel nach der anderen. Ein Phänomen auf der Prachtallee Lissabons, das Dora täglich wieder verwirrte. Wieso installierten die Verkehrsplaner die Ampeln nicht auf grüne Welle, solange alle Autofahrer sich an die vorgeschriebene Geschwindigkeit hielten? Zum Verrücktwerden. Stop and go and stop and go.

An der Praça dos Restauradores kam der Verkehr wegen einer Baustelle völlig zum Erliegen. Einige besonders ungeduldige Autofahrer übten sich im Dauerhupen. Aber deswegen ging es trotzdem nicht schneller voran. Im Gegenteil. Rund um die Säule, die an den über achtundzwanzig Jahre andauernden Krieg der Portugiesen gegen die Spanier zur Wiedereinsetzung der königlich portugiesischen Souveränität erinnerte, herrschte Blechchaos. Ein Auffahrunfall mit einem Taxi, einem Leihwagen, einem Lieferwagen und einem streitsüchtigen Dreiradfahrer machte das Chaos komplett.

Ihr Wagen stand genau neben dem Kiosk vor der Kirschlikör-Bar »Ginjinha«, und Dora hatte freien Ausblick auf die Haltestelle des Ascensor da Glória. Von dort bis zum Eingang zur Metrostation Restauradores tummelte sich eine Menschenschlange. Alle warteten auf einen freien Platz in der Kabine, um während ihres Lissabon-Aufenthaltes wenigstens einmal mit der für Lissabon typisch gelb lackierten Kettenbahn von der Baixa die steile Glória-Stiege bis zum Aussichtspunkt São Pedro de Alcântara im Bairro Alto hinaufzufahren.

Typisch Touristen. Verschwenden überall ihre wertvolle Ferienzeit mit Warten, dachte Dora. Am Einstieg des dem Pariser Eiffelturm nachempfundenen Elevador Santa Justa, an der Praça Martim Moniz, der Endhaltestelle der Linie 28, um eine Fahrt in der urigen Lissabonner Straßenbahn zu unternehmen, oder zu Tausenden täglich am Eingang zu der mächtigen, von den Mauren errichteten Bastion Castelo de São Jorge auf der Hügelkuppe. Dabei hatte Doras Stadt so viel mehr zu bieten.

Straßenarbeiter hämmerten den Asphalt mit Pressluft auf. Der Corolla stand so dicht daneben, dass sogar das Sitzpolster unter Doras Allerwertestem vibrierte. Es kostete sie enorm viel Überwindung, nicht auszusteigen und in die Metrostation Restauradores zu verschwinden. Am liebsten wollte sie laut loskreischen, das Sitzpolster mit ihren Fäusten malträtieren und zu genau der exaltierten Zicke mutieren, als die sie im Dezernat betitelt wurde und vor der ihre Kollegen Luís bestimmt bei einem wohlgemeinten Gespräch unter Männern gewarnt hatten.

Als hätte Luís ihre Anspannung bemerkt, manövrierte er den Wagen an der roten Ampel und der Baustelle vorbei über den Bürgersteig und erreichte auf diese Weise den Bahnhofsvorplatz Rossio am »Grand Hotel Avenida Plaza«. Sie passierten das Theater Dona Maria II westlich des Rossio mit seinen zwei prächtigen, italienisch inspirierten Springbrunnen und fuhren in Richtung Tejo zum Handelsplatz Praça do Comércio.

In der Rua Áurea wartete das nächste Hindernis. Am Elevador de Santa Justa stockte der Verkehr erneut. Drei Reisebusse versperrten die gesamte rechte Fahrspur und entließen eine Heerschar Touristen, die zur Shoppingtour in die Fußgängerzone Armazéns do Chiado und in die Luxuseinkaufsmeile Rua Almeida Garrett ausschwärmten. Die Polizei regelte den Verkehr. Taxifahrer fluchten wüst aus offenen Fenstern. Autofahrer drückten auf die Hupe. Der Tourismus in Lissabon kostete die Stadt hin und wieder den allerletzten Nerv.

Dora steckte das Smartphone weg, lehnte den Kopf auf die Nackenstütze und bereitete sich auf ihre neue Aufgabe vor.

Sie mochte den Tod. Ihrer Meinung nach war Sterben das einzig Gültige im Leben. Nicht umsonst lautete ein portugiesisches Sprichwort: »Wir werden geboren, um zu sterben.« Eine Weisheit zum Festhalten. Alles andere im Leben war variabel. Vielleicht suchte die Menschheit deswegen immerzu nach dem Sinn des Lebens, anstatt es zu genießen, überlegte Dora. Die Angst vor dem Tod machte alle Menschen gleich – und gleich anfällig für Lehren, die etwas Schönes, etwas Tröstliches für nach dem Ableben versprachen.

Dora jedenfalls stellte sich den Tod als Frau vor, als eine aparte schlanke Frau in einem am Kragen hochgeschlossenen Kleid und barfuß. Frau Todin. Senhora Morte. Schließlich war in der portugiesischen Sprache der Tod mit weiblichem Artikel ausgestattet, *a morte*. Senhora Morte brachte also das irdische Dasein zu Ende. Elegant, unausweichlich, mit einem allerletzten Atemzug.

In der Kirchenkunst war der Übertritt vom Leben zum Tod als Schiffspassage ausgedrückt, als sogenannter *passo*. Die Heilige Jungfrau Maria glitt in einem Boot liegend über einen See einem unsichtbaren Ufer entgegen. Vielleicht eine etwas naive Vorstellung vom spirituellen Übertritt vom hiesigen Dasein ins Ungewisse, aber auf jeden Fall tröstlich. Falls Senhora Morte ein Leben zeitlich vorgezogen beendete, agierte sie brutal, als Bösewicht verkleidet. Dann trug sie eine Maske, trat als Mann auf und streute als gewieftes Luder falsche Fährten aus. Doras Aufgabe war es, das Luder zu enttarnen und die Fährte zu entschlüsseln.

Am Ende der Rua Áurea bog Luís links ab. Im Schritttempo fuhren sie vorbei an den Arkaden rund um den einstigen Terreiro do Paço, die heutige Praça do Comércio, die seit bald fünfhundert Jahren die am Pier ankommenden Schiffspassagiere in der portugiesischen Metropole willkommen hieß. Flankiert von den beiden früheren königlichen Audienzsälen rechts und links vom Anlegesteg, schmiegten sich diverse Ministerialgebäude und ihre Arkaden rund um die quadratisch angelegte königliche Terrasse, gepflastert mit glänzendem Kopfstein und geschmückt mit der Reiterstatue des Königs D. José I.

Am Triumphbogen Augusta blieben Dora und Luís erneut im Verkehr stecken, bis der Zebrastreifen endlich lange genug frei blieb, sodass sie weiterfahren konnten. Am ehemaligen Zollamt löste sich der Verkehr auf. Luís gab Gas und erreichte gleich hinter der früheren Synagoge Lissabons, der heutigen Igreja da Nossa Senhora da Conceição, den Platz Campo das Cebolas.

Nach einem Umweg bis zum Militärmuseum am neuen Überseehafen ging es ohne weitere Verzögerung weiter zum Chafariz-d'El-Rei-Brunnen. Der einstige Hauptbrunnen der unteren Alfama war überwuchert mit leuchtend pink blühender Bougainvillea und lag unmittelbar neben einem der ehemals sechzehn Stadttore, die vom Ufer des Tejo durch die mittelalterliche Feste hinein in das arabisch geprägte Häuserlabyrinth führten. Mit einem kurzen Hupsignal scheuchte Luís eine Gruppe Touristen vom Parkstreifen und hielt direkt vor dem Brunnen. Er deutete auf ein Café an der Promenade.

»Da warte ich auf Sie.«

Dora stieg aus und lief zu Fuß weiter. Gleich hinter der Porta do Mar führte rechts eine steile Treppe in das Quartier São Miguel. Im Torbogen versperrte eine Gruppe asiatischer Touristen mit ihrem Guide den Durchgang. Mit aufgestellten Ellenbogen schob sich Dora durch die Menschenwand und wich einem Trupp Segway-Fahrern aus, die aus der arabischen Bogengasse zu ihrer Linken gerollt kamen. Sie nahm die Treppe rechts.

Auf der steilen Pflastersteinstiege kam ihr ein älterer Portugiese entgegen. Sein Hemd war ihm aus der Hose gerutscht. Das Gesicht glänzte schweißnass. Die Anstrengung, die Treppenstufen abwärts mit einem steifen Bein zu nehmen, stand ihm ins Antlitz geschrieben. Mit einer Hand stützte er sich auf einen Gangstock, mit der anderen umklammerte er das Geländer.

Dora presste den Rücken gegen die Wand, damit der Herr an ihr vorbeikam. Er bedankte sich mit einem Kopfnicken.

Am Ende der Treppe angekommen, überquerte Dora einen ehemaligen Waschplatz und erreichte wenige Schritte später ihr Ziel. Die Igreja de São Miguel.

Wie immer vor ihrer ersten Begegnung mit »ihrem« Opfer begannen ihre Finger zu kribbeln.

Am Fuße der Freitreppe blieb Dora kurz stehen und ließ ihren Blick an der überraschend schnörkellosen Fassade der Barockkirche hinaufwandern bis zum Kreuz auf dem Giebel. Ein Tatort in einer Kirche. Premiere!

Eine auffrischende Bö bauschte ihre gelockten Haare auf. Dora eilte die Stufen über die Freitreppe vor dem Portal hinauf, drängte sich vorbei an der Menge Schaulustiger und beugte sich unter dem Absperrband hindurch. Kinder tuschelten, Erwachsene tippten eifrig in ihre Mobiltelefone oder fotografierten, um die Bilder sogleich in die virtuelle Welt zu verschicken.

Irgendwo hörte Dora ein Kind singen. Wieder blieb sie stehen und entdeckte hinter den Schaulustigen auf dem Kirchplatz einen buckligen Jungen. Er saß auf einem Hocker, schraubte an einem Bonanza-Rad herum und sang dazu.

»Im Garten von Celeste, da ist es passiert, falalalala, ich weiß wo, ich weiß was, ich weiß wer, falalalala.«

Dora kannte dieses Lied gut. Sie und Marta hatten es als Kinder beim Seilspringen oder beim Kästchenhüpfen gesungen.

Die neben dem Eingangsportal postierten Beamten der Guarda Nacional Republicana salutierten zackig, als die Inspetora-Chefe ihnen grüßend zunickte.

Das Quietschen der Scharniere der schweren Holzflügeltür kündigte Dora den Kollegen der Polícia Judiciária an. Kaum hatte sie die Schwelle übertreten, umfing sie eine völlig andere, von der Hektik Lissabons ausgesperrte Atmosphäre der Stille.

Im Foyer des Kirchenschiffs verharrte Dora einen Augenblick lang und ließ ihren Augen Zeit, um sich an das Halbdunkel zu gewöhnen. Gedankenverloren strich sie mit den Fingerkuppen über das glatt geschliffene Holz am Türrahmen, tauchte ihre Finger in das Weihwasserbecken und witterte den herben Myrrheduft.

Es war angenehm kühl in dem Gebetshaus. Und still. Dora spürte die Stille eher, als dass sie das Gewicht der Ruhe akustisch wahrnahm. Eine Wohltat nach dem erlebten Straßenlärm in der Innenstadt auf dem Weg bis hierher. Tanzende Lichtkegel fielen durch das Buntglas der oval geformten Fenster in das Kirchenschiff und erhellten die dunklen Ebenholzdielen im Mittelgang.

São Miguel war eine einschiffige Saalkirche mit Tonnengewölbedecke ohne Säulen und Kreuzgewölbe. Links und rechts entlang des Kirchenschiffs befanden sich je drei Kapellen mit

Altarretabeln, in üppiger Barockkunst mit Putten und Blattgold verziert. An der Rückwand der Kirche unter der Apsis im hohen Altar stand eine lebensgroße Holzfigur, der Erzengel Michael. Seine Hand ruhte auf seinem Schwert, sein Fuß thronte auf dem Kopf des besiegten Drachen. Rechts neben dem Altar befand sich ein Reliquienaltar. Links davon die Kapelle der heiligen Mutter Maria.

Der Tatort.

Schritt für Schritt näherte sich Dora durch den Mittelgang dem Altar. Sie ließ die Aura der Kirche auf sich wirken. Die Gewölbedecke war in Kassetten unterteilt und mit biblischen Szenen der Kreuzigungsgeschichte bemalt. Der Boden war mit Ebenholz belegt. Im Gang glänzten helle Flecken auf dem Holzboden.

Getrocknete Wassertropfen aus den Badeanzügen der Kinder aus dem Planschbecken, die neugierig in die Kirche gerannt waren, als die Küsterin um Hilfe geschrien hatte, kombinierte Dora.

Am vorderen Ende des Ganges wandte sie sich nach links. Die in einen samten schwarzen Umhang gehüllte Figur der heiligen Mutter Maria schaute traurig auf sie herab. Den Kopf hielt die Ikone gesenkt, ihre Tränen waren blutrot stilisiert. Die Marienfigur trug ein Kopftuch und darüber den Strahlenkranz. In Lissabon nannte man sie Nossa Senhora das Dores, die Mutter aller Schmerzen.

»Boa tarde, Senhora Inspetora-Chefe«, begrüßten sie die Kollegen aus der Abteilung für Spurensicherung.

Dora erwiderte den Gruß und nahm sogleich den Toten und die Stelle, an der er aufgefunden worden war, in Augenschein.

Der Mann lag seitlich umgekippt auf der vorderen Kirchenbank vor dem Marienaltar. In seiner linken Stirnseite steckte ein langer Gegenstand aus Stahl. Bei flüchtiger Betrachtung hätte man es für einen Zimmermannsnagel halten können. Doch Dora wusste es besser. Es handelte sich um ein Bildhauerwerkzeug. Sie fragte sich, woher der Täter sich dieses spezielle Werkzeug zum Bearbeiten von Marmor und Speckstein beschafft haben mochte.

Die *talha dourada* auf dem Altarretabel glänzte und schuf mit ihrem Goldglanz einen deprimierenden Gegensatz zur schwarz gekleideten weinenden Maria im Zentrum der Kapelle. Der Platz davor bis zur dritten Bankreihe lag im Halbdunkel. Das durch die oberen Fenster hereinfallende Sonnenlicht erreichte diese Ecke des Gebetshauses nicht.

Im ersten Seitenaltar links am Seitengang zeigte ein deckenhohes Ölgemälde qualvoll verzerrte Visagen von Sterbenden im Purgatorium. Dora wusste, dass alle Kirchengebäude Geschichten erzählten. Deswegen war sie sich sicher, dass auch dieses Höllenbild neben dem Marienaltar eine Bedeutung hatte. Ob der Tote dieses Rätsel gelöst hatte und deswegen zum Beten hierhergekommen war?

Von der Liebe zur Hölle brauchte es tatsächlich oft bloß einen Schritt, sinnierte Dora weiter und scannte die Szenerie, den Toten vor dem Altar und das Bild des Infernos. Vielleicht war das Opfer unglücklich verliebt gewesen und hatte gegen das sechste Gebot, »Du sollst nicht ehebrechen«, verstoßen. Der Ehering verriet ja seinen gesetzlichen Familienstatus eindeutig. Eine tragische Dreiecksgeschichte mit fatalem Ausgang konnte sich Dora durchaus vorstellen. Hatte sich seine Ehefrau oder der Ehemann seiner Geliebten gerächt?

Neben dem Ermordeten lag eine Bibel, darin waren zwei Lesezeichen eingeschoben. Ein silberner Rosenkranz war um den Umschlag geschlungen.

Über Doras Kopf flatterte eine Taube durch eine winzige Luke herein. Sie beobachtete ihren Flug aus der schattigen Ecke in den Lichtkegel im Mittelschiff. In dem Moment nahm sie im rechten Augenwinkel eine Bewegung wahr. Ihr Assistent, Inspetor Cardoso, trat zu ihr. Er maß beinahe zwei Meter, machte stets überdurchschnittlich große Schritte und ließ seine langen Arme beim Gehen mitschwingen, worüber sich Kollegen im Dezernat insgeheim lustig machten, wusste Dora. Ihr persönlich war das egal. Cardoso war ein exzellenter Mitarbeiter und durch und durch loyal.

»Gut, dass Sie da sind, Senhora Inspetora-Chefe –«

Dora schnitt seinen Redefluss mit einer Handbewegung ab. Von den bisherigen Erkenntnissen wollte sie noch nichts hören, sondern erst die Stimmung am Tatort einfangen – und das funktionierte am besten, wenn Cardoso den Mund hielt.

Was mag hier passiert sein?, fragte sie sich und ließ ihrer Wahrnehmung freien Lauf. Routiniert zog sie ein Paar Latexhandschuhe an, hob die Bibel von der Bank auf und schlug die mit Lesezeichen versehenen Seiten auf. Mit gedämpfter Stimme las sie eine markierte Stelle aus dem Buch der Offenbarung vor.

»›Das Tier ward gegriffen und mit ihm der falsche Prophet, durch den er verführt das Tier anbetete. Schuldig wurden sie in den feurigen Pfuhl geworfen, der mit Schwefel brannte.‹«

Sofern sie diese Bibelstelle richtig interpretierte, ließ sich der Getötete von einem sogenannten falschen Propheten verführen, betete das Tier an und schmorte bis zu seinem Tod im Saft der eigenen Reue. So wie die Sterbenden im Purgatorium auf dem Wandgemälde. Das war vielleicht ein Hinweis, der ihr im Laufe ihrer Ermittlungen helfen konnte, das Motiv für den Mord zu entschlüsseln.

Sie schauderte. Die Geschichten in der Bibel fand sie grauenhaft. Bereits als Kind hatte ihr die Heilige Schrift im Religionsunterricht in der Schule große Angst eingeflößt, und sie weigerte sich seither, das Strafe-Sühne-Prinzip, wie es die katholische Kirche proklamierte, zu akzeptieren. Damals hatte sie sich auch gar nicht vorstellen können, dass Menschen derart böse waren und jemanden lebendig an ein Kreuz nageln würden. Als Erwachsene wusste sie es jetzt besser. Menschen konnten noch viel böser sein.

Cardoso stand immer noch halb hinter ihr. Sein Körper warf einen Schatten auf den Boden vor dem Tatort, ihrer hingegen nicht, bemerkte Dora. Interessant. Somit hatte sich der Täter seinem Opfer mit ziemlicher Sicherheit von links durch den im

Halbdunkel befindlichen Seitengang genähert und nicht durch den Mittelgang, so wie Cardoso. Sonst hätte sein Körper vermutlich einen Schatten vorausgeworfen, und das Opfer wäre gewarnt gewesen. Der Mord musste hinterrücks geschehen sein. Schnell, sauber, geräuschlos. Ein gezielt ausgeführter Hieb. Ein leiser Tod.

Dora stutzte. Unter der Fußbank in der zweiten Bankreihe blinkte etwas. Sie bückte sich. Eine filigrane Goldkette kam zum Vorschein. Die Kette trug einen Anhänger. Ein Medaillon. Dora öffnete es. Eine vergilbte Schwarz-Weiß-Fotografie zeigte das Gesicht einer attraktiven jungen Frau mit streng zum Zopf zurückgekämmtem Haar. Dora klappte den Deckel des Schmuckstücks wieder zu und reichte die Kette ihrem Assistenten.

»Ich will wissen, wer diese Frau ist, Cardoso.«

Als Nächstes nahm Dora neben dem Opfer auf der Bank Platz. Sie bettete die Bibel auf ihren Schoß und betrachtete die Marienfigur. So wie der Ermordete es vermutlich getan hatte.

Sein Platz musste in der vordersten Reihe gewesen sein. Nicht in der Mitte, nicht hinten, nein, ganz vorn. Das ließ darauf schließen, dass er bereits öfter in dieser Kirche gewesen war. Beim ersten Besuch in einem Gotteshaus setzte sich niemand gleich in die erste Bankreihe, sondern blieb meistens zunächst einmal im hinteren Drittel mit sich und seinen Gebeten.

Wonach hatte ihr Opfer gesucht. Nach Liebe? Nach Vergebung? Oder nach Barmherzigkeit? Oder war sie auf dem Holzweg?

Mutmaßlich hatte der Täter die Gewohnheiten seines Opfers über einen längeren Zeitraum hinweg beobachtet, das Gebäude und die Umgebung studiert und einen Fluchtweg vorbereitet. Einen Mord aus Affekt schloss Dora schon jetzt aus. Ein Plan nahm Zeit in Anspruch. Das bedeutete, der Täter hatte das Terrain gründlich sondiert. Vielleicht hatte ihn dabei sogar jemand aus dem Viertel beobachtet und konnte brauchbare Hinweise liefern.

Seit Cardosos Anruf beschäftigte Dora die Frage nach dem

Tatort Kirche. Der Mörder musste den Ort bewusst ausgewählt haben. Niemand ging zufällig in eine Kirche und hieb jemandem ein Stück Stahl in die Schläfe. Vielleicht war er ein Agnostiker gewesen, der bloß nach einer effektheischenden Kulisse gesucht hatte. Ein devot Gläubiger, den die Kirche einmal abgrundtief enttäuscht hatte, kam ebenso in Frage.

Dora rückte dem Toten näher und beäugte ihn von Kopf bis Fuß.

»Das Opfer trägt einen Maßanzug, Lederschuhe aus einer Schuhmanufaktur, eine goldene Schweizer Markenuhr. Am linken Ringfinger steckt ein Ehering. Um den Hals trägt er eine Goldkette mit Kreuzanhänger.« Sie drehte sich zu Cardoso um. »Wissen Sie schon mehr?«

»Ja. Seine Brieftasche war ihm aus der Hose gerutscht, vielleicht, als er umgefallen war. Laut seinem Personalausweis heißt er Elías Inácio. Geboren 1949.«

Für stramme siebzig hätte Dora den Mann nicht gehalten. Eher zehn Jahre jünger. Genauso überraschte sie der Vorname Elías, dem man eher selten begegnete. »Ungewöhnlicher Vorname.«

»Das Opfer war verheiratet und hatte zwei erwachsene Kinder. Das hat die Meldestelle bereits bestätigt. Von den Kollegen weiß ich, dass er einen Bruder hat.«

Dora zog ihr Mobiltelefon aus der Tasche und nahm das Gesicht des Toten von allen Seiten auf. Elías Inácio war ein eleganter Mann gewesen, stellte sie fest. Alles passte an ihm zusammen. Understatement, kein Protz. Edle Kleidung, noble Schmuckstücke. Dezentes Rasierwasser, manikürte Fingernägel. Akkurater Haarschnitt. Vom Barbier gepflegter Backenbart. Er musste wohlhabend gewesen sein.

»Hatte er etwas mit der Privatbank Inácio zu tun?«

Cardoso bejahte. »Er ist der Vorstandschef gewesen.«

Dora fand sich in ihrer Einschätzung bestätigt und hielt die Szenerie in Bildern fest. Die Kirchenbank. Die Kapelle. Das Opfer. Die Bibel. Die Kette. Die Tatwaffe.

»Ein Bankier, der zum Beten geht …«, sagte sie schließlich

nachdenklich. »Eine Marotte? Oder aus einem bestimmten Anlass?«

»Vielleicht hat er einen Angehörigen verloren.«

»*Vielleicht* ist zu wenig, Cardoso.« Dora schlug die Bibel auf und las die zweite markierte Stelle aus dem Sonnengesang des heiligen Franziskus laut vor. »›Wehe jenen, die in schwerer Sünde sterben. Selig jene, die sich in deinem heiligsten Willen finden, denn der zweite Tod wird ihnen kein Leid antun.‹ Hm. Das klingt ganz anders als die andere Bibelstelle.«

Cardoso schnalzte mit der Zunge. »Das hört sich nach lebenslänglicher Qual an, erst im Tod fände man Erlösung. Ich lebe lieber fröhlich und sterbe traurig.«

Dora überging seinen Kommentar, obwohl sie ihm voll und ganz zustimmte. Viel interessanter schien ihr die Tatwaffe zu sein. Der schmale, etwa zwanzig Zentimeter lange, achteckig geformte Stahlschaft mit flach geklopftem Kopf war etwa bis zur Hälfte in die Schläfe des Opfers versenkt. Es handelte sich um ein Werkzeug für Bildhauer. Ein Stecheisen. Doras Großvater war Skulpteur und hämmerte mit ebensolchen Eisen größere Stücke aus Marmor, Sandstein oder Granit.

Ein Bildhauermeißel hatte ein ordentliches Gewicht und eine geschliffen scharfe Spitze aus Stahl. Das schwere Werkzeug in eine menschliche Schädeldecke zu stoßen benötigte weniger Kraft, als einen Nagel in die Wand zu treiben. Mit etwas Schwung brauchte es nicht einmal einen Hammer dazu. Der Täter konnte demnach ein Mann oder eine Frau gewesen sein.

»Eine Kunst für sich«, murmelte Dora.

Zufrieden zog sie die Latexhandschuhe aus und verkündete ihr Fazit aus ihren bisherigen Beobachtungen: »Wir suchen einen Linkshänder.«

***

Dona Rosário wurde in der Teeküche der Kirche notärztlich versorgt. Der Schock steckte ihr noch in den Knochen.

»Ist sie ansprechbar?«

Der Arzt bejahte und zog sich zurück.

Dora rückte einen Stuhl näher und setzte sich.

Die Küsterin war klein, hager, ihre kurz geschnittenen Locken standen ihr wirr vom Kopf ab. »Wer tut bloß so etwas?«

Dora tätschelte ihr die Hand. »Dona Rosário, Sie kümmern sich um den Verkauf der sakralen Andenken und schließen morgens und abends die Kirche auf und zu?«

Dona Rosário nickte. »Sie glauben ja gar nicht, wie froh ich bin, meinen vier Wänden zu entkommen. Ich lebe allein. Meine Tochter arbeitet in Porto. Meine Nachbarinnen sind jünger als ich und leben ihr eigenes Leben, oder sie sind älter und können nicht mehr alles selbst machen. Brauchen Hilfe beim Anziehen, können nicht mehr einkaufen gehen, sich waschen oder selbst kochen. Ich bin fit, habe aber niemanden zum Reden. Seit meine Tochter ausgezogen ist, weine ich und rufe sie ständig an, bloß um meine eigene Stimme laut zu hören. Schrecklich. Eines Tages fragte mich nach der Sonntagsmesse unser Gemeindepfarrer Padre Nuno, ob ich in der Kirche aufpassen will. Dem Herrn sei Dank. Endlich bin ich wieder unter Menschen.«

»Kannten Sie Senhor Elías?«

»So hieß das Opfer? Ein jüdischer Vorname aus dem Alten Testament. Aber ja, ich kenne, Pardon, kannte ihn. Er kam jeden Tag hierher. Jedenfalls seit geraumer Zeit. Aus der Nachbarschaft stammte er aber nicht. Das habe ich gleich erkannt. Wissen Sie, Kindchen, Maßanzüge trägt hier in der Alfama niemand. Wir sind alle Fischer, Hausangestellte oder Arbeiter und tragen unsere Kleidung auf, bis man sie nicht mehr flicken kann. Unsere Nachbarn kennen wir manchmal besser als die eigene Familie, wohnen ein Leben lang Wand an Wand.« Dona Rosário hielt inne und betrachtete ihre krummen Finger. »Sonst kam der Senhor immer so gegen vier und ging um fünf. Heute kam er später.« Sie seufzte laut. »Unterhalten haben wir uns nie wirklich. Hin und wieder ein paar Worte gewechselt. Ach Gottchen, der Arme.«

»Worüber haben Sie und Senhor Elías zuletzt gesprochen?«

Dona Rosário richtete sich abrupt auf. »Wenn ich daran denke, friert es mich.« Sie faltete ihre Hände im Schoß. »Es war ein regnerischer Nachmittag. Der Himmel hing tief, die Wolken waren schmutzig grau und rasten Richtung Meer. Es donnerte und blitzte, der Strom fiel aus. Es war duster in der Kirche. Kein Mensch da. Unheimlich. Deswegen zündete ich Kerzen an. Gerade als der Sturm besonders laut heulte, flog die Tür auf. Senhor Elías. Pitschnass war er. Außer Atem, völlig gehetzt, als sei der Teufel hinter ihm her. Ich fragte ihn, ob alles in Ordnung sei, aber er antwortete nicht. Im Kerzenschein sah er anders aus als sonst. Sein Mund, die Augen, alles verschoben. ›Verdammt bin ich!‹, zischte er. Schauen Sie, Kindchen, ich brauche nur daran zu denken, schon bekomme ich Entenhaut.« Zum Beweis streckte sie ihren Unterarm aus.

Dora betrachtete die aufgerichteten Härchen an Dona Rosários Arm und wechselte einen Blick mit ihrem Inspetor, der im Türrahmen lehnte und zuhörte. »Senhor Elías hat die Mutter Maria angebetet?«

»Jeden Tag.«

»Cardoso, finden Sie heraus, ob es eine lokale Legende über diese Kirche oder ihren Standort in der Alfama gibt. Ich habe das Gefühl, unser Opfer hat aus einem ganz bestimmten Grund genau hier gebetet.«

Dora wusste, Cardoso würde bis zum Nimmerleinstag recherchieren und ihr einen vollständigen Bericht über die Mutter Maria und ihre Bedeutung für dieses Stadtviertel liefern. Deswegen wollte sie ihn auf keinen Fall gegen einen anderen Inspetor tauschen. Er war als Praktikant zu ihr in die Abteilung gekommen, und er war geblieben.

»Hielten Sie Senhor Elías für verwirrt, Dona Rosário?«

»Das kann ich doch gar nicht wissen, Kindchen, ich bin ja kein Kopfdoktor. Er kam mir vielmehr so vor, als hätte ihn etwas gequält.« Die Küsterin bedeutete Dora mit dem Zeigefinger, näher zu kommen, und senkte geheimnisvoll die Stimme. »Vielleicht hat ein Dämon in ihm dringesessen. Verstehen Sie? Etwas Böses. Ein Exorzist hätte ihm helfen können.«

Dora stellte sich den Arbeitsplatz eines Exorzisten in der heutigen Zeit vor. Mit Smartphone und Facebook-Seite. Mit Büro im ehemaligen Weltausstellungsgelände, organischem Dachgarten und Blick auf die Ponte Vasco da Gama.

Was das Fegefeuer, den Teufel und seine Austreiber betraf, wähnte sich Dora ohnehin froh, dass ihr Großvater Maurice väterlicherseits einen eher puristisch-weltlichen Einfluss auf ihre kindliche Entwicklung genommen hatte und im Gegensatz zu ihrer Oma mütterlicherseits und ihrer Mutter ganz anders über Religion und Glauben dachte. Wenngleich auch er an gute und an böse Geister glaubte. Jedenfalls hatte er ihr von Kindesbeinen an beigebracht, Dinge, die sie nicht verstand, zu hinterfragen. Die Bibel mit all diesen unheilvollen Prophezeiungen darin zum Beispiel. Sonst würde Dora vielleicht auch jedes Mal einen Teufelsaustreiber zu Hilfe rufen, sobald etwas »nicht stimmte«, wie es ihre Mutter ausdrückte, beziehungsweise etwas passierte, das mit Bibelsprüchen unerklärbar blieb, weswegen ihre Mutter das Haus mit kokelnden Rosmarinzweigen vor bösen Flüchen beschützte. Dora hasste Rosmarin. In der Seife, im Essen, im Waschmittel. Sie war aufgewachsen mit Reiskörnern und Knoblauchknollen als Schutz gegen den Teufel hinter der Tür, mit getöpfertem Frosch als Schutz gegen diebisches Volk vor der Haustür und mit Geschirrtuch als Schutz vor bösen Geistern an der Türklinke. »Vorsichtshalber«, wie ihre Mutter stets betonte. Sobald eine Eule schrie oder eine weiße Katze auftauchte, bekreuzigte sich aber selbst heute noch jede ältere Frau in Lissabon. Der Aberglaube schwelte überall.

»Dona Rosário. Haben Sie in den vergangenen Tagen oder Wochen jemanden beobachtet, der Ihnen verdächtig vorkam?«

Die Küsterin hob beide Arme. »Ach Kindchen. Ich sehe jeden Tag Leute, die ich nicht kenne und nicht verstehe, weil sie mit anderer Zunge sprechen. Die Fremden kommen und gehen. Die einen verhalten sich höflich, andere unangemessen. Aber ob das verdächtig ist? Manche kommen hier herein, schlecken Eiscreme, tragen Hotpants oder Muskelshirts, reden laut, lachen laut und glotzen den Altar unseres lieben Erzengels Michael an, als hätten sie noch nie einen Engel und einen Drachen gesehen. Dann reißen sie Witze und fotografieren wild mit ihren Telefonen an Stöcken herum. Als wäre dies ein Theater und keine Kirche.«

»Ich dachte, Fotografieren sei verboten.«

»Ach, seien Sie nicht naiv, Kindchen. Die Leute knipsen doch alles, was ihnen vor die Linse kommt. Mich und den ermordeten Senhor Elías haben sie fotografiert. Unerhört! Ganz dicht vor dem Gesicht herumgefuchtelt haben sie mir, aber wie es mir geht, hat mich niemand gefragt. Dieser Sittenverfall endet am Tag des Jüngsten Gerichts.«

Eher nach einem längeren Stromausfall, dachte Dora. »Gibt es Überwachungskameras?«

»Eine. Im Hauptaltar. Für den Erzengel. Sonst würden manche Leute da womöglich auch noch hinaufklettern.« Dona Rosário schnaufte verächtlich.

»Im Eingang hängt keine?«

»In die Kirche gehen die Leute zum Beten. Das muss niemand überwachen.«

Im Geiste stimmte Dora ihr zu. An ihre kauzige Art konnte sie sich gewöhnen.

Sie drehte sich zu Cardoso um. »Ich muss mit Padre Nuno sprechen.« Dann wandte sie sich wieder Dona Rosário zu. »War es heute voll in der Kirche?«

»Nicht voller als sonst.«

»Und kurz vor Schluss?

»Da waren ein Ehepaar mit Baby im Kinderwagen und ein Mann und eine Frau.«

»Hat sich irgendjemand mit Senhor Elías unterhalten?«

»Ist mir nicht aufgefallen. Ich glaube, er sprach grundsätzlich mit niemandem.«

»Kam er denn immer allein?«

Dona Rosário nickte traurig. »Ich werde ihn vermissen.«

Dora bedankte sich bei ihr und verließ gemeinsam mit Cardoso die Teeküche. Am Hochaltar nahmen sie die Überwachungskamera in Augenschein. Das Objektiv war einzig auf den Erzengel ausgerichtet. *»Chatice.«*

Cardoso hatte den Moment genutzt und ein Telefonat geführt. »Der Padre hat morgen früh gleich um neun Uhr für Sie Zeit, Senhora Inspetora-Chefe.«

»Gut.«

»Der Bruder des Opfers heißt Jósua.«

»Sie klingen, als fänden Sie das einen ungewöhnlichen Namen?«

Cardoso senkte die Stimme. »Gleich zwei jüdische Vornamen.«

Doras Mobiltelefon spielte die bekannte Melodie des Films »Spiel mir das Lied vom Tod«. »Ist das für den Fall relevant?«, fragte sie und nahm den Anruf entgegen.

Cardoso zuckte mit den Schultern. »Schon möglich.«

Der Anrufer war zu Doras Überraschung nicht ihr Vorgesetzter, Coordenador-superior Virgílio Martiniano, sondern der Staatsanwalt António Mendes. Das musste sie erst einmal sacken lassen. In ihrer bisherigen Laufbahn hatte sie noch kein einziger Staatsanwalt jemals persönlich angerufen. Heute war die Leiche noch warm, da rief António Mendes nicht nur persönlich, sondern außerdem von seinem privaten Mobiltelefon und nach Feierabend an.

Nach den üblichen Höflichkeitsfloskeln, wie es ihr gehe, wie es ihm gehe, ob die Familie gesund sei und die Mutter wohlauf, legte Mendes ihr mit eindringlichem Tonfall ans Herz, die nötigen Ermittlungen so sensibel wie möglich durchzuführen und eventuell involvierte Personen aus dem öffentlichen Leben in jedem Fall durch Stillschweigen gegenüber Dritten zu schützen.

»Der Bischof höchstpersönlich rief mich eben an und bat ausdrücklich um Diskretion, Senhora Inspetora-Chefe. Auch die

Stadtväter wollen unnötiges Aufsehen unter allen Umständen vermeiden.«

Ohne Punkt und Komma lamentierte er temporeich in einem fort und appellierte an sie als geschätzte Kollegin und kompetentes Organ der Mordkommission, bei möglichen Schlussfolgerungen bitte eine besonders große Portion gesunden Menschenverstand walten zu lassen, und schloss mit den Worten: »Beherzigen Sie meinen Rat, Senhora Inspetora-Chefe. Sensibel vorgehen. Kein Aufsehen. Damit die Kirchen Lissabons ein beliebtes Ausflugsziel bleiben und die Stadt keine Einbußen verzeichnet, was sich negativ auf den nationalen Kulturerhalt und desaströs auf unseren Ruf als touristisch beliebte Destination auswirken würde.«

Doras Ohr glühte. Angstwelle, Menschenverstand, Kulturerhalt echoten in ihrem Kopf. Dass der Mord an Elías Inácio gleich durch sämtliche Instanzen Lissabons lief, machte sie hellhörig. Ergo war nicht der Tatort sensibel, sondern ihre Ermittlungsergebnisse konnten es sein.

»Zusammengefasst möchten Sie, dass ich die touristische Brisanz im Auge behalte, keinen Staub aufwirbele und gleichzeitig die unterschiedliche Zuständigkeit beachte, Senhor Mendes.«

»Ich wusste, wir verstehen uns.«

Sonderbar, dachte Dora beim Auflegen. Wieso rief Mendes und nicht Martiniano sie an? Das passte nicht zusammen. Weder war dieses Telefonat polizeihierarchisch betrachtet korrekt, noch war es logisch.

Verfluchte Zwickmühle. Dass Mendes sie anrief, bevor Martiniano sie über die innenpolitische Brisanz unterrichtet hatte, war heikel. Vor allem deswegen, weil Mendes' Verhalten zu ihrer Beobachtung passte, dass er hin und wieder über sein Kompetenzterritorium hinausgaloppierte. Das hatte bereits zu ziemlich spitzen Bemerkungen zwischen Martiniano und Mendes geführt.

Sie stand zwischen ihnen, musste sich in die eine und in die andere Richtung recken und beiden Seiten Rechenschaft ablegen. Mühsam.

»Der Coordenador-superior?«

»Der Staatsanwalt.«

Cardoso hüstelte. »Ist nicht wahr.«

Über die Kompetenzen zwischen Martiniano und Mendes wollte Dora zunächst nicht weiter spekulieren. Da steckte mehr dahinter, dessen war sie sich sicher.

»Was wissen Sie noch?«, fragte sie Cardoso, um das Gespräch zurück zu ihrem Fall zu lenken.

»Er ist Bildhauer.«

»Der Bankier?«

»Der Bruder«, erklärte Cardoso.

Jósua Inácio, *der* Spezialist für roten Breche-Marmor, war also der Bruder ihres Opfers. Wie klein die Welt manchmal sein konnte.

Inácios aktuelle Ausstellung »Körperwahn« war derzeit im Museu de Arte, Arquitetura e Tecnologia, MAAT, ausgestellt. Auf den Mestre war laut Feuilleton keine gängige Kunstform anwendbar, er galt als Avantgardist, obwohl man ihn sicherlich zu den Naturalisten zählen durfte. Allerdings mit einem Hang zum Expressionismus, Doras Meinung nach. In der Szene nannte man ihn einen aufrichtig Aufmüpfigen, weil er unaufhörlich an seinem Stil herumexperimentierte und niemals sich ähnelnde Skulpturen schuf. Auf Vergleiche mit alten Meistern aus seiner Zunft wie dem portugiesischen Manuelinik-Bildhauer Nicolau de Chanterene oder dem französischen Bildhauer Auguste Rodin zu Beginn der Moderne reagierte Inácio fuchsteufelswild. So hatte er einem Reporter einmal angedroht, ihn in Beton zu gießen, wenn er nicht augenblicklich diese Gleichstellung mit anderen Bildhauern in seinem Artikel entferne.

Dora fand Jósua Inácios Können durchaus auf dem Niveau der ästhetisch-realistischen Steinmetzkunst angesiedelt. Er klopfte sogar noch mehr in den Stein. Nämlich die durch die Zwänge der heutigen Gesellschaft hervorgerufene emotionale Zerbrechlichkeit derselben. Was in Anbetracht der Materie dual war, aber gerade diese Dualität machte seine Werke einzigartig.

Mittlerweile standen Dora und Cardoso draußen vor der Kirche im Sonnenlicht.

»Der Bildhauer ist höchstwahrscheinlich verdächtig«, gab Cardoso zu bedenken.

»Weil die Tatwaffe ein Steinmetzwerkzeug ist?« Dora lächelte maliziös.

Vor ihren Füßen landete ein Rabe und stolzierte auf und ab. Sein Schnabel zuckte hin und her, seine schwarzen kugelrunden Augen musterten Dora, als wolle er sie hypnotisieren.

»Dorrra«, krächzte die Dohle.

Cardoso riss die Augen. »Der Corvus kennt Sie?«

Dora verdrehte die Augen. Afonso-Henrique war in der Tat mittlerweile ihr Rabe. Sein Radar funktionierte wohl noch besser als gedacht. Seit sie ihn aufgepäppelt hatte, hatte er sich zu ihrem persönlichen Maskottchen gemausert. Zum Einkaufen, zu ihrem Opa, sogar bis ins Präsidium war er ihr bereits gefolgt. Als wäre in seinen Augen eine gyroskopische Kamera montiert.

»Irgendwie ja. Seit ich ihm im Frühling sein gebrochenes Bein geschient habe, folgt mir der schwarze Schwätzer überallhin. Da er mein erster Rabe ist, habe ich ihn Afonso-Henrique getauft – nach dem Namen des ersten Königs.«

»Das nenne ich makaber!«

Der Rabe flog davon.

»Zurück zu unserem Fall.«

»Auf das endgültige Ergebnis der Spurensicherung müssen wir noch warten. Der Meißel ist anscheinend übersät mit identischen Fingerabdrücken, behauptet der Kollege aus der Spurensicherung nach der ersten Schnelluntersuchung. Sobald es vorliegt, schickt er es mir.«

Anders hatte es Dora nicht erwartet. »Das wird der Mörder exakt so geplant haben, Cardoso. Damit wir im Stockdunkeln stehen. Das Foto in der Kette wird uns führen. Sie hat einen frischen Bruch zwischen zwei Gliedern. Hat Elías sie sich etwa im Moment des Todes abgerissen? Oder sein Mörder? Aus Versehen? Aus Absicht? Das sind bis auf Weiteres nur Gedankenspielereien, Cardoso. Ich fahre jetzt zu Elías' Frau und überbringe ihr die Nachricht vom Tod ihres Mannes. Wie lautet die Adresse?«

»Avenida Torre de Belém.«

Dora stieß einen Pfiff aus. Der Bankier hatte nicht gewohnt, er hatte residiert. Und zwar im Nobelviertel Lissabons.

»Das überrascht mich jetzt nicht wirklich, Cardoso. Wir sehen uns morgen.«

***

Auf dem Weg von der Igreja de São Miguel zurück zu ihrem Dienstwagen am Chafariz d'El Rei ließ Dora das bisher Erfahrene Revue passieren. Die Familie Inácio wohnte stadtauswärts Richtung Cascais in Restelo. Dort standen Botschaftsvillen mit Privatvillen Hecke an Hecke neben Stadtpalais, in denen Nachkommen des Geldadels aus dem einstigen Kolonial- und Königreich lebten und ihre uralten Seilschaften pflegten, deren Knoten bis in die Entdeckerepoche zurückreichten. Ein Elfenbeinturm alten Geldes.

Die Villa Inácio stand mittendrin. Zwischen dem Nobelvorort Restelo im Westen und dem Burgviertel Alfama in der Altstadt im Osten Lissabons lagen mehr als tausend Jahre Zeitgeschichte und über zehn Kilometer. Außerdem Dutzende Kirchen. Aber der Bankkaufmann aus altem Adelsgeschlecht war zum Beten bis in die Igreja de São Miguel im ältesten Teil der Stadt gekommen und war nicht etwa in eine Kirche in der Nähe seines Zuhauses gegangen.

Etwas hatte Elías gequält, hatte Dona Rosário gesagt und hierfür einen Dämon in Erwägung gezogen. Ein Dämon war ein Bild für Verführung. Das Fleisch ist schwach. Ergo auch für Schuld. Weswegen hatte sich Elías schuldig gefühlt? Hatte er etwa eine heimliche Geliebte? Oder ein Faible für käufliche Liebe? Aber ein Besuch bei einer Prostituierten mit fast siebzig und jeden Tag um die gleiche Uhrzeit? Eher nicht.

Verdammt hatte Elías sich gefühlt, hatte er Dona Rosário zugeflüstert. Sich verdammt zu fühlen passierte nicht just im Moment, das passierte ein Leben lang, wenn jemand Schuld auf seine Schultern lud und sie nie wieder loswerden konnte. Weder durch Reue noch durch Buße. Elías' Schuldgefühl hatte etwas mit der Frau auf dem Foto zu tun. Sie konnte es drehen und wenden, wie sie wollte: Bis Cardoso und sie zu weiteren Ergebnissen kamen, war das Foto die einzige Spur.

Ihr Mordopfer hatte also im Nobelvillenviertel der Stadt gewohnt und am Largo de São Sebastião im architektonisch hochmodern erbauten Finanzzentrum im Norden gearbeitet. Das über tausend Jahre alte Altstadtviertel Alfama lag mindestens eine Umlaufbahn entfernt vom Lebensumfeld der Inácios.

Ein ziemlich weiter Weg zum Beten, sinnierte Dora.

Luís saß nicht wie erwartet im Café, sondern im Wagen. »Feierabend, Senhora Inspetora-Chefe?«

Ohne auf seine Frage einzugehen, nannte sie ihm ihr nächstes Ziel. »Avenida Torre de Belém.«

Luís protestierte. »Meine Mutter wird heute sechzig.«

»Richten Sie ihr die besten Wünsche von mir und der gesamten Kriminalpolizeistaffel aus.«

Die Fahrt von der Alfama nach Belém dauerte weniger als zehn Minuten. Luís schwieg während des gesamten Weges. Beim Anblick seiner Schmolllippe im Rückspiegel musste Dora schmunzeln. Die Familie ging eben doch immer über alles. Immerhin fuhr Luís erfreulich zügig und gut, wählte die für Taxis reservierte Fahrspur an den Docks am Cais do Sodré entlang, und so entkamen sie dem Verkehrsknäuel an der Auffahrt zur Ponte 25 de Abril, der mächtigen Hängebrücke und kleinen Schwester der Golden Gate Bridge in San Francisco.

Am Palácio de Belém, wo die Nationalflagge auf halbmast hing und damit die Abwesenheit des Präsidenten der Republik verkündete, fädelte sich Luís nach rechts ein, folgte der Straßenbahnlinie zur spätgotisch geprägten und manuelinisch reich geschmückten Klosterkirche Santa Maria im Mosteiro dos Jerónimus.

Als sie in Schrittgeschwindigkeit an dem prächtigen, in weißem Sandstein errichteten Monument, das im Jahr 1983 zum Weltkulturerbe erklärt worden war, entlangrollten, brach Dora schließlich das Schweigen. »Was studieren Sie, Luís?«

»Geisteswissenschaften«, antwortete er knapp und bog am Ende des Klosters am Kulturzentrum von Belém rechts ab in die Avenida Torre de Belém.

»Glauben Sie an die Heilige Schrift?«

»Die Bibel ist ein Buch, Senhora Inspetora-Chefe. Was drinsteht, ist überliefert. Die Bilder sind wichtig.«

Dora dachte an die zwei markierten Textstellen in der Bibel am Tatort. »Sie meinen die Verdammnis, das Fegefeuer und den Sündenfall.«

Im Rückspiegel sah sie sein verschmitztes Lächeln. »Ich meine Liebe, Vergebung, Nächstenliebe.«

Komisch. Sie dachte sofort an okkulte Begriffe und Luís an das Licht des Lebens. Dora kratzte sich an der Nasenspitze. Das musste der Altersunterschied sein. Sie kurbelte das Fenster ganz herunter, bis der Fahrtwind ihre erhitzten Wangen koste. »Vollzieht die Kirche heutzutage noch Teufelsaustreibung?«

»Klar. Der Glauben an den Heiligen Geist endet ja nicht, weil wir zum Mond fliegen, in die Untiefen des Meeres tauchen oder die Schallmauer durchbrechen. Wer an Gott glaubt, glaubt auch an den Teufel. Und damit an Dämonen und an die Möglichkeit, sie auszutreiben.«

An Luís konnte sie sich gewöhnen. »Wie lange vertreten Sie Carlos?«

»Bis er wiederkommt.«

Die Villa Inácio stand, wie Dora erwartet hatte, hinter einer mit Drillingsblumen und Blauregen überwucherten Mauer, umringt von Villen ausländischer Niederlassungen aus aller Welt. Bevor sie ausstieg, blieb sie einen Augenblick lang mit geschlossenen Augen im Fond des Dienstwagens sitzen und genoss das süßliche Odeur der Blütenpracht.

»Herrlich«, sagte sie, stieg aus und nahm ihre Handtasche

und ihre Sporttasche vom Sitz. Da sie noch nicht wusste, wie lange ihre Vernehmung der Ehefrau des Opfers dauern würde, schickte sie Luís in den Feierabend. Schließlich feierte eine Mutter nur einmal im Leben ihren Sechzigsten. Sollte er sich ruhig amüsieren.

»Morgen früh um acht vor meiner Haustür!«, rief sie und schwenkte den Arm zum Abschied.

Luís zog überrascht die Brauen hoch. Sein Dank klang herzlich.

An der Gegensprechanlage am Gartentor stellte sich Dora als Inspetora-Chefe Dora Monteiro von der Mordkommission Lissabon vor. Der Türöffner summte, und Dora stand im Garten.

Auf dem Weg zur Haustür tastete sie in ihrer Handtasche nach ihrer Dienstmarke und dem dazugehörigen Ausweis. Dabei fand sie einige klebrige Karamellbonbons und eine merkwürdig aus der Form geratene Tafel Schokolade. Ganz unten in der Umhängetasche lagen ihre Dienstpistole, ihre Geldbörse, ihr Handy und der Hausschlüssel – alles da, nur ihre Dienstmarke und ihr Ausweis nicht. Musste sie wohl im Büro in der anderen Handtasche vergessen haben.

Die Haustür stand offen, eine attraktive Frau in einem eleganten Kostüm erwartete sie.

Dora bändigte ihr Haar mit einem Haargummi und streckte die Hand aus. »*Com licença,* gestatten, Inspetora-Chefe Dora Monteiro. Inspetor Cardoso hat Ihnen mein Kommen telefonisch angekündigt.«

»Mónica Inácio. Bitte, kommen Sie herein.«

Mónica Inácios Handschlag war fest. Ihr Blick neugierig-offen. Sie war einen Kopf größer als Dora und trug ihr naturrotes Haar kurz geschnitten. Flache Ballerinas und ein Halstuch ergänzten die vornehme Erscheinung. Sie war geschätzt zwanzig Jahre jünger als ihr ermordeter Mann.

Dora folgte ihr durch das mit Familienporträts dekorierte Foyer.

Im Salon nahmen die Damen einander gegenüber Platz. Eine leichte Nuance Achselschweiß witterte Dora in dem Moment, als sich Mónica Inácio in ihrem Sessel vorbeugte. Die Aufregung? Verständlich, wenn man Besuch von der Mordkommission empfing.

Dora machte Komplimente über die Einrichtung und ließ einen Moment verstreichen, bevor sie Dona Mónica die Nachricht vom Tod ihres Mannes überbringen wollte.

Ein Hausbutler mit einem Tablett in der Hand kam herein. Zu Doras Verblüffung bot er ihr nicht das obligatorische Glas Wasser ohne Kohlensäure an, sondern stellte eine Platte voll appetitlich angerichteter Häppchen, zwei Sektflöten und eine Flasche Sekt in einem silbernen Kühler mit Eiswürfeln auf den Couchtisch. Daneben einen Krug mit einem Apfelduft verströmenden grünen Smoothie.

»Sekt oder Smoothie?«, fragte er.

Häppchen und Sekt gehörten sonst nicht gerade zu den üblichen Höflichkeitsgesten bei Doras beruflich bedingten Besuchen. Persönliche Anrufe des Staatsanwaltes nach Feierabend allerdings auch nicht.

»Bitte gern beides.«

Der Hausangestellte servierte und zog sich diskret zurück.

»Möchten Sie einen Schluck trinken?« Dona Mónicas Stimme klang belegt und ihre Frage eine Spur zu schnell, als sie die Hand zum Glas ausstreckte. Es war die linke Hand, registrierte Dora. »Mein Mann müsste bald nach Hause kommen. Vielleicht naschen wir solange Häppchen und warten auf ihn, bis Sie uns den Grund für Ihren Besuch verraten.«

Dora verzog keine Miene. Jetzt mit der Tür ins Haus zu fallen wäre pietätlos. Canapés zu naschen und der Witwe nonchalant nebenbei zu erzählen, dass ihrem Mann ein Stecheisen in der Schläfe steckte, grausam.

Dora hob ihr Glas. Anstandshalber probierte sie von den Canapés und nippte einen Schluck Sekt. Dabei ließ sie Mónica keine Sekunde lang aus den Augen, denn hinter ihrer Furcht nahm Dora noch etwas anderes wahr: Unruhe. Mónicas Bewegungen wirkten fahrig. Unentwegt zupfte sie an den Häutchen an ihrem Daumennagel herum, und ihr Blick wanderte wiederholt zur Standuhr.

»Kompliment an die Küche«, sagte Dora. »Das war *delicatissimo.*«

Mónica faltete die unbenutzte Serviette zusammen, legte sie neben den Teller und presste ein Kissen an ihre Brust. »Das Warten macht mich ganz nervös. Warum mag sich mein Mann bloß so arg verspäten? Sonst ruft er an, wenn ihm etwas dazwischenkommt. Ach. Bitte, ich will Ihre Zeit nicht noch länger beanspruchen, Senhora Inspetora-Chefe.«

Dora glaubte ihr nur zur Hälfte. Schließlich war die Bank seit fast vier Stunden geschlossen. Oder war es gar nicht so ungewöhnlich, dass Elías nach Bankschluss noch ausblieb? Vielleicht wusste Mónica Inácio sogar, was er nach Feierabend machte und dass er regelmäßig in die Igreja de São Miguel zum Beten ging.

Oder schaffte sie es bloß hervorragend, ihre Gefühle zu verbergen? Wenn Dora es darauf anlegte, sah auch ihr niemand an, was sie empfand. Einerlei, ob sie sich über den frisch abgetrennten Kopf eines Opfers beugte oder verbale Beleidigungen parierte. Ihr Spitzname *a indomável*, die Unbeugsame, kam nicht von ungefähr. Sie blieb souverän. Immer. Alles andere wäre indiskutabel gewesen.

»Wir haben Ihren Mann heute gegen siebzehn Uhr tot in der Igreja de São Miguel aufgefunden.«

Mónica zeigte zuerst keinerlei Regung. Sie saß steif auf dem Sofa, die Schultern verkrampft hochgezogen, ihre Hände ineinander verschränkt, und schaute an Dora vorbei aus dem Fenster. Ihr Blick verlor sich. Ihr Gesicht, eben noch offen, wirkte jetzt wie versteinert. »Ermordet, meinen Sie.«

Das klang weder überrascht noch fassungslos.

Dora reagierte gelassen. Fassungslosigkeit und Bestürzung setzten bei den Angehörigen meist verzögert ein, wusste sie.

Bei Mónica dauerte es exakt drei Atemzüge lang, bevor sich

ihr Brustkorb aufblähte und das Entsetzen sich seinen Weg durch den Hals nach oben bahnte. Sie brach in Tränen aus, ihre Gesichtszüge entgleisten, und sie umklammerte das Sofakissen, als könne sie da ihr Entsetzen hineinpressen.

»In der Kirche … in dieser gottverdammten Kirche …«

Volltreffer. Sie wusste also von der Angewohnheit ihres Mannes.

Dora ließ sie weinen und wartete ab, bis der erste Tränenstrom versiegt war.

»Bestimmt wollen Sie mich jetzt ausfragen«, sagte Mónica schließlich.

»Sie klingen wütend auf die Kirche.«

»*Die Kirche* hat mir meinen Mann geraubt!«

»Wie meinen Sie das?

»Elías ist Banker. Er hat mit Euros, mit Dollars, mit Gold jongliert, und plötzlich hat erst eine Bibel und dann ein Rosenkranz auf seinem Nachttisch gelegen. Zuerst habe ich seinen Spleen für einen Scherz gehalten. Für einen guten Witz war ihm nichts heilig. Sein Humor war schon immer schwärzer als schwarz.« Mónica schnäuzte sich und trank das zweite Glas Sekt in einem Zug leer. »Dreißig Jahre lang hat er gegen die Kirche gewettert. Sogar eine kirchliche Trauung hat er damals abgelehnt. Meine Eltern sind entsetzt gewesen, die Verwandtschaft hat sich abgewandt. Mit einem Kirchengegner wollten sie nichts zu tun haben.« Dona Mónica rang um Fassung. Ihre Fingernägel gruben sich in ihre Handballen. »Ich weiß noch genau, wann es angefangen hat. Das war im Frühling. Als der Tornado Hugo über Lissabon hinweggefegt ist. Sie erinnern sich doch, oder? Es war eine stockfinstere Nacht. Sturmböen rüttelten an den Fensterläden. Das Heulen des Windes hat mich geweckt. Neben mir saß Elías und weinte. Ich glaubte an einen Alptraum, nahm ihn in den Arm, aber er reagierte gar nicht und flüsterte immerzu: ›Ich bin verdammt.‹«

Dora konnte sich die Szene lebhaft vorstellen. Sie spürte Elías' Bürde geradezu am eigenen Leib. Sicher wusste Mónica mehr darüber, als sie momentan bereit war zu sagen. Ihr Mann hatte seine Schuld mit auf die andere Seite genommen. Er war ohne Vergebung aus dem Leben geschieden. Zwar glaubte Dora persönlich nicht an ein Leben nach dem Tod, wie es die Bibel proklamierte, aber daran, dass man in Frieden oder Unfrieden die Erde verließ, glaubte sie felsenfest.

Elías Inácio war in Unfrieden gegangen. Davon war sie überzeugt. Seine Seele litt fort. Sein Mörder hatte ihm die erhoffte Erlösung versagt, hatte ihn in seiner auserwählten Kirche ermordet, weil er ihn … Dora rutschte hin und her. Weil er ihn …

Himmel noch mal. Was wollte der Täter mit dem Mord bezwecken? Der Gedanke war weg. *Chatice!*

Dona Mónica hatte sich wieder unter Kontrolle. »Seit dieser Nacht war Elías nicht mehr er selbst. Ständig redete er von Schuld, von Strafe, vom Fegefeuer. Er veränderte sich. Auch äußerlich. Ständig war er blass, unter seinen Augen lagen dunkle Schatten. Einen Arztbesuch lehnte er ab. Kognitiv sei alles in Ordnung mit ihm, hat er behauptet.« Sie ließ die Schultern nach vorn sinken. Ihre Wut war verflogen. Tränen rannen lautlos über ihr Gesicht. »Bei einem Abendessen mit Freunden hat Elías vom apokalyptischen Reiter schwadroniert, über Sodom und Gomorrha. Oh Gott, wie habe ich mich geschämt.« Sie schlug die Hände vors Gesicht. »Kaum zu Hause, habe ich ihm mit Einweisung in eine psychiatrische Klinik gedroht. Er hat nur gekichert und gemeint: ›Mach doch.‹«

»Gab es denn einen Auslöser für dieses veränderte Verhalten Ihres Mannes?«

Mónica zuckte mit den Achseln. »Vielleicht hat er die Gene seiner Mutter geerbt.«

Dora horchte auf. Mónicas Stimme klang jetzt ganz anders. Gar nicht mehr traurig, sondern hart.

»Meine Schwiegermutter hatte einen Nervenzusammenbruch. Das war Ostern im Jahr 1974, kurz vor der Nelkenrevolution. Als Elías und ich geheiratet haben, war sie schon jahrelang nicht mehr bei sich. Immerzu hat sie nach einem Exorzisten verlangt und wohl mehrmals versucht, sich umzubringen. Schizophren und manisch-depressiv, haben die Ärzte gesagt.«

Da war er wieder, der Teufelsaustreiber. In dem Moment, in dem *etwas nicht stimmte*, tauchte er passend auf, würde Doras Mutter sagen. »Ist Ihr Mann damals politisch aktiv gewesen?«

Dona Mónica hob den Kopf. »Politisch aktiv? Natürlich war er das. Aber wer ist es vor 1974 denn nicht gewesen? Hat nicht jeder damals gegen die Faschisten gekämpft? Gegen Unterdrückung? Gegen die andauernde Angst? Hat nicht jeder von Freiheit geträumt?«

Dora nickte. Erlebt hatte sie die Zeit vor und nach der Nelkenrevolution in Portugal 1974 zwar nicht, aber sie kannte die Angst und die Wut des Volkes gegen die damalige faschistische Diktatur aus Erzählungen.

Sie spulte das bisherige Gespräch in ihrem Kopf zurück und wieder vor – und war sich schließlich ziemlich sicher, dass Mónica sehr wohl wusste, warum sich ihr Mann so seltsam verhalten hatte. Heute Abend wollte sie aber nicht weiter in sie dringen.

»Ruhen Sie sich aus. Inspetor Cardoso wird die Befragung morgen früh mit Ihnen fortsetzen. Einverstanden?«

»Das ist alles so grauenhaft, so unvorstellbar grauenhaft«, erwiderte Mónica anstelle einer Antwort. »Ich frage besser nicht, wie er ermordet wurde.«

»Möchten Sie, dass ich Ihren Schwager Jósua verständige?«

»Das würden Sie tun, Senhora Inspetora-Chefe?«

Dora nickte.

»Mein Schwager und ich sind nämlich nicht gerade beste Freunde. Er ist rüde.«

»Wo finde ich ihn?«

»Der Trotzkopf der Familie treibt sich in seinem Atelier herum, und falls nicht, hockt er in irgendeiner Kneipe und erörtert ästhetische Gesichtspunkte der Kunst von der Antike bis zur Moderne mit gleichgesinnten Avantgardisten.« Dona Mónica stand auf, holte ein Notizbuch aus ihrem Sekretär und notierte mit der linken Hand die Adresse auf einem Block. »Jósua wohnt auch in seinem Atelier. Nach Hause zu seiner Frau und Tochter kommt er nicht mehr.« Sie riss den Zettel vom Block und reichte ihn Dora. »Sie erkennen meinen Schwager sofort. Er gleicht meinem Mann wie ein Ei dem anderen.«

Ihre Worte rieselten kalt wie Eiskristalle in Doras Gehörgang. »Eineiige Zwillinge?«

Mónica nickte. »Jósua ist ein paar Minuten älter als Elías. Aber das spielt ja jetzt keine Rolle mehr.«

Kaum die Villa Inácio verlassen, summte Doras Telefon. Es war eine WhatsApp-Nachricht von Cardoso. Der Inhalt gefiel ihr ganz und gar nicht.

***

Das Taxi setzte Dora im Burgviertel am Aussichtspunkt Miradouro das Portas do Sol ab. Sie verweilte einen Augenblick lang neben der Statue des Märtyrers São Vicente, der für seinen Glauben an die Heilige Dreifaltigkeit in Valencia einst zu Tode gefoltert worden war.

Die Statue des Stadtpatrons von Lissabon hielt ein Segelschiff im Arm. An Bug und Heck saß ein Rabe. Laut Legende hatten die sterblichen Überreste des heiligen Vicente auf einer königlichen Karavelle vom gleichnamigen Cabo de São Vicente aus, einer kargen und felsigen Steilküste, die gemeinsam mit der nebenliegenden Ponta de Sagres die Südwestspitze des europäischen Festlands bildete, nach Abschluss der christlichen Rückeroberung in Portugal in einem Reliquienschrein ihren Weg nach Lissabon angetreten. Zwei Raben hatten das Schiff mit dem Schrein begleitet, hieß es. Er stand in der Schatzkammer der Catedral Sé Patriarcal von Lissabon, und die zwei Raben samt Schiff zierten das Stadtwappen.

Dora blickte skeptisch auf die Statue und fragte sich zum wiederholten Mal, wie es möglich war, dass all diese Legenden von anno dazumal fortlebten. Sie waren der ganze Stolz Portugals, wusste sie. Das Volk und seine Geschichte bauten auf Religion und auf dem katholischen Glauben auf. Mit dem Glaubensschwur auf die Bibel und die katholische Kirche hatte sich Portugal überhaupt erst aus der Lehnsherrschaft der Burgunderkönige lösen können. Ergo lebte das Land, seit es vor über achthundertfünfzig Jahren geboren worden war, nach dem Gesetz der Zehn Gebote.

Auch Elías hatte nach den Zehn Geboten gelebt und dafür mit dem Leben bezahlt. Irgendwie zweimal, grübelte Dora. Während er noch gelebt hatte, hatte er sich ja bereits verdammt gefühlt.

Versonnen schaute sie hinab auf die Dachlandschaft in die Alfama, lauschte eine Weile der Musik einer Straßenband, die die *saudade* besang, und wappnete sich innerlich für die Begegnung mit Elías' Zwillingsbruder Jósua.

Ihr Weg führte sie in die Escolas Gerais mitten hinein in das multikulturelle Künstlerviertel der Stadt. Auf der Aussichtsterrasse begegnete sie verliebten Pärchen, auf dem Straßenmarkt umherschlendernden Touristen. Sie genossen händchenhaltend den Sonnenuntergang und ließen sich mit dem Fotoapparat in der Hand einfangen vom Zauber der Alfama.

Das Farbenspiel im Licht der untergehenden Sonne brachte die Dachziegel zum Leuchten. Die Häuserwände strahlten weiß, ockergelb und altrosa. Die Gassen zwischen den eng stehenden Häuserzeilen lagen im Schatten. Es duftete nach Gegrilltem. Wäschestücke flatterten auf Leinen zwischen Balkonen gespannt. Sittiche trällerten ihr Lied, in Käfigen sitzend, aufgehängt am Fenster. Und überall tönte das Echo des Fado.

Dora folgte den Straßenbahnschienen bergauf in Richtung des Klosters São Vicente de Fora und steuerte, in der Rua das Escolas Gerais angekommen, die nächstbeste Kneipe an. Ihr stand der Sinn nach etwas Alkoholischem. Einem Glas grünem Wein aus dem Fass zum Beispiel. Vielleicht ein *petisco* dazu. Die Häppchen bei Mónica waren zwar lecker, aber nicht gerade nahrhaft gewesen und hatten ihren Appetit erst angeregt.

An der Bar verspeiste sie eine Portion flambierte Garnelen,

genehmigte sich ein Glas Wein und beobachtete weiter das Treiben auf dem Platz vor der Kneipe.

Schräg angezogene Typen und Mädchen mit Baskenmütze und Skizzenblock auf dem Schoß saßen auf Mauervorsprüngen und bannten die Seele des Viertels in lyrische Oden oder als Aquarelle auf Papier. Der glühend blaue Himmel über dem Häuserlabyrinth, der silbrig dahingleitende Tejo malten das unnachahmlich romantische Stillleben von Lissabon. Die abendlich vibrierende Atmosphäre in der Escolas Gerais glich dem melodiösen Flair am Montmartre in Paris in den siebziger Jahren. Zwar wachte nicht die Sacré-Cœur über die Alfama, sondern die weiße Marmorkuppel des Mausoleums Panteão Nacional, aber im Grunde genommen war es egal, welcher Prachtbau das Viertel schmückte. Lissabon war viel zu schön für einen Mord.

Zum Dessert bestellte Dora eine Bica, dazu ein Pastel de Belém, ein Puddingteilchen mit viel Zimt. Sie streuselte vier Tütchen Zucker in den kurzen schwarzen Kaffee, trank ihn mit dem Löffel und biss genüsslich in das für Lissabon typische Klostergebäck.

Nachdem eine mit johlenden Touristen voll beladene 28er-Tram mit quietschenden Bremsen an der Tür vor der Kneipe vorbeigeruckelt war, überquerte Dora die Schienen und bog in eine Einbahnstraße ab. Auf halber Höhe Richtung Mosteiro de São Vicente de Fora lag eine stadtbekannte Kunstgalerie. Das Atelier von Jósua Inácio befand sich zwei Häuser weiter daneben. Ein schmal gebautes Haus mit Spitzbogen aus Sandstein rund um Fenster und Türen und einem verwitterten Holztor am Eingang.

Eine Klingel fand Dora nicht. Sie klopfte. Das Holzportal war bloß angelehnt. Automatisch rutschte ihre Hand in ihre Handtasche und tastete nach dem kühlen Metall am Griff ihrer Glock.

»Boa tarde, Senhor Inácio. Sind Sie da?«

Die Steinmetzwerkstatt öffnete sich zu einem schmalen Raum mit Ziegelsteingewölbe. Eine gegenüberliegende Tür führte in ein zweites Zimmer ohne Fenster. Das Bildhauer-Atelier lag im Dämmerlicht. Der Mestre war ausgeflogen. Dora schaute sich neugierig um.

In der Mitte des Studios stand ein Arbeitstisch. Sie fand eine Stehlampe und schaltete sie an. Diverse Steinmetz-Utensilien lagen penibel geputzt und akkurat sortiert auf dem Tisch ausgebreitet, daneben Stecheisen in allen Größen. Außerdem Steinbohrer, Schleifpapier, eine Kiste mit Flexaufsätzen.

Mitten im Raum standen zwei Skulpturen, die mit einem Tuch bedeckt waren. Um zu sehen, woran Jósua Inácio gerade arbeitete, zog Dora die Laken weg. Dabei kam sie sich sehr frevelhaft vor. Wenn sie sich das bei ihrem Großvater Maurice im Atelier getraut und er sie dabei erwischt hätte, hätte er ihr gehörig den Kopf gewaschen.

Das erste Werk war ein Relief. Es zeigte Frauengesichter mit zum Schrei geöffneten Mündern und aufgerissenen Augen. Zwei Gesichter waren noch unvollständig. Männergesichter, erkannte Dora an den bereits in den Stein modellierten Backenbärten.

Die zweite Skulptur stellte eine junge Frau dar. Auf der Werkbank lag ein Foto als Vorlage. Eine Porträtarbeit. Ein Ebenbild.

Dora ging nach nebenan. Durch ein Bogenfenster fiel Licht aus den umliegenden Wohnungen rund um den Innenhof in den Raum. Sie stand in der Küche. Im Gegensatz zum militärisch aufgeräumten Atelier herrschte in der Küche das reinste Chaos. Auf dem Boden standen leere Weinflaschen, auf dem Tisch entdeckte sie Speisereste auf einem Teller, und im Spülstein stand gebrauchtes Geschirr.

In diesem Moment hörte sie die Haustür ins Schloss fallen.

»Was zum Teufel ist hier los!«, polterte eine sonore Stimme.

»Das war ich!«, rief Dora.

Kurz darauf stand der Zwillingsbruder ihres Mordopfers vor ihr. Allerdings mit Glatze und ohne Backenbart. Sie ging auf den Mann zu und streckte ihm die Hand entgegen.

»*Com licença,* Inspetora-Chefe Dora Monteiro, Mordkommission Lissabon, verzeihen Sie mein Eindringen, die Tür stand offen.«

Jósua Inácio ignorierte ihren Gruß und steckte seine Hände in die Hosentaschen.

Dora zog ihre Hand zurück und nahm Inácio näher in Augenschein. Im Gegensatz zu seinem Bruder Elías trug er keinen Maßanzug und auch keine Schuhe aus der Manufaktur, sondern eine ausgewaschene Jeanslatzhose, ein T-Shirt und bequeme Lederslipper ohne Socken, keinen Ehering, und in beiden Ohrläppchen steckte ein Ohrring. Er roch nach Rasierseife und Schnaps.

»Ist mir wurscht, wer du bist. Kommst einfach hier herein und ziehst meine Skulpturen aus«, lallte er, hob das Laken vom Boden auf und breitete es über dem Relief aus.

»Sie sind betrunken.«

Inácio grinste und zwinkerte sie frech an. »Von der Kripo bist du also und weißt nicht, dass man die Sachen fremder Leute nicht anfasst?«

»Bleiben wir beim Sie.«

Er grinste noch breiter. »Kannst ruhig Du sagen.«

»Möchte ich nicht, Senhor Inácio.«

»Lass gefälligst den ›Senhor‹ weg«, zischte er.

Solche Typen kannte Dora zuhauf. Mit Etikett »Establishment – nein danke«. Eine Prise Avantgarde, gemischt mit einem Hauch Anarchismus und ganz viel Wut.

»Pass mal auf, alter Mann, wenn du keine Lust hast auf Ausnüchterungszelle, dann wirf dir ganz schnell ein Benimmmäntelchen über und sprich mich mit Senhora Inspetora-Chefe an. Haben wir uns verstanden?«

Dora konnte förmlich hören, welche Unliebenswürdigkeit er ihr an den Kopf werfen wollte, sein Blick spiegelte helle Wut. Aber ihr Beruf machte ihn hellhörig.

»Meiner Tochter ist etwas passiert«, stieß er besorgt hervor und lallte plötzlich überhaupt nicht mehr.

Als Dora verneinte, wirkte er unübersehbar erleichtert, aber bloß einen Wimpernschlag lang.

»Meiner Ex-Frau?«

Dora kürzte das Ratespiel ab. »Ihrem Bruder.«

Inácio taumelte rückwärts und ließ sich auf einen Stuhl am Esstisch fallen. »Was sagen Sie da?«

Dora setzte sich auf den zweiten Stuhl und schob das dreckige Geschirr auf dem Tisch zur Seite. »Die Küsterin in der Igreja de São Miguel hat ihn gefunden.«

Inácio rieb sich das Gesicht. »Kirche?«

»Der Tatort.«

Sein Lachen klang wie ein erstickter Schrei. »Kann nicht sein. Mein Bruder meidet Kirchen. Er hasst sie sogar. Elías ist Banker! Er wacht über den Aktienindex von Portugal. Devisen, Wechselkurse und die Börse bestimmen sein Leben.«

»Ihr Bruder ist Opfer eines Gewaltverbrechens geworden. Mord.«

Noch ein schrilles Lachen. »Blödsinn! Heute Mittag waren wir zusammen in der ›Brasserie Rossio‹ zum Essen. Der Ermordete kann gar nicht mein Bruder sein.« Er brauste auf. »Ich will ihn sehen!«

Mit Tränen konnte Dora besser umgehen als mit dem Umstand, dass sie die Büchse der Pandora entleeren musste. »Das geht leider noch nicht. Wir stehen noch am Anfang unserer Ermittlungen. Ihre Schwägerin wird ihn identifizieren.«

Inácio presste beide Hände vors Gesicht und schüttelte den Kopf. »Waren Sie schon bei ihr?«, fragte er leise.

Dora bejahte. »War sie in letzter Zeit einmal hier bei Ihnen im Atelier?«

Inácio ließ die Hände sinken. »Mónica? Hier? In meiner Höhle? Wo es nach Mann riecht und nach Autonomie?« Er stand auf und holte eine Flasche Hochprozentiges aus einem Regal.

Dora rümpfte die Nase. »Glauben Sie nicht, es reicht?«

Er bedachte sie mit einem rebellischen Was-willst-du-dagegen-tun-Blick, entkorkte die Flasche mit den Zähnen, schenkte ihr ein Glas ein und nahm selbst einen tiefen Schluck direkt aus der Pulle. »Ah, der brennt durch.«

Davon war Dora überzeugt. Sie hielt das Schnapsglas auf Armeslänge entfernt. Der Baumerdbeerenschnaps Medronho roch mindestens fünfzig Umdrehungen scharf. Auf keinen Fall würde sie das schlucken.

»Ich trinke, wann es mir passt«, stellte Inácio klar und wischte sich mit einem Ärmel über den Mund.

»Schnaps macht den Tod Ihres Bruders nicht ungeschehen.«

Das Rebellische verschwand aus seinem Antlitz. Der traurige Junge Jósua mit großen glänzenden Augen kam zum Vorschein. Er ließ die Schultern nach vorn sinken und versteckte seine Tränen hinter halb geschlossenen Lidern.

»Schnaps hilft mir, nicht verrückt zu werden. Vor Wut, vor Schmerz, vor dem Nicht-begreifen-Können. Mich zu betrinken bewahrt mich davor, alles hier kurz und klein zu schlagen, Senhora Inspetora-Chefe.« Er nahm noch einen kräftigen Schluck. »Seien Sie nicht so stringent.«

Mit der Flasche unter dem Arm ging er durch die Küchentür in sein Atelier und blieb neben der Skulptur der jungen Frau stehen. Dora folgte ihm. Das Schnapsglas ließ sie auf dem Tisch. Das fehlte ihr gerade noch, mit den Angehörigen eines Mordopfers die Trauer zu ertränken.

»Ihre Tochter?« Sie deutete mit dem Kinn auf die Skulptur.

»Sara. Der Sinn meines Lebens.« Inácio betrachtete das steinerne Abbild seiner Tochter mit liebevollem Blick.

Dora wartete ab, was als Nächstes passierte. Zwischen ihr und dem Mestre entwickelte sich gerade etwas. Was genau, konnte sie nicht benennen, aber sie spürte, dass er ihre Aura abtastete.

»Ich will Ihnen erzählen, warum meine Mutter meinem Bruder und mir jüdische Namen gegeben hat.«

Cardoso hatte also richtig getippt, die Namen bedeuteten etwas. Der Abstand zwischen ihr und Inácio verkleinerte sich. Die Welt draußen vor der Tür auf den Straßen der Stadt hörte auf zu existieren.

»Weihen Sie mich ein«, sagte Dora leise.

»Ich bin der Erstgeborene. Elías kam kleiner, schwächer,

dünner als ich auf die Welt. Aber er überlebte. Meine Mutter war glücklich. Als tiefgläubige Katholikin suchte sie uns zwei Namen aus dem Alten Testament aus. Ihm gab sie den Namen Elías. Das bedeutet ›Bruder‹. Mich nannte sie Jósua. ›Heilender‹. Mutter bläute mir ein, auf Elías aufzupassen. ›Puste auf seine Wunden, nimm ihn an die Hand und weise ihm den richtigen Weg ins Leben‹, sagte sie zu mir.«

Er setzte den Flaschenhals an die Lippen. Ihre Blicke trafen sich.

Dora stand keinen Schritt weit entfernt neben ihm. So dicht, dass sie seine Körperwärme spürte. Ihr Puls beschleunigte.

Inácio ließ die Flasche sinken, verschloss sie und räumte sie weg. »Elías und ich wuchsen still auf. Laut reden war gefährlich während der Diktatur.« Seine Linke ruhte auf dem Kopf der Skulptur, als zöge er Kraft aus der unter seinen Händen gewachsenen Plastik. »Niemand redete laut zu Hause, wir nicht, die Dienstboten nicht, auch unsere Eltern nicht. Alle hatten wir Angst vor der faschistischen Polizei.« Er legte eine Pause ein, als müsse er seine Gedanken erst sammeln. »Die Ermordung einer Bauersfrau durch Prügelstrafe Ende der sechziger Jahre ließ die Wut des Volkes hochkochen. Erinnern Sie sich an den Namen Catarina Eufémia? Natürlich nicht, Sie sind ja viel zu jung. Aber vielleicht haben Sie im Politikunterricht von ihr gehört. Sie wollte Geld für Milch von ihrem *patrão*, und was hat sie bekommen? Eine Kugel in den Kopf. Von da an gab es überall im Land Streiks. Aufstände. Straßenschlachten. In jener politisch unruhigen Zeit kamen Elías und ich in die Schule.«

Dora versuchte sich das vorzustellen. Immer still sein. Immer darauf bedacht, was man sagte. Ständig in Angst leben. Keine Milch, kein Brot im Hause haben. Hungern. Dafür reichte ihre Phantasie einfach nicht. Was für eine ausgelassene Kindheit sie im Vergleich dazu erleben durfte. Für sie gab es Spielzeug, genug zu essen, Musik und Tanz.

»Bei der Einschulung wurden wir getrennt. Damit es den Lehrern leichterfiel, uns auseinanderzuhalten, hieß es. Quark. Der

Direktor war ein Fascho und nahm Elías unter seine Fittiche. Ich hingegen war rebellisch, weigerte mich, jeden Morgen vor dem Bild des Staatschefs zu singen, gar zu beten. Der Rohrstock knallte auf meinen Arsch. Jeden Tag.«

Die Erinnerung an die Schmerzen fräste tiefe Furchen in sein Gesicht. Abrupt ballte er seine Linke zur Faust.

»Im Lyzeum merkte ich, dass sich etwas zwischen meinem Bruder und mir änderte. Da waren wir beide vierzehn. Noch nicht Mann, aber auch kein Kind mehr. Mein Bruder trat in die faschistische Salazar-Jugend ein und später in die Partei Salazars. Er legte den Treueschwur auf das Mutterland ab und arbeitete sich im Parteiapparat hoch. Ich trat in die Studentenbewegung ein, ging in den Untergrund und wurde politisch verfolgt. Elías wurde gelobt und geehrt. Ich wurde eingesperrt und verhört.«

Dora beobachtete Inácio, während er sprach, seinen hüpfenden Adamsapfel, seine geballten Fäuste, seinen Blick, der sie regelrecht zum Zuhören zwang.

»Alles versuchte ich, um meinem Bruder diesen ideologischen Firlefanz auszutreiben. Geschimpft habe ich mit ihm, geprügelt haben wir uns. Nichts hat geholfen. Er blieb ein Faschist. Und ich ein Rebell. Das brach unserer Mutter den Verstand. Sie verbarrikadierte sich in eine Wunschwelt und verweigerte sich der Realität. Ihr wahres Ich kam immer seltener zum Vorschein und eines Tages gar nicht mehr, nachdem …«

Dora wartete, dass Inácio weitersprach. Zu ihrem Missfallen ließ er den Satz jedoch unbeendet und machte einen Schritt zurück. Die eben noch verspürte Vertrautheit schwand. Mit seiner Abkehr schloss er seine Trauer über den Mord an seinem Bruder in sich fort und Dora von seinen Gedanken aus.

»Sara ist vierzehn. Ein echter Inácio-Kopf. Genauso bockig wie ich. Sie könne nichts empfinden, wirft sie mir vor, sie sei genauso versteinert wie meine scheißverfickten Skulpturen, sagt sie. Typisch Teenager. Aufsässig aus Prinzip.« Sein Schulterzucken sollte wohl lässig wirken.

Klimbim. Der liebende Vater leckte seine Wunden heimlich und offenbarte Dora damit eine weiche Facette von sich. Nicht bloß seine Skulpturen waren bipolar, erkannte sie, er selbst war es auch. Das verwirrte und faszinierte sie gleichermaßen. Erzählte der Mestre von seiner Tochter, bewegten sich seine Lippen, seine Augen, sein Kopf. Alles an ihm liebte seine Tochter, und er zeigte es mit jeder Geste. Als er eben aus seiner Kindheit erzählt hatte, war das Liebende aus seinem Antlitz verschwunden. Seine Züge vereisten. Seine Mimik drückte Zorn aus. Zorn auf die Menschen, die ihn und seinen Bruder auseinandergerissen hatten. Zorn auf das politische System, das sie entzweit hatte. Zorn auf die verlorene Kindheit. Fünfundvierzig Jahre lang Zorn.

Dora erkannte sich ein Stück weit selbst in ihm wieder. Er war ein schnoddriger Revoluzzer. Sie war stringent. Er hämmerte seine Gefühle in Marmor. Sie verbarg ihre hinter Hochmut. Der Unterschied zwischen ihm und ihr war simpel und dennoch fundamental. Sein Ich war echt. Ihres nicht.

»Vor einem Jahr.«

»Pardon?«

»Sie fragten mich, wann meine Schwägerin zum letzten Mal hier gewesen ist. Das war letzten November, am elften, um genau zu sein, an Elías' und meinem siebzigsten Geburtstag. Wir haben ihn hier gefeiert, weil Mónica meine anarchistischen Freunde nicht in ihrem Chippendale-Wohnzimmer empfangen wollte.«

»Sind Sie und Ihr Bruder je wieder Freunde geworden?« Doras Stimme klang fremd in ihren Ohren, und an Inácios Blick erkannte sie, dass sie die falsche Frage gestellt hatte.

»Wir haben uns in Elías geirrt«, warf er ihr hin. »Am meisten unsere Mutter.«

Jósua Inácio verwandelte sich zurück in den Unnahbaren und sie sich in die Unbeugsame. »Bitte gehen Sie«, bat er.

Dora bedauerte, dass ihre erste Begegnung derart verkorkst begonnen hatte und noch verkorkster enden würde. Cardoso hatte ihr in seiner WhatsApp-Nachricht das Ergebnis der Spurensicherung übermittelt. Jósua Inácio stand ab sofort unter Mordverdacht.

»Kann ich nicht, Senhor Inácio. Die Tatwaffe ist übersät mit Ihren Fingerabdrücken. Ich muss Sie festnehmen.«

***

Es gab wenige Tage, an denen sich Dora auf ihre Wohnung freute. Aber als sie heute um kurz vor Mitternacht die Treppen der fünf Stockwerke hinaufhastete, die Tür hinter sich verriegelte und endlich Feierabend machte, fühlte sie sich unendlich erleichtert. Der Tag hatte es in sich gehabt.

Sie öffnete Fensterläden und Fenster und ließ die wohltuend kühle Nachtluft durch ihre Altbauwohnung wehen. Zum Entspannen legte sie ein Klavierkonzert von Debussy auf. »Clair de Lune«.

Kaum dachte sie an Jósuas Gesichtsausdruck, als sie ihm die Handschellen angelegt hatte, schnellte ihr Herzschlag in die Höhe. Komm runter, ermahnte sie sich, setzte sich aufs Sofa und versuchte, sich der Musik hinzugeben. Als das nicht funktionierte, schaltete sie die Musikanlage aus, sprang auf, lief durch den Flur ins Schlafzimmer und wieder zurück und zuletzt in die Küche. Mit einem Ruck riss sie die Kühlschranktür auf. Das Licht sprang an und präsentierte ihr, abgesehen von ein paar Packungen Pralinen und dem üblichen Vorrat an Weißweinflaschen, die gewohnte Leere darin.

Dora zog eine Flasche aus dem Fach, öffnete sie und schenkte sich ein Glas ein. Fruchtig-herb rann der kühle Rebensaft durch ihre Kehle und landete wärmend im Magen. Sie nahm das Glas mit ins Badezimmer, stellte es auf die Spiegelkonsole und ging duschen. Mit einem Massagehandschuh rieb sie ihren verkrampften Körper ab, bis ihre Haut rot glänzte. Zum Abschluss duschte sie eiskalt.

Auf einem ausgebreiteten Handtuch streckte sie sich auf dem Sofa aus, trank von ihrem Wein und versuchte, die Ereignisse noch einmal Revue passieren zu lassen. Gelingen wollte ihr das allerdings nicht wirklich. In ihrem Kopf herrschte ein schwindelerregender Wirrwarr.

Ihr neuer Fall lief anders. Über dem Mord schwebte etwas Diabolisches. Ob das am Tatort in der Kirche oder an den Bibelstellen, dem Gemälde vom Purgatorium oder an Mónicas Gerede von Sodom und Gomorrha und dem apokalyptischen Reiter lag, konnte Dora noch nicht richtig einordnen. Ihr Bauch sagte A zu ihrer Ahnung am Tatort, dass der Mord einen spirituellen Hintergrund hatte. Außerdem glaubte sie, dass Jósua Inácio unschuldig war. Ihr Kopf sagte hingegen B zu den Indizien, und an die musste sie sich letztendlich halten.

Ihre Berufserfahrung steckte zwischen ihrem Verstand und ihrer Intuition fest. Wegen ihrer Sympathie für Jósua spielte ihre Intuition verrückt. Als Profi wusste sie genau, wie fatal es sein konnte, persönliche Empfindungen mit den beruflichen Eindrücken zu vermischen. Aber sie schaffte es in diesem Fall nicht, die beiden Ebenen zu trennen. Jósua brachte etwas in ihr zum Pendeln. Etwas ganz tief in ihr Verborgenes. Sie wusste nicht einmal wirklich, wo, aber er berührte sie. Das machte sie nervös.

»Ich könnte scheitern«, sagte sie laut ins Halbdunkel des Zimmers und hatte eigenartigerweise gar keine Angst davor.

Im Gegenteil. Scheitern klang regelrecht verführerisch. Aufgeben und den ganzen Kriminalkram hinschmeißen. Wie leicht sich das anfühlen würde, sollte sie endlich damit aufhören, sich wie ein weiblicher Don Quixote aufzuführen und sich permanent gegen die Windmühlen des Patriarchats im Justizapparat aufzulehnen. Dann brauchte sie nicht mehr die Harte, Unnahbare, Giftige zu mimen. Dann musste sie sich nicht mehr ständig gegen angebliche männliche Überlegenheit durchsetzen, gegen inkompetente Ignoranz aufbegehren und versteckte Anspielungen auf sie als Frau scheinbar überhören. Dann brauchte sie nie wieder doppelt so viel zu arbeiten, doppelt so schnell Fälle zu lösen und doppelt so oft Erfolg zu haben wie ihre männlichen Kollegen.

Das Glas war leer, Dora schenkte nach und trank gierig. Oh, welch süße Verlockung. Aufgeben und kündigen. Einfach so.

Ihre Gefühlswelt glich sowieso einem Scheiterhaufen. Bis zu den Knöcheln stand sie bereits im Reisig. Sie kannte genügend Kollegen aus der Polizei und aus der Justiz, die bloß darauf lauerten, den Haufen anzuzünden. Ein Streichholz genügte und sie stünde in Flammen.

Vielleicht sollte sie den Fall abgeben. Vielleicht sollte sie aus dem Fenster hüpfen. Vielleicht sollte sie zu ihrem Opa in sein Atelier einziehen und Künstlerin werden.

Sie schrieb ihm eine WhatsApp-Nachricht, »Bist du noch wach?«, bekam aber keine Antwort. So blieb sie allein mit ihrem Gedankenkuddelmuddel, trank das Glas leer und schenkte erneut nach. Der Wein würde hoffentlich bald die Notbremse in ihrem Gefühlsdusel finden.

Aus der Nachbarschaft prasselten Geräusche und Gerüche auf sie ein. Das Ehepaar unter ihr aß Pizza, erschnupperte sie. Ihr Nachbar Pedro nebenan schnarchte. Das Ehepaar im fünften Stock im Haus gegenüber übte Tango tanzen. Dora beobachtete das Paar, wie es durch den Raum glitt. Milonga-Melodien, vermischt mit dem melodiösen Atmen eines Knopfakkordeons, wehten herüber. Sonst schaute Dora den beiden gern beim Tanzen zu, aber heute nervte sie das Ächzen der Harmonika. Sie hielt sich beide Ohren zu. Jetzt hörte sie zwar das Schnarchen von nebenan und die Musik von gegenüber nicht mehr, aber dafür rauschte das Blut in ihren Handflächen über der Ohrmuschel. Unwirsch drehte sie sich auf den Bauch, zog das Laken über den Kopf und versuchte, an etwas Schönes zu denken. An ihren letzten Urlaub an der Algarve zum Beispiel.

Es dauerte nicht lange, und sie schmeckte das Salz des Meeres auf den Lippen, hörte das überwältigende Rauschen der Wogen und spürte das Vibrieren der an die Felsen schlagenden Wellenberge.

Völlig entspannt glitt sie allmählich dem Traumland entgegen, als sie ein penetrantes Scharren vernahm. Sie schlug die

Augen wieder auf und das Laken zurück und drehte den Kopf in Richtung Fenster. Ihr Maskottchen, der Rabe Afonso-Henrique, tippelte auf dem Sims hin und her, hüpfte herunter und kletterte zu ihr auf das Sofa. »Dorrra«, krächzte er und steckte seinen Kopf unter einen Flügel.

Na toll. Wenigstens ist mein neues Haustier ein unabhängiger autonomer Rabe und kein überzüchtet-sensibler Kanarienvogel, der nach einem Tag ohne Futter gleich tot umfiel, dachte Dora noch und schlief ein.

2

Freitag, 9. August

Am nächsten Morgen weckte sie das Vibrieren ihres Mobiltelefons bereits sehr früh. Mit einem Auge blinzelte Dora auf das Display.

»Bom dia, Avôzinho«, sagte sie und gähnte. »Ja, habe ich mir schon gedacht, dass du schlafen gegangen bist … Nein, kein Problem, alles in Ordnung. Na ja, fast. Ich habe gestern Mist gebaut. Mein neuer Fall … ach, ich weiß auch nicht. Steht gerade irgendwie alles kopf. Am besten kündige ich, ziehe um in dein Atelier und mache etwas mit Kunst.«

»Dorrra.«

»Hast du Besuch?«

»Afonso-Henrique.«

»Oh, dein Rabe.« Ihr Opa lachte.

»Übrigens habe ich gestern einen Kollegen von dir kennengelernt. Jósua Inácio.«

Ihr Opa pfiff durch die Zähne und wollte auf der Stelle mehr erfahren.

»Geht nicht, Avôzinho. Er ist mein neuer Hauptverdächtiger.«

Doras Großvater war ein moderner Opa. Er war nicht bloß bei WhatsApp Mitglied, sondern auch bei Facebook; und mit ihr und der ganzen weiten Welt verbunden, wusste er natürlich längst, was gestern passiert war. »Der Mord in São Miguel ist dein Fall?«

»Ist er.«

»Und? Wie ist der Mestre so?«

»Kontrovers. Unnahbar. Verbockt. Ein bisschen wie ich.«

»Donnerwetter. Hört sich nach dem Beginn einer intensiven Bekanntschaft an.«

Dora hörte das Anklopfzeichen. Mist. Der Anrufer war Cardoso. »Ich muss auflegen, Avôzinho, ein Dienstgespräch.«

»Um sieben Uhr morgens?«

Dora wünschte ihrem Opa einen schönen Tag und nahm den anderen Anruf an. »Cardoso.«

»Bom dia, Senhora Inspetora-Chefe. Senhor Inácio hat uns mitgeteilt, dass er ohne Anwalt nicht mit uns redet. Er verlangt Doutor Coelho.«

»Wen sonst.«

»Dorrra.«

»Haben Sie Besuch?«

Dora hielt die Hand über den Hörer, ging in die Küche zum Kühlschrank, suchte nach Cornflakes, fand aber nur eine Schachtel verschrumpelte Haferflocken, die der Rabe mit weggedrehtem Kopf ablehnte. Er tippelte auf der Küchenanrichte hin und her und klapperte unaufhörlich mit dem Schnabel. »Dorrra.«

»Ist der Corvus etwa bei Ihnen?«

Wie sich das anhörte. Als sei Afonso-Henrique ihr Geliebter. »Wissen Sie zufällig, was Raben fressen?«

»Aas.«

»Habe ich gerade keins vorrätig.«

»Bananen. Obst.«

»Aas und Obst?«

»Steht im Internet.« Cardoso wusste noch einiges über Inácio zu berichten. »Er war ziemlich aufsässig, als ihn die Beamten gestern Nacht in Untersuchungshaft gebracht haben. Erst weigerte er sich, die Zelle zu betreten. Dann hat er dem Wärter das Tablett mit Essen aus der Hand geschlagen und die ganze Nacht lang in seiner Zelle herumgetobt.«

Dora öffnete all ihre Küchenschränke, fand aber nirgends Obst. Nicht einmal Rosinen. »Getobt?« Das passte.

»Vom Teufel bis zu seiner Mutter, die ihn ausgesetzt hat, hat er Sie und mich und den gesamten Polizeiapparat verflucht.«

Dora lachte. »Besorgen Sie ihm ein ordentliches Frühstück.«

Cardoso protestierte, dass dies nicht zu seinen Aufgaben gehöre.

Dora brühte sich einen dreifachen Espresso. »Ich sag Ihnen mal was, Cardoso, ich bin nicht dafür zuständig, wohlhabenden Bankierswitwen die Botschaft von der Ermordung ihres Mannes zu überbringen. Also brechen Sie sich keinen Zacken aus der Krone, unserem Hauptverdächtigen ein ordentliches Frühstück zu servieren.« Ohne seine Antwort abzuwarten, legte sie auf.

Zwanzig Minuten später war sie geduscht und angezogen. Sie tuschte sich gerade die Wimpern, als Afonso-Henrique etwas in ihre Badewanne fallen ließ.

»Afonso!«, schimpfte sie empört. »Du gehst nach draußen aufs Klo.«

In der Nachbarwohnung hörte sie Pedro in der Küche hantieren. Sie ging nach nebenan und klingelte.

»Du? Äh, Sie? Bom dia.« Pedro schaute ziemlich verschlafen drein.

»Hast du einen Apfel?«

»Sie essen kein Obst.«

»Natürlich esse ich Obst. Guiabo, Mango, Pitanga. Hast du oder hast du nicht?«

Pedro gähnte herzhaft, dann grinste er schelmisch. »Haben Sie Besuch?«

Dora zwinkerte verschwörerisch.

Pedro klappte den Mund auf und dann wieder zu, ging in die Küche und holte einen Apfel. Was auch immer er sagen wollte, er behielt es für sich.

Zurück in ihrer Wohnung, schnitt Dora den Apfel in Stücke und sah dem Raben beim Picken zu. Ihr eigenes Frühstück bestand aus Kaffee mit Honig und einer halben Schachtel Pralinen.

Um Punkt acht Uhr klingelte es.

***

»Haben Sie nett gefeiert?«

»Meine Mutter ist restlos glücklich.«

Auf dem Weg bis São Miguel erzählte Luís in einem fort von den Geschenken und natürlich vom Essen. Von den Vorspeisen bis zu den Desserts erfuhr Dora in Gänze, was seine Verwandten gekocht und mitgebracht hatten. Luís schwärmte vom Fisch im Salzteig, vom Eintopf mit Milchzicklein, von Kuchen und Eierschaumcreme und zählte auf, wie seine Eltern, die Onkel und Tanten und seine Cousins und Cousinen und deren Kinder hießen.

Das Erzählen über die verwandtschaftlichen Beziehungen unter Einbeziehung aller Namen und Informationen, wer mit wem verheiratet war, wovon die Familie lebte, wo sie wohnte und welches Auto sie fuhr, kannte Dora von ihren Großeltern mütterlicherseits aus dem Alentejo im Provinzherzen Portugals bestens. Es war eine typisch portugiesische Eigenheit, die täglich wieder und bei Familienfesten ganz besonders gepflegt wurde. Neben den Namen aller in der eigenen Verwandtschaft kannte man im Dorf auch sämtliche Namen mit den jeweils verwandtschaftlichen Verhältnissen der Nachbarn. Phänomenal.

Dora hörte bloß mit halbem Ohr zu. Luís' Familienverhältnisse waren ihr ungefähr genauso schnuppe wie die der Nachbarn ihrer Oma in Évora. Sie zappte auf ihrem Smartphone durch die aktuellen Tagesnachrichten und gaukelte ihrem Aushilfsfahrer mit gelegentlichen *»pois«*-Einwürfen Interesse vor.

Luís passierte das Stadtviertel Graça, erreichte die Igreja de São Miguel und parkte direkt davor.

Dora fand den Pfarrer der Alfama in der Sakristei. Padre Nuno war ein eindrucksvolles Mannsbild. Knapp zwei Meter groß, bestimmt einhundertvierzig Kilogramm schwer mit einem dicken Bauch unter seinem weißen Messgewand.

»Gestatten, Inspetora-Chefe Dora Monteiro, Mordkommission.«

»Ah, die Senhora Inspetora-Chefe. Bom dia!« Während sie sich die Hände schüttelten, schweifte der Blick des Padre verstohlen zu Doras Ausschnitt. »Ihnen entkommt sicher niemand.«

»Es ist schwierig, aber nicht unmöglich«, entgegnete sie kühl und zog ihre Hand zurück.

»Schlimme Sache, dieser Mord. Das tut unserem Ruf gar nicht gut. Der Bischof ist jedoch absolut zuversichtlich, dass Sie die Tat rasch aufklären. Coordenador-superior Martiniano lobt Sie in höchsten Tönen. Ach, die arme Rosário. Dass ausgerechnet sie den Leichnam gefunden hat. Sie steht immer noch unter Schock. Wir haben eben miteinander telefoniert. Sie kommt heute nicht, aber sie lässt Sie herzlich grüßen. Wollen wir uns setzen?«

Padre Nuno deutete auf ein altmodisches Polsterungetüm mit abgewetzter Sitzfläche. »Unser Beichtstuhl«, erklärte er und verzog keine Miene, als die Sprungfedern bedrohlich laut knarzten, während er sich neben Dora setzte. »Das Sofa schafft Nähe.«

In der Tat. Dora saß eingepfercht zwischen Armlehne, Rückenpolster und dem Leibesumfang von Padre Nuno. Der Geruch von Weihrauch und Wandschimmel schwebte in der Luft und legte sich auf ihre Atemwege, die überladen religiöse Umgebung auf ihr Gemüt. An die Wand genagelt hingen Kruzifixe neben Figuren der weinenden Jungfrau Maria, die anklagend auf sie herabschauten. Es gab kein Fenster in der Sakristei. Der Raum wirkte beengend. Eine einzige Neonleuchte tauchte das Zimmer in gelblich schummriges Licht.

»Das Mordopfer kam seit mehreren Monaten jeden Tag zwischen vier und fünf Uhr hierher zum Beten, hat Dona Rosário gesagt. Bestimmt haben auch Sie hin und wieder mit ihm gesprochen«, sagte Dora und versuchte, ein Stück von Padre Nuno abzurücken.

Der schüttelte den Kopf. »Leider nein, Senhora Inspetora-Chefe. Ich kannte Senhor Elías nur vom Sehen. Unterhalten haben wir uns nie. Ich hatte sogar den Eindruck, er ging mir aus dem Weg.«

»Haben Sie eine Ahnung, warum?«

Padre Nuno faltete seine großen Hände und bettete sie auf seinen Bauch. »Nun, ich nehme an, er hat sich geschämt.«

»Wie kommen Sie darauf?«

»Berufserfahrung. Er suchte Vergebung, aber er fand sie nicht. Nicht einmal hier.«

Dora rutschte auf dem Polster hin und her. »Und wieso wurde ihm nicht einmal hier vergeben?«, wiederholte sie.

Padre Nuno richtete sich ruckartig auf und bekreuzigte sich. Das Sofa ächzte. Die Sprungfedern quietschten. »Die Senhora Inspetora-Chefe glaubt nicht an die Heilige Dreifaltigkeit.«

»Pardon?«

»Ich verurteile Sie deswegen ja nicht. Gewiss nicht. In Ihrem Beruf erleben Sie Unaussprechliches, sehen abscheuliche Dinge, sind an sadistische Tötungsmethoden gewöhnt. Sie kennen Satan höchstpersönlich. Gestern war Luzifer hier. In meiner Kirche.« Er bekreuzigte sich ein weiteres Mal. »Die Apokalypse naht.«

»Also ...«

»Natürlich wollen Sie keine Vergebung für all diese gottlosen Geschöpfe. Sie fordern Vergeltung. Suchen Genugtuung. Geben Sie es ruhig zu. Ginge es nach Ihnen, schmorten all diese Perversen über offener Flamme im Fegefeuer.« Dem Beffchenträger drohte der Gaul durchzugehen.

»Stopp, Padre Nuno.« Doras Stimme klang leise, aber bestimmt. »Es geht hier nicht um mich, sondern um das Opfer eines Gewaltverbrechens. Beschränken Sie sich darauf. Was ich denke, geht Sie nichts an.«

Konsterniert über die krude Zurechtweisung rückte der Padre nun seinerseits ein Stück von ihr ab und zog eine Schnute. Dora spürte, wie sich das Polster wie auf einem Trampolin unter ihr aufblähte. Sollte Padre Nuno jetzt aufstehen, würde sie hochschnellen und einen Purzelbaum schlagen.

»Es gibt das Beichtgeheimnis«, meinte er eingeschnappt.

»Papperlapapp. Sie sagten eben selbst, das Opfer habe nie mit Ihnen gesprochen.«

Padre Nuno blies beide Backen auf. »Es gibt Sünden, die auf ewig ungesühnt bleiben. Jeder Sünder trägt sein Kreuz bis zum Tag der Abrechnung.«

Beinahe wäre Dora ein »Amen« entfleucht. »Nicht so schnell. Von welchen Sünden sprechen Sie?«

Er kniff die Augen zusammen. »Brudermord. Verrat. Ungehorsam. Rache.«

»Ach, ich dachte, man könne alles sühnen, sofern man bereue. So beschreibt es jedenfalls die Bibelstelle aus dem Sonnengesang des heiligen Franziskus, die in der Bibel, die wir am Tatort gefunden haben, markiert ist. Ich zitiere: ›Wehe jenen, die in schwerer Sünde sterben. Selig jene, die sich in deinem heiligsten Willen finden, denn der zweite Tod wird ihnen kein Leid antun.‹«

»Jesus, Maria und Josef. Aber nein, Senhora Inspetora-Chefe, das ist falsch. Dieses Zitat ist die Antwort auf die Prophezeiung des Johannes im Neuen Testament aus dem Buch der Offenbarung. ›Das Tier fährt in die Verdammnis. Das Tier ist die Versuchung. Es muss Sünde und Strafe geben, denn die Kreatur ist schwach. Sie muss Angst vor ungesühnten Taten und damit vor dem Fegefeuer haben.‹«

Dora stand auf und lief in der Sakristei hin und her. »Das will ich genauer wissen.«

Padre Nuno stieß einen Stoßseufzer aus. »Als Abraham seinen Sohn dem Herrn opfern wollte, reagierte dieser entrüstet, weil Abraham das, was er am meisten liebte, opfern wollte. Gleichzeitig hat den Herrn der offenbarte Gehorsam erfreut. Gott verbot Abraham, seinen eigenen Sohn als Zeichen des Glaubens darzubieten, und damit hat Gott laut Bibelüberlieferung generell das Menschenopfer verboten, aber dafür ein Tieropfer gefordert. Abraham wählte ein Lamm. Das Lamm wurde also übertragen betrachtet, als Beweis der Liebe geschlachtet und somit zum Symbol für die Güte Gottes auserkoren. Hätte Abraham gegen den Willen seines Herrn gehandelt und seinen Sohn als Zeichen der Unterwerfung gegeben, hätte er eine Todsünde begangen.«

»Verstehe. So verstößt jeder, der die Liebe ächtet, gegen Gottes Gesetz und muss je nach Grad der Ächtung sühnen. Will er nicht sühnen, stirbt er symbolisch zwei Tode, wie in dem Zitat beschrieben. Kann er nicht sühnen, schickt ihn sein eigener Glaube in die Verdammnis.«

»Vereinfacht ausgedrückt kann man es so sagen. Nachdem Judas Jesus an die Römer verraten hatte, hat ihm zwar Jesus den Verrat an ihm und der Liebe zu ihm verziehen, aber Judas sich selbst nicht. Erst hat Judas den Verstand und dann das eigene Leben verloren. Er starb spirituell betrachtet zwei Tode.«

Padre Nunos Gesicht glänzte wie eine Speckschwarte, sein Brustkorb hob und senkte sich wie ein Blasebalg, so sehr war er in seinem Element.

»Brudermord ist eine Todsünde. Das Gewicht der Schuld drückt den Sünder mit jedem Atemzug ein Stück tiefer, so tief, bis die Seele bricht. Todsünden schicken den Sünder in eine nach innen gewandte Verdammnis. Der Sünder durchlebt seinen eigenen mentalen Verfall bei vollem Bewusstsein. Das Buch der sieben Siegel beschreibt diesen Verfall. Erst das siebte Siegel verspricht Verheißung. Im übertragenen Sinn ist das der physische Tod. Asche zu Asche. Staub zu Staub. Der Sünder ist erlöst.«

Padre Nuno spannte einen Bogen von Babylon bis zum apokalyptischen Reiter in einem einzigen Satz.

»Kann man dem sogenannten ersten Tod nicht entkommen?«, fragte Dora.

»Es gibt Möglichkeiten«, antwortete der Padre vage, schnippte einen Fussel von seinem Messgewand und faltete seine Hände über dem Bauch. Er schien sich wieder beruhigt zu haben. »Durch Kasteiung zum Beispiel. Traditionell mit einem Flagellum«, wisperte er, so als verriete er ein Geheimnis.

»Die sich verdammt glauben, schlagen sich mit einer Peitsche?«

»Aber ja. Um ihren Büßerwillen kundzutun, indem sie sich Schmerzen zufügen, bis sie bluten. Ein Blutopfer sozusagen.

Vom eigenen Leib. Mit diesem Tribut bitten Sünder die heilige Mutter Maria um Verzeihung.«

Dora wurde schwindelig. Die Verdammnis war kein Ort, von dem man zurückkehrte. Das war ein Seelenkerker. Einmal darin eingesperrt, verschwand, Simsalabim, der Schlüssel. Kein Wunder, dass die Menschen im Mittelalter eine sprichwörtliche Heidenangst vor der Macht der Kirche gehabt hatten. Erster Tod, zweiter Tod. Seelenkerker. Selbstbestrafung.

Ihre Sinne rebellierten. Der penetrante Geruch nach Weihrauch, die Devotionalien um sie herum, das Gewicht des katholischen Schuldprinzips, die Vorstellung von toten Seelen. Sie musste raus hier. Je schneller, desto besser.

Zum Abschied drückte sie Padre Nuno die Hand und stand wenige Sekunden später vor dem Kirchenportal in der prallen Sonne, wo sie zuallererst mehrmals tief Luft holte, bis der Schwindel nachließ.

Heilfroh, die Gegenwart des dritten Jahrtausends samt Lärm, sommerlicher Hitze und Betriebsamkeit auf der Straße um sich herum zu spüren, blinzelte sie in das grelle Sonnenlicht und suchte Zuflucht im Schatten unter einer Weinlaubranke am Brunnen hinter der Kirche. Die eben noch verspürte Beklemmung fiel allmählich von ihr ab. Sie rief Cardoso an.

»Der Prior ist eine Marke für sich. Erst hat er mir eine Moralpredigt gehalten und danach über Kasteiung und zum Schluss über die Todsünde doziert.«

»Hat der Beffchenträger auch etwas gewusst, das uns weiterhilft, Senhora Inspetora-Chefe?«

»Er hat behauptet, Elías Inácio habe sich verdammt gefühlt. Das Gleiche hatten Dona Rosário und Dona Mónica gestern auch gesagt. Padre Nuno hat behauptet, der Bankier habe sich für seine Sünden bestraft und nach Vergebung gesucht, aber keine gefunden. Padre Nuno ging sogar noch einen Schritt weiter, sprach vom ersten und vom zweiten Tod. Beim ersten Tod stirbt die Seele. Man existiert zwar weiter fort, aber man fühlt sich verdammt und damit verloren, als würde innerlich alles Emotionale gefrieren. So musste sich Elías gefühlt haben, Ach, was weiß ich, so stelle ich mir das eben vor. Beim zweiten Tod stirbt der Körper. Alles ziemlich symbolbeladen für meinen Geschmack. Gibt's was Neues?«

»Die Kollegen haben gestern Abend noch damit angefangen, die Nachbarn rund um São Miguel nach möglichen Verdächtigen zu vernehmen, und machen heute weiter. Wirklich relevante Aussagen gab es bislang keine. Niemand hat etwas Auffälliges bemerkt, so sehr sind die Leute an den ständig strömenden Touristenfluss mit all seinen Facetten menschlichen Verhaltens gewöhnt. Irgendwie ungewohnte oder auffällige Verhaltensweisen fallen ihnen gar nicht mehr auf. Ich komme übrigens gerade zurück von Mónica Inácio. Sie hat völlig konfus auf das Foto im Kettenanhänger reagiert und noch konfuser, als ich ihr sagte, wo wir es gefunden haben. Sie behauptete, die Frau nicht zu kennen.«

Dora hörte genau zu und beobachtete gleichzeitig den buckligen Jungen aus der Nachbarschaft, der ihr gestern bereits aufgefallen war, als er an einem Bonanza-Rad herumgeschraubt hatte. Er sang auch heute wieder das gleiche Kinderlied wie gestern und streichelte das Laub an den Weinranken über dem alten Brunnen. Sie ging die Stufen hinunter und steuerte das Café an der Ecke neben der Kirche an.

»Die Frau auf dem Foto nicht zu kennen und nicht zu wissen, wer sie ist, ist nicht dasselbe, Cardoso. Haken Sie nach.« Ihre Nase kitzelte. Sie nieste. Weihrauch!

»Gesundheit«, wünschte Cardoso.

Luís wartete zeitungslesend in dem Café. Dora stellte sich zu ihm an den Tresen, hielt weiter das Handy ans Ohr und bestellte beim Wirt mit Handzeichen eine Bica.

»Wie weit ist die Gerichtsmedizin, Cardoso? ... Was? Gegen Mittag? Rufen Sie Doutora Isabel an. Sie soll sich als Erstes den Rücken unseres Opfers ansehen. Elías Inácio züchtigte sich mit einer Peitsche. Das war sein Blutopfer an die heilige Mutter Maria.« Sie nieste erneut. Luís reichte ihr eine Papierserviette.

Sie schnäuzte sich. »Woher ich das weiß, Cardoso? Vom Padre.« Sie legte auf und riss vier Tütchen Zucker auf für ihren Kaffee.

Luís beugte sich ein Stück vor und schnupperte am Stoff ihrer Bluse. »Saßen Sie unterm Weihrauchbusch?«

»Es kam mir beinahe so vor.«

»Hat der Padre Ihnen eine Predigt gehalten?«, fragte Luís und legte die hauseigene Zeitung zusammengefaltet auf dem Tresen ab.

Dora löffelte den Zuckersatz aus ihrer Tasse. »Versucht.«

Luís suchte zwei Himmelsspecktörtchen in der Vitrine aus. Eines für ihn, eines für Dora. Augenblicklich stand ein Espressoteller mit Serviette und den beiden Naschhäppchen vor ihnen auf dem Bartresen.

Entzückt schob sich Dora das Toucinho do céu in den Mund.

»Köstlich. Das konnte ich jetzt echt gut gebrauchen.«

Luís lächelte. »Dachte ich mir, dass Padre Nuno mit der Prediger-Tour bei Ihnen nicht landet.«

»Klingt so, als kennen Sie ihn.«

»Ich war in seiner Pfadfindergruppe.«

»Ist er in Ordnung?«

»Bisschen sehr fixiert.« Offenbar war der Pfarrer in der Alfama für sein Predigerfaible bekannt. »Wo geht es jetzt hin?«

»Ins Präsidium mit Boxenstopp am Kaufhaus Armazéns do Chiado, damit ich den Weihrauchbusch loswerde.«

Luís grinste spitzbübisch und bezahlte.

***

Auf dem Weg zum Wagen blieb Dora einen Augenblick lang mitten in einem schmalen Gassendurchlass stehen und schaute zurück zur Kirche. Um sie herum passierte der Alltag. Segways rollten herum, und Touristen schwärmten in die Alfama aus. Aber hinter dem hohen Holzportal von São Miguel lebte der Esprit des Mittelalters fort. Nur einen Schritt über die Schwelle trennte diese beiden Welten voneinander. Elías Inácio hatte diesen Schritt seit etlichen Monaten jeden Tag unternommen. Er musste sehr einsam und traurig gewesen sein.

Nachdenklich folgte Dora Luís zum Wagen. Er hielt ihr die hintere linke Tür auf. Dora stieg ein und ließ sich auf die Sitzbank fallen.

In ihrem Kopf summten Padre Nunos Worte. Das Unheilvolle darin hatte sich schwer auf ihr Gemüt gelegt. Sie musste dieses Gewicht unbedingt wieder loswerden, um einen subjektiven Blick auf den Fall zu erlangen. Einseitige Ermittlungen endeten ihrer Erfahrung nach immer in einer Sackgasse.

Luís war losgefahren, folgte der Cruzes da Sé und hatte mittlerweile die einem mittelalterlichen Wehr ähnelnde Rückseite der Patriarchalkirche erreicht. An der Kreuzung vor der Freitreppe der Kathedrale wartete er, bis er nach links abbiegen konnte.

Auf dem Platz davor herrschte das übliche Verkehrschaos. Reisebusse, Taxis, Dreiradfahrzeuge und die 28er-Tram rollten an dem gotisch geprägten Kirchenstuhl Lissabons vorbei. Aufwärts Richtung Castelo de São Jorge oder abwärts Richtung Baixa.

Auf den mehr als tausend Jahre alten Stufen vor dem mächtigen Spitzbogenportal saß eine Gruppe Pilger, sofort erkennbar an ihren braunen, grob gewebten Kutten mit Kapuze und Kordel als Gürtel. Die Gottsuchenden machten Rast unterwegs zu den Heiligtümern, gönnten sich einen Kaffee zum Mitnehmen, einen Obstbecher aus dem Kiosk nebenan oder ein frisch gebackenes Klostertörtchen Pastel de Belém.

Luís nutzte eine Lücke im Verkehr und lenkte den Wagen durch die Rua da Conceição bis hinter die Rua Augusta, dort rechts in eine schmale Einbahnstraße. Vor einem Sushi-Imbiss an der Metrostation Baixa Chiado ließ er Dora aussteigen.

Rechts führte ein unscheinbarer Hauseingang in das mehrstöckige Gebäude über der Metrostation und ein Fahrstuhl in die Armazéns do Chiado. Dort fuhr sie vier Stockwerke hoch in das Einkaufsparadies. In einer italienischen Damenboutique brauchte sie bloß fünf Minuten, behielt das neue T-Shirt gleich an und bat die Verkäuferin, die Bluse zu entsorgen. Sie verließ das Gebäude auf demselben Weg, wie sie es betreten hatte.

Luís hatte direkt vor dem Hauseingang geparkt und auf sie gewartet. »Orange steht Ihnen gut«, gab er kund, als sie wieder einstieg.

Dora lächelte. Das erste Mal seit gestern, fiel ihr auf. »Luís, was will uns das Buch der Offenbarung offenbaren?«

Er ließ sich nicht zweimal bitten. »Das Wort Offenbarung heißt im Griechischen *apokalypsis*. Es geht darum, Dinge zu enthüllen. Zusammenhänge sichtbar zu machen. Aufzuklären. Damit wird der Inhalt des Buches als Geheimwissen über die Zukunft ausgewiesen. Entgegen der allgemeinen Meinung, es sei eine Art Fahrplan für Gläubige, ist es als Durchhalteschrift zu verstehen. Glaube verlangt Prüfung. Die Offenbarung formuliert Bilder, die Hoffnung vermitteln, trotz Anfeindungen, Krieg oder Unterdrückung seinem Glauben treu zu bleiben.«

Luís war jetzt voll in seinem Element, und Dora hörte ihm aufmerksam zu. Auf der Strecke bis zum Präsidium erfuhr sie eine Menge mehr über die Offenbarung, ihre Zahlensymbolik und den Kampf zwischen Teufel und Engel. Am meisten faszinierte sie das Ineinandergreifen der Thesen über die Versuchung, den ersten und den zweiten Tod, das Schuldprinzip und die Kasteiung als mögliche Reuebezeigung.

»Es gibt eine eigene Bruderschaft für Kasteiung. Den Laienorden der Flagellanten«, erklärte Luís. »Ihre Anhänger sind im Mittelalter von Ort zu Ort gezogen und haben Sündern geholfen, sich selbst zu bestrafen. Heute sitzt der Orden in einem abgelegenen Dorf in den Bergen im Norden Italiens und wartet auf Büßer. Die ihre Buße übrigens teuer mit Geld bezahlen.«

»Interessant, selbst das eigene Seelenheil ist heutzutage käuflich. Ihre Ausführungen helfen mir, klarer zu sehen, Luís. Vielleicht will ich bald noch mehr wissen.«

Elías Inácios Seelenheil war nicht käuflich gewesen. Den einzigen möglichen Ausweg für sich hatte er in der Kasteiung gesucht, zählte Dora eins und eins zusammen. Die Frau auf dem

Foto in dem Kettenanhänger am Tatort hatte diesen Schuldkomplex überhaupt erst ausgelöst. Nach dem, was Dora nun alles über Schuld und Buße erfahren hatte, musste Elías' Bürde demnach mehr als ein Ehebruch gewogen haben. Die Unbekannte auf dem Foto war vielleicht gar keine Geliebte gewesen, sondern hatte eine andere, viel gewichtigere Rolle in seinem Leben gespielt. Ihr Bild trug er mit zum Gebet, ergo war sie Doras Schlüssel zu Elías' Seelenkerker.

Vor dem Polizeipräsidium mit der Schachbrettmusterfassade in der Rua Gomes Freire stieg sie aus und verschwand im Haupteingang. An der Schleuse zur Mordkommission tippte sie ihren Dienstcode in das Kontrollfeld. Es summte. Die Glaswand öffnete sich, und Dora trat ein.

Schon im Treppenhaus war am Boden, an den Wänden und an der Decke die ursprüngliche Plattenbausubstanz des Gebäudekomplexes zu erkennen, der sich über einen gesamten Block an der Rua Gomes Freire entlang ausbreitete. Alles unter einem Dach, hatte damals Ende der sechziger Jahre der Bauplan gelautet. Kriminalpolizei, Sitte, Drogendezernat, Wirtschaftskriminalität, organisiertes Verbrechen, Human Trafficking und Morddezernat.

Im Gebäude nebenan war die Verwaltung oben, das Untersuchungsgefängnis unten, dazwischen die Abteilung für Spurensicherung untergebracht. Das gerichtsmedizinische Institut befand sich im Kellergeschoss. Die IT in den Büros war absolutes Hightech-Format. Funktionelles Mobiliar sorgte für modernes Ambiente. Der Linoleumboden im Flur und die retrospektiven Fliesen und Armaturen in den sanitären Einrichtungen, alles war geprägt von der damals modernen Niemeyer-Architektur aus Brasilien.

Als Dora in dieses Gebäude eingezogen war, hatte noch das Siebziger-Jahre-Pastellgrün geherrscht. Seit einigen Jahren sorgten Farbakzente und Topfpflanzen für ein wenig Auflockerung, aber den Plattenbaumief hatte das Präsidium weiterhin in den Grundmauern stecken. Eine inspirierende Arbeitsumgebung stellte sich Dora anders vor. Da wähnten sich die spanischen Kollegen in Madrid zum Beispiel im Himmel. Sogar ein Gym und ein Spa standen den Kollegen dort im Präsidium zur freien Verfügung.

Neben den Aufzügen zu den oberen Stockwerken nahm Dora gleich die Treppe abwärts ins Kellergeschoss und gelangte durch einen Verbindungsgang zum Untersuchungsgefängnis im Estabelecimento Prisional. Im Korridor vor dem Zellentrakt traf sie auf Cardoso. Gemeinsam gingen sie weiter, meldeten sich beim diensthabenden Wachmann an und wurden in den Bereich der Zeugenvernehmung eingelassen.

»Und? Neuigkeiten?«, fragte Dora.

»Inácio will nicht reden, er will nicht frühstücken und, wie es aussieht, auch nicht aufstehen. Sein Anwalt dürfte gleich eintreffen.«

»Was sagt die Gerichtsmedizinerin?«

»Exitus durch Hirntrauma, ausgelöst durch den Hieb mit dem Stecheisen. Das zentrale Nervensystem wurde brachial unterbrochen.«

»Also ging es schnell?«

»Schnell und leise.«

»Was noch?«

»Auf der zerrissenen Kette befinden sich ausschließlich Fingerabdrücke von Elías. Sein Rücken sieht wie von Ihnen vermutet wie zerknittertes Papier aus. Übersät von blutigen Striemen und Narben. Doutora Isabel tippt auf Kuhhirtengerte. Das ist so ein kurzer lederner Riemen mit Knoten, den Hirten zum Zusammentreiben ihrer Herde benutzen. Knallt kräftig.«

»So eine Gerte passt gut zur Spielausrüstung einer Domina. Sonst noch was?«

»Dona Mónica erwähnte bei meiner Befragung heute früh eine Trauerfeier. Über hundert Leute. Ihr Mann kannte viele, die meisten davon mit Namen, wurde rundum mit Handschlag und Schulterklopfen begrüßt. Die Witwe hingegen kannte niemanden.«

»Interessant. Wer ist gestorben?«

»Renaldo Azevedo.«

»Der ehemalige Generalsekretär der kommunistischen Partei?«

»Genau der. Dona Mónica sagte, in der Nacht nach der Beerdigung habe ihr Mann dann mit dem Gerede von Schuld und Verdammnis angefangen.«

Dora schnalzte mit der Zunge. »Azevedos Tod hat also den Schuldkomplex unseres Opfers ausgelöst. Fragen Sie Dona Mónica, ob Azevedo etwas zu Elías gesagt oder ihm etwas hinterlassen hat. Vielleicht hatten die zwei ein Stück gemeinsame Vergangenheit. Da muss etwas vorgefallen sein, Cardoso. Wissen Sie schon, ob Azevedo ein Freund, ein Genosse oder ein Bankkunde von Elías gewesen ist?«

»Ein bisschen von allem. Genosse, Freund und Bankkunde.«

»Noch interessanter. Wusste Dona Mónica, dass ihr Mann sich kasteit hat?«

»Als ich sie fragte, fing sie an zu weinen.«

»Krokodilstränen. Hat Doutora Isabel außerdem noch etwas gefunden, das uns weiterhilft?«

»Den Todeszeitpunkt schätzt sie auf eine Viertelstunde vor siebzehn Uhr gestern. Und sie hat vier Getreidekörner in der Hosentasche des Opfers zwischen zwei Faltkanten eines Stofftaschentuches gefunden.«

»Getreidekörner? Noch ein Enigma.« Doras Blick fiel auf das Tablett vor der Zellentür. »Das Frühstück sieht zum Anbeißen gut aus, Cardoso.« Obst, Joghurt, Croissants, Butter, Marmelade, Honig, Ziegenfrischkäse, Orangensaft und Kekse. Sofort stibitzte sie einen Keks. »Ich brauche frischen Kaffee.«

Cardoso machte sich auf den Weg in die Teeküche.

»Aufsperren«, befahl Dora dem Wachmann.

Jósua Inácio lag auf einem schmalen Bett ausgestreckt und tat so, als schliefe er. Der Stuhl vor dem kleinen, an die Wand geschraubten Tisch war umgekippt. Das bruchsichere Geschirr vom Abendessen samt Essensresten und Tee befleckte die Fliesen am Boden. Mehr hatte es nicht zum Randalieren gegeben, stellte Dora fest. Dass er eine Mordswut gehabt hatte, verstand sie zwar, aber es ärgerte sie, dass er sie ignorierte.

»Bom dia.«

Jósua Inácio antwortete nicht, schlug aber die Augen auf und verschränkte mit einem herzhaften Gähnen beide Arme hinter dem Kopf.

Dora rieb sich den Nacken. Auch wenn es ihr schwerfiel, sie musste feinfühlig vorgehen, wollte sie Inácio zu ihrem Komplizen machen und sein Vertrauen zurückgewinnen. »Jósua. Nach den Buchstaben des Gesetzes musste ich Sie festnehmen lassen, obwohl ich persönlich nicht daran glaube, dass Sie Ihren Bruder umgebracht haben.«

Sein Blick blieb starr zur Decke gerichtet. »Sie haben mich nicht festnehmen lassen. Sie haben mir Handschellen angelegt.«

Dora machte einen Schritt Richtung Bett. Ganz stumm war er also doch nicht.

»Sie haben recht. Es war unfair, bei Ihnen einzudringen, noch dazu ohne Durchsuchungsbeschluss, und Sie am Ende hopszunehmen.«

Inácio presste die Lippen aufeinander.

Dora machte einen Schritt über den umgedrehten Teller am Boden und setzte sich neben ihn auf die Pritsche. Heute war sie diejenige, die in seine Aura eindrang.

»Der Mord an Elías ist keine Tat von der Stange. Er muss von langer Hand geplant worden sein. Vor allem der Tatort will mir etwas sagen. Bis jetzt wirkt der Mord irgendwie spirituell. Ein Rätsel, das ich lösen muss. Dafür brauche ich Inputs. Ihre Hilfe. Ihre Erinnerung. Wie war Ihre Beziehung zu Ihrem Bruder? Solche Inputs meine ich. Der Täter hat sich den Tatort extra ausgesucht, verstehen Sie? Finde ich den Grund, warum Elías ausgerechnet in diese Kirche gegangen ist, kann ich den Täter ermitteln.«

Jósua Inácio zog die Brauen zusammen, zeigte aber sonst keine weitere Regung.

Dora beugte sich ein Stück vor und redete eindringlich weiter. »Elías wollte für irgendetwas büßen. Er bestrafte sich. Kasteite sich.«

Wie am Abend zuvor spürte sie das Knistern zwischen ihr und Jósua stärker werden, je länger sie auf Tuchfühlung neben ihm saß. Ein Mann-Frau-Ding war es jedoch nicht, was da knisterte.

»Elías hat sich den Rücken blutig geschlagen«, sagte sie. Inácio schaute stur an die Decke.

»Jeder Schlag ein Hoffnungsschimmer auf Vergebung.«

Keine Reaktion.

Sie wisperte nun direkt an sein Ohr. »Helfen Sie mir.«

Endlich bewegte sich sein Blick in ihre Richtung.

»Bitte«, bat sie leise.

In dem Moment kam Cardoso in die Zelle, in der Hand das Tablett mit dem Frühstück und einem Becher heißen Kaffee.

Mit einem Ruck stand Inácio auf. »Bom dia«, begrüßte er den Inspetor, setzte sich an den Tisch und reichte Dora die Kaffeetasse.

Dora trank den Kaffee ohne Zucker mit Todesverachtung.

***

Auf dem Weg zum Vernehmungszimmer verschwand Dora in der Damentoilette. Sie brauchte einen Moment für sich allein, ließ kaltes Wasser über ihre Pulsadern laufen und legte sich ihre Strategie für die anschließende Zeugenbefragung mit Doutor Coelho an Inácios Seite zurecht.

Primär wollte sie Inácio aus der juristischen Schusslinie befördern und ihn später unter vier Augen über sein Verhältnis zu seinem Bruder aushorchen. Die Zwillingsbrüder hüteten ein Geheimnis. Oder mehr als eines. Dessen war sie sich sicher.

Zwar hatte Inácio ihr bereits einiges über seinen Bruder Elías erzählt, vor allem darüber, wie sie sich entfremdet hatten und dass er ein Parteibonze geworden war. Doch wie einflussreich er tatsächlich gewesen war, hatte Inácio ihr nicht verraten.

Erst aus Cardosos Recherchen hatte Dora erfahren, dass Elías in den letzten fünf Jahren während der Diktatur weitreichenden politischen Einfluss besessen hatte. Der Ermordete musste demnach ein mächtiger Mann gewesen sein, wenn sogar politische Größen wie der Parteivorsitzende Azevedo zu seinem Freundeskreis gehört hatten. Somit konnten Dora und Cardoso davon ausgehen, dass Elías in das militärische Tauziehen, das zuerst zur Nelkenrevolution im April 1974 und im November 1975 zum letztendlich niedergeschlagenen Militärputsch gegen die sozialistische neue Regierung geführt hatte, involviert gewesen war.

Vor und nach der Nelkenrevolution waren einige politisch brisante Episoden vertuscht worden, wusste Dora, und noch mehr rund um die politischen Hintergründe und den versuchten Regierungssturz. Sie erinnerte sich an das ominöse Lissabon-Dossier, in dem man versucht hatte, die Hintergründe, die zu dem Putsch geführt hatten, aufzudecken. Kurioserweise wurde gegen die Putschisten nie ein juristisches Verfahren eröffnet. Im Gegenteil. Das Lissabon-Dossier wurde übereilt geschlossen, und die schuldigen Putschführer waren nie zur Verantwortung gezogen worden.

Das war insofern brisant, als an jenem denkwürdigen 25. November 1975 Portugiesen auf Befehl der Putschführer auf Portugiesen geschossen hatten. Es gab Tote und Verletzte. Grund genug für eine Anklage vor dem Militärgericht. Aber es hatte weder eine Anklage noch einen Ankläger noch einen Prozess gegeben. Ein Justizskandal erster Güte, kaum zwanzig Monate nach dem Freiheitskampf des Volkes gegen die Diktatur.

Ein klares Signal dafür, wie wenig ihr Land nach der Nelkenrevolution auf eine neuerliche Republik mit demokratischen Grundsätzen vorbereitet gewesen war. Nicht wenige der politischen Drahtzieher hatten nach dem Putsch sogar den Weg zurück ins Parlament oder in andere einflussreiche Positionen im Staatsapparat gefunden und wirkten all die Jahre an innen- sowie außenpolitischen Entscheidungen mit. Es war demnach durchaus möglich, dass zwischen dem Mord an Elías Inácio und der Vertuschungsaffäre von damals ein Zusammenhang bestand. Dann waren eventuell sogar Personen, die Dora bekannt waren, an der Vertuschungsaffäre beteiligt gewesen und mussten »beschützt« werden, wie es so nett formuliert wurde, sobald öffentliche Personen in einen Skandal involviert waren, deren Namen aber unter der Decke bleiben sollten.

Deshalb also die Warnung. Dora solle sensibel agieren. Diskret ermitteln. Keinen Staub aufwirbeln.

Sie erschrak. In Ihrem Kopf blitzte ein Warnlicht auf. Sollten etwa auch im Fall Elías bestimmte Namen unter der Decke gehalten werden? Personen, die ein hohes Amt bekleideten? Zum Beispiel Richter? Oder Polizeichef? Oder … Staatsanwalt?

Was dichtete sie sich da bloß zusammen? Mendes war viel zu jung, um damals an den Ereignissen vor und nach der Revolution beteiligt gewesen zu sein. Martiniano war sowieso unantastbar. Er war ihr Boss. Ein von einem Gremium erwähltes Staatsorgan. Eine feste Größe im portugiesischen Justizapparat. Das Flaggschiff der Mordkommission.

Ja. Natürlich hatte Martiniano Macken, blähte sich hin und wieder auf wie ein Michelin-Männchen und scharrte wie ein Gockel sein Terrain um. Doch er war durch und durch gesetzestreu – und stolz darauf. Wann immer es nötig war, handelte er diplomatisch. Bei kriminellen Elementen kannte er jedoch kein Pardon. Bei seiner Vereidigung zum Coordenador-superior hatte er auf die Verfassung und auf die Bibel geschworen, seinem Land zu dienen. Er glaubte an Gott und die Heilige Dreifaltigkeit, und er war Jesuit. Für ihn gab es nur eine einzige gültige Glaubensgemeinschaft, und die wurde vom Bischof diktiert. Mit diesem unterschwellig absolutistischen Faible kam Dora zwar nicht gut klar, aber ansonsten war er ein besserer Boss als sein Vorgänger.

Dora trocknete sich die Hände ab und kehrte zurück zu Cardoso auf den Gang vor dem Vernehmungsraum. Sein Daumen wies Richtung Nebenraum. »Prominenz.«

Dora zügelte ihre Neugier, ihn gleich zu fragen, wer außer

Martiniano und Mendes hinter der Spiegelglaswand noch mithörte. Jetzt musste sie sich auf Jósua Inácio und seinen juristischen Vertreter Ricardo Coelho konzentrieren. Am besten als Beobachterin, entschied sie.

»Sie übernehmen«, sagte sie zu Cardoso.

Als sie den Vernehmungsraum betraten, saßen Jósua Inácio und Ricardo Coelho bereits am Tisch. Coelho galt in Kollegenkreisen als scharfzüngig, deswegen nannte man ihn Boxer. Er trug einen Maßanzug mit einer lilafarbenen Krawatte.

»Schickes Lila«, säuselte Dora ihm beim Händeschütteln zu.

»Knalliges Orange«, konterte er mit Blick in ihren Ausschnitt.

Dora stellte ein Aufnahmegerät auf den Tisch und schaltete es an. Nach den üblichen Eingangsfragen gab sie Cardoso ein Zeichen.

»Lassen Sie uns den gestrigen Tag rekonstruieren, Senhor Inácio«, eröffnete er die Vernehmung. »Beginnen wir mit dem Vormittag.«

Dora war stolz auf ihren Inspetor. Seit einem Jahr waren sie erst ein Team, aber von Fall zu Fall trat er souveräner auf.

Inácio erzählte, wie er den gestrigen Donnerstag verbracht hatte. Dora hörte aufmerksam zu, konzentrierte sich aber nicht auf seine Worte, sondern auf seine Stimme. Sein Zögern, als es um das Mittagessen mit seinem Bruder ging, registrierte sie sofort.

»Es hat Streit gegeben«, räumte er ein.

»Worüber?«, fragte Cardoso.

»Alte Kamellen. Glauben und Irrglauben. Nichts Weltbewegendes. Beim Dessert haben wir uns wieder versöhnt.«

Das nahm Dora ihm nicht ab. Inácio antwortete mechanisch. Seine Sätze klangen einstudiert. Das schürte ihren Argwohn, dass er Informationen zurückhielt.

Sie rief sich das gestrige Gespräch mit ihm in seiner Werkstatt ins Gedächtnis. Seine Trauer, seinen Schmerz, sein Gefühlschaos. Dagegen wirkten seine Antworten heute hölzern, zudem wich er ihrem Blick konsequent aus. Gerade behauptete er, sich zur Tatzeit im Herrensalon »Barbearia 77« in Santa Apolónia am Campo de Santa Clara befunden zu haben.

»Kahlschlag«, fügte er hinzu.

Das war unübersehbar. Überall dort, wo das Rasiermesser geschabt hatte, war seine Haut blass. Stirn, Wangen und Kinn hingegen glänzten sonnengebräunt.

Dora versuchte, sich den Mestre mit Backenbart, Schnurrbart und langen Haaren vorzustellen. Gelingen wollte ihr das nicht. Die Glatze passte zu ihm. Erst ohne Bart sah man seine sinnlich geformten Lippen. Es wäre schade gewesen, diesen weich geschwungenen Mund unter borstigen Schnurrbarthaaren zu verstecken.

»Danach bin ich versumpft, kann mich aber nicht mehr daran erinnern, wo«, schloss Inácio seine Aussage.

Coelho half ihm. »Zur Tatzeit warst du beim Friseur. Mehr muss die Kripo nicht wissen.«

»Ich habe meinen Bruder nicht umgebracht«, sagte Inácio aufbrausend.

Cardoso schob einen Plastikbeutel der Spurensicherung über den Tisch. »Wie erklären Sie sich dann Ihre Fingerabdrücke auf der Tatwaffe?«

Beim Anblick des Stecheisens zuckte Inácio zurück und kniff fassungslos die Lippen zusammen. »Weil es mein Werkzeug ist.« Er deutete auf die blutige Spitze. »Mit meinen Initialen eingraviert. J. I.«

»Also hat der Mörder Ihr Werkzeug aus Ihrem Atelier gestohlen, um Ihnen den Mord anzuhängen?«

»Ein Stecheisen passt in jeden Hemdsärmel, in jede Handtasche. Dass es überhaupt fehlt, ist mir bisher nicht einmal aufgefallen.«

»Wenn das Ihr Werkzeug ist und es aus Ihrem Atelier stammt, dann kennen Sie den Mörder vielleicht.«

Coelho bat seinen Mandanten, nicht übereilt zu antworten. »Vorsicht«, sagte er.

»Zu mir in die Werkstatt kommen ständig Leute. Kunden, Kunstinteressierte oder bloß Neugierige von der Straße. Schließlich will ich meine Werke verkaufen und nicht sammeln. Dass ich den Mörder meines Bruders kenne, halte ich für unwahrscheinlich.«

Klimbim, dachte Dora. Irgendetwas ahnte Inácio auf jeden Fall, sonst würde er hier nicht so offensichtlich Katz und Maus spielen. Sie wickelte ein Karamellbonbon aus. Langsam, damit das Papier absichtlich laut knisterte. Irritiert zog Coelho beide Augenbrauen in die Höhe. Mit einer einladenden Geste hielt Dora ihm ein Bonbon hin. Mit gequältem Lächeln lehnte er ab.

»Hatte Ihr Bruder Feinde in der Bank? Geprellte Kunden zum Beispiel?«, fragte sie an Inácio gewandt.

»Ich kannte ja nicht einmal Freunde von ihm, wie soll ich da seine Feinde kennen?«

Dora und Cardoso wechselten skeptische Blicke.

Inácio lehnte sich in seinem Stuhl zurück und verschränkte beide Arme vor der Brust. »Ich will meinen Bruder sehen.«

Dora und Cardoso besprachen sich kurz hinter vorgehaltener Hand. Cardoso räusperte sich. »Können Sie, Senhor Jósua, sobald er fertig ist.«

Inácio schlug mit der flachen Hand auf den Tisch. »Mein Bruder heißt Elías! Es ist abscheulich, wie Sie einen Toten zu einem gesichtslosen Personalpronomen degradieren.« Erbost wackelte er Cardoso mit dem Zeigefinger vor dem Gesicht herum.

»Jósua, beruhige dich«, mahnte Coelho.

Doch Inácio hob abwehrend beide Hände. »Lass mich. Ich will mich nicht beruhigen. Ich will mich allein von Elías verabschieden, bevor der piekfeine Inácio-Clan über seinen Leichnam herfällt und die Trauerzeremonie mit Canapés im Stehen plant.«

Sein Zynismus tat Dora weh. Der Ausbruch war ein Hilfeschrei nach einem intimen Moment mit seinem Zwillingsbruder. Mehr nicht.

»Mal sehen, was wir machen können«, versprach sie vage.

Cardoso schaltete das Aufnahmegerät aus.

»Ich glaube, das wäre alles. Sie können gehen, sobald wir Ihr Alibi überprüft haben, Senhor Inácio.«

Dora stand auf. Coelho wollte protestieren, aber sie blieb standhaft. Sie konnte und sie würde Inácio vierundzwanzig Stunden festhalten, bis sein Alibi wasserdicht bezeugt war.

»Keine Bange, Senhor Doutor, ich beeile mich. Sie können sich mit Ihrem Mandanten ruhig jetzt schon für morgen zum späten Lunch auf seine Rechnung verabreden«, fügte sie süffisant hinzu, woraufhin Coelho zwar nichts erwiderte, aber sein malmender Kiefer verriet seinen Unmut.

Die Vernehmung war beendet.

Im Nebenzimmer wurden Dora und Cardoso bereits von Staatsanwalt Mendes und ihrem Coordenador-superior erwartet. Martiniano erkundigte sich nach dem aktuellen Stand der Ermittlungen, und Dora fasste die bisherigen Erkenntnisse zusammen.

»Bis jetzt deutet alles auf Jósua Inácio, den Bruder des Opfers, als möglichen Mörder hin. Wir ermitteln in zwei Richtungen. Elías Inácio war Banker. Es kann deswegen durchaus sein, dass ein säumiger Bankkunde, ein verlustiger Aktionär, ein abgelehnter Kreditantragsteller uns ein mögliches Mordmotiv liefert. Am Tatort haben wir außerdem eine Kette mit dem Foto einer bis jetzt noch nicht identifizierten Frau gefunden. Sobald wir wissen, wer diese Frau ist und in welchem Verhältnis sie zu Elías Inácio gestanden hat, werden wir erfahren, ob sich im Lebenshintergrund dieser Frau eine Erklärung für die Tat finden lässt. Bis Montag können wir nur eingeschränkt weiterermitteln. Die Bank und das Melderegister schließen nachher.«

»Das hat der Mörder vielleicht genau so geplant, Monteiro«, gab Martiniano zu bedenken. »Ermitteln Sie um Gottes willen zurückhaltend. Bedenken Sie die Brisanz des Tatortes. Ein Mord in der Kirche ist von höchster touristischer Tragweite. Nehmen Sie Abstand von einer Presseerklärung, bis Sie *wirklich* mehr wissen. Seien Sie vorsichtig, wen Sie verdächtigen. Elías Inácio ist ein einflussreicher Mann gewesen, und seine Familie hat einen Teil der Geschichte unseres Heimatlandes mitgeschrieben.«

Mendes setzte Martinianos Worten noch eine weitere Warnung hinzu. »Für diesen Mord interessieren sich schon jetzt einige Herren ganz oben, Monteiro. Verscherzen Sie es sich nicht mit denen.«

***

Nachdem das Briefing mit Martiniano und Mendes beendet war, zogen sich Dora und Cardoso zurück, durchquerten den Verbindungsgang und gelangten über die Treppe ins Erdgeschoss des Präsidiums. Der Fahrstuhl brachte sie in den fünften Stock, die Schleuse gewährte ihnen Eintritt in das Morddezernat und ein Schlüssel in ihr Büro.

Cardoso fuhr seinen Computer hoch. »Ziemlich aufgescheucht, die zwei, Senhora Inspetora-Chefe. Was übersehen wir?«

Dora schloss die Tür hinter sich, bewegte die Hand hin und her und senkte die Stimme. Cardoso musste sich vorbeugen, damit er sie hören konnte.

»Das frage ich mich, seit Mendes mich gestern angerufen hat. Bisher haben wir Fakten rund um den spirituellen Aspekt gesammelt, wir haben einen Mordverdächtigen, der meines Erachtens unschuldig ist, und alarmierte Politiker im Nacken sitzen. Ich frage mich, wieso – und wie das alles zusammenpasst, Cardoso. Mónica Inácio weiß, wer die Frau aus dem Medaillon an der Kette ist, jede Wette. Und vielleicht hat diese Frau sogar mit den Dingen, die für uns noch im Dunkeln liegen, zu tun.«

»Warum verrät Mónica Inácio uns dann nicht, was sie weiß?«

»Aus Scham, Cardoso. Frauen sind so. Sie verheimlichen etwas oder stellen es in hellerem Licht dar, weil die Wahrheit mehr wehtut als die Lüge. Deswegen. Schließlich war Dona Mónica dreißig Jahre mit dem Bankier verheiratet, aber er trägt die Fotografie einer anderen Frau in einer Kette um den Hals.«

Dora fummelte die Schwarz-Weiß-Fotografie aus dem Anhänger an der Kette, legte sie in den Drucker und scannte sie ein. »Wer war der geheimnisvolle Besucher?«

Cardoso richtete sich auf. »Admiral Lourenço.«

Das war in der Tat kurios. Dora drückte auf »Drucken«, aber es passierte nichts.

»Sieh an. Je sensibler das Terrain, desto prominenter die Mitwirkenden.«

Sie schob einen Stapel Papier in den Schlitten, klappte den Drucker zu und drückte erneut auf die Taste »Drucken«. Als wieder nichts geschah, schlug sie mit der Hand oben auf das Gerät. Der Papiertransporter summte, und ein Bogen Papier verschwand im Inneren des Druckers.

»Der einstige Oberkommandant der Lissabonner Dragoner Militärpolizei? Wer hat ihn denn eingeladen?«

Cardoso hob die Schultern. »Keine Ahnung. Er kam mir auf dem Flur entgegen, als ich für Inácio Kaffee geholt habe.«

»Die Frage lautet, warum war er hier, Cardoso? Wegen des einen oder wegen des anderen Zwillingsbruders? Interessiert er sich für Elías oder für Jósua?« Sie reichte Cardoso die Kopie des Fotos. »An die Arbeit. Wir suchen die Gerte. Und den Ort, wo sich unser Opfer kasteit hat. Ich fahre jetzt in die ›Barbearia 77‹ zu Aurélio Ferreiro, Inácios Friseur. Mal sehen, was der zu Inácios Alibi zu sagen hat. Sie kümmern sich in der Zwischenzeit um –«

Cardoso deutete auf den Schreibtisch. »Ich kümmere mich um alles andere. Um Elías Inácios Handy, seine Aktentasche, sein Auto, seine Frau, sein Büro, die Identität der fremden Frau und um mögliche Rachsüchtige in der Inácio-Bank.«

***

Die Fahrt vom Präsidium bis zur Travessa do Zagalo in Santa Apolónia dauerte kaum zehn Minuten. Luís kannte Lissabon wie seine Westentasche, stellte Dora zufrieden fest und sammelte während der Fahrt in Ruhe alles in ihrem persönlichen Netzwerk aus dem Smartphone ein, was sie über den Herrenfriseur Aurélio Ferreiro finden konnte. Sie stieß auf einen interessanten Blogbeitrag.

Der Salon existierte seit 1977, daher stammte der Name. Er befand sich am Marktplatz Campo de Santa Clara, wo mittwochs und samstags der legendäre und älteste Flohmarkt Portugals, die Feira da Ladra, stattfand. Ferreiro nannte man gemeinhin den »Barbier«. Wie er mit bürgerlichem Namen hieß, hatten die einen vergessen und die anderen nie hinterfragt, las Dora in dem Blogbeitrag über *»gente emblemático de Lisboa«*. So, eine illustre Persönlichkeit war Inácios Friseur also.

Obwohl bereits im Rentenalter, führte Ferreiro den Salon nach wie vor selbst, las sie weiter. Sogar mit knapp siebzig wollte er die Klinge noch nicht an den Nagel hängen. Er liebe den Geruch von Rasierseife und betrachte sich außerdem als Nabel von Santa Apolónia, schrieb der Blogautor. Ferreiro war unverheiratet geblieben.

Am Schluss seines Porträts resümierte der Autor: »Wenn jemand so ziemlich alles über alle am Campo de Santa Clara weiß, dann ist es der Barbier.«

Angeblich wisse niemand im Viertel, woher er stamme. Er hatte eines Tages auf dem Marktplatz am Campo de Santa Clara einen Stuhl auf die Straße gestellt und Rasieren und Haareschneiden angeboten. Damals kam er mit seinem Stuhl zum Kunden, und heute kamen die Kunden zu ihm in seinen Salon.

Der Umgangston in der Barbearia sei maskulin. Vordrängeln gebe es nicht. Frauen im Salon – auch nicht, schloss der Autor sein Porträt über den Barbier ab.

Als nun die Glocke an der Tür der »Barbearia 77« einen neuen Kunden ankündigte, nahm niemand Notiz von Dora. Erst als sie ein herzlich weich geschnurrtes »Bom dia« zur Begrüßung in die Runde warf, richteten sich alle Blicke auf sie.

In der Mitte des Salons stand ein schlanker Herr mit akkurat geschnittenem grau melierten Haar und einer langen schneeweißen, frisch gebügelten Schürze. Er schärfte sein Rasiermesser an einem Lederband. Ihre Blicke trafen sich. Er klappte das Rasiermesser zu.

Das war ihr Mann. Dora tänzelte auf ihn zu.

»Hast du dich verirrt, Menina?«, fragte Ferreiro.

»Nein, bei Ihnen bin ich genau richtig. Mein Name ist Dora Monteiro, Inspetora-Chefe von der Mordkommission Lissabon. Ich möchte mit Ihnen über einen Ihrer Kunden sprechen.«

»Zeig mal deinen Ausweis.«

Sie beugte sich vor, bis ihre Haare Ferreiros Wange berührten. »Habe ich weggeworfen«, gestand sie im Flüsterton.

Seine Mundwinkel zuckten. Das Rasiermesser verschwand in seiner Kitteltasche. »Um was geht's?«

»Um Jósua Inácio.«

Sein Gesichtsausdruck verhärtete sich. »Ist ihm was passiert?«

»Ihm nicht, aber seinem Zwillingsbruder Elías. Er ist tot.«

Ferreiros Blick bohrte sich durch sie hindurch ins Endlose. »Jósua geht es gut?«

Dass er Inácio beim Vornamen nannte, verriet ihr, dass sich die beiden lange, vielleicht sogar gut kannten. »Er steht unter Mordverdacht.«

»Nonsens!«, zischte Ferreiro. »Jósua bringt niemanden um.«

Dazu hätte Dora eine Menge zu sagen, doch in dem Moment rief Cardoso an. Sie zog sich zum Telefonieren auf die Straße zurück und nahm das Gespräch an.

Cardosos Stimme klang ungewöhnlich angespannt, als er ihr in rasantem Tempo berichtete, worauf er gestoßen war.

Als Dora in die »Barbearia 77« zurückkehrte, kündigte das Radio gerade die Vierzehn-Uhr-Nachrichten an. Ferreiro saß auf einem Hocker und hielt die Lissabonner Tageszeitung »Diário de Notícias« aufgeblättert in den Händen. Zwischen seinen Fingern eine brennende Zigarette.

»Senhor Aurélio. Ihre Zigarette verglüht.«

Sein Blick wanderte über den Brillenrand zu ihr. »Ich rauche seit über vierzig Jahren nicht mehr.« Er ließ den Stummel fallen, faltete heiser lachend die Zeitung zusammen und legte sie beiseite. »So fängt es an. Du kennst die *puta da idade* noch nicht, nicht wahr, Menina Inspetora-Chefe ohne Ausweis?«

Dass Ferreiro sie duzte und Fräulein nannte, störte Dora nicht. »Die Hure des Alters und die Zipperlein, die sie mitbringt? Kreuzweh, krumme Finger, platte Füße? Nein.«

Ferreiro lachte mit geschlossenen Lippen. »Was macht so eine hübsche Menina wie du bei der Kripo, noch dazu bei der Mörderbande?«

Diese Frage war nicht neu. Sonst erzählte Dora meistens eine ausgedachte Geschichte, diesmal wollte sie bei der Wahrheit bleiben. Sie ahnte nämlich, dass der drahtige Barbier mit den stahlgrauen Augen ihr sofort anmerkte, wenn sie flunkerte.

»Ganoven haben …«, sie schluckte. Es war lange her, dass sie darüber gesprochen hatte. »Ganoven haben meinen Vater erschossen. Ich war sieben und dabei. Seitdem will ich Mörder jagen.«

Ferreiro zündete eine neue Zigarette an und ließ sie brennen, ohne daran zu ziehen. »War dein Vater Polizist oder Ganove?«

Dora setzte sich auf den museumsreifen bordeauxroten Frisierstuhl mit Armlehne und Nackenstütze und kippelte vor und zurück. »Kaufmann.«

Ferreiro zog sein Rasiermesser aus der Kitteltasche und wetzte es über das Leder. »Ist Jósua in Schwierigkeiten?«, fragte er, ohne sie dabei anzusehen.

Dora beobachtete sein Profil. Die Narbe auf seiner sonst blassen Wange schwoll rot an. »Die Tatwaffe stammt aus seinem Atelier.«

Ferreiro zog scharf die Luft durch eine Zahnlücke zwischen den Schneidezähnen. »Was kann ich tun?«

»Mir von seinem Besuch hier gestern erzählen.«

»Viel zu erzählen gibt es da nicht, Menina. Der Laden war rappelvoll, Jósua stürmte herein, bat mich, ihn so bald als möglich dranzunehmen, setzte sich und wartete.«

»Wie war er gelaunt?«

Er drückte die Zigarette im Aschenbecher aus, bevor ihm die Glut die Fingerkuppen verbrannte, und zog die Oberlippe hoch. »Jósua ist nie gleich gelaunt.«

»Das habe ich bemerkt.«

Ferreiro grinste. »Tatsächlich?«

Sie grinste auch. »Ja, gleich bei unserer ersten Begegnung. Wenn ich mir seine Wangen und das Kinn anschaue, haben Sie mächtig geschabt.«

»Das wächst nie wieder so dicht nach.«

»Dauert so ein Kahlschlag lange?«

»Kürz es ab, Menina. Ich habe Hunger und will essen gehen.«

»Von wann bis wann war Jósua Inácio hier?«

»Muss so zwischen vier und sechs gewesen sein. Auf die Uhr habe ich nicht geschaut.«

»Sie und Jósua sind wohl Freunde?«

Ferreiro nahm sie ins Visier. Seine Augen glänzten wie Eiskristalle. Es kostete Dora Mühe, seinem forschenden Blick standzuhalten. Sein Instinkt zog sie aus, bis er fand, wonach er suchte.

»Seit der Revolution sind wir Kameraden und Freunde. Compadres auf ewig, wie es bei unserem Haufen heißt. Ich lebe für dich, ich sterbe für dich.«

Dora sprang vom Stuhl. »Sie und Jósua waren im Untergrund?«

Ferreiro entblößte beide Zahnreihen. »Knapp daneben. Josh und ich dienten in der Militärpolizei im Dragoner-Regiment. Wir haben das Volk beschützt, Menina Inspetora-Chefe. In der Nacht der Nelkenrevolution haben wir die faschistische Polizei zerschlagen und die PIDE-Agenten geschnappt. Gleich am Vormittag des 25. April 1974 übernahmen wir Dragoner den Schutz der Zivilbevölkerung unter dem Oberkommando von Admiral Lourenço.«

In Doras Kopf machte es klick. Du liebe Güte! *Der* Admiral ist heute Vormittag im Präsidium gewesen. Wegen Jósua, nicht wegen Elías, verstand sie jetzt.

»Sie und Jósua Inácio kennen sich also seit fünfundvierzig Jahren? Sie sind Helden.«

Ferreiro rieb sich die Narbe. »Für dich vielleicht, Menina. Wir hingegen hatte die Hosen ziemlich voll, als es um Mitternacht losgegangen ist, nachdem die Revolutionsführer ›Grândola, Vila Morena‹ im Radio hatten spielen lassen. Das war das Signal zum Losschlagen gewesen. Du kennst doch die Freiheitshymne, nicht wahr?« Er stimmte die erste Strophe an, seine linke Hand ruhte auf seinem Herzen, die Geste für Mutterlandsliebe, und sang bis zum ersten Refrain.

Dora summte ehrfürchtig mit.

»Ja, wir hatten Angst, und wir hatten Wut. Wir haben die Zähne zusammengebissen und Jagd auf die PIDE gemacht, ihre Häftlinge freigelassen, ihr Büro hinter dem Teatro de São Carlos im Chiado besetzt und alle verdammten Faschos festgenommen. Das war ein Tag. Lissabon im Freiheitstaumel. Immer mehr Menschen drängten in die Baixa, die Avenida hinauf bis zum Kreisverkehr Marquês de Pombal. Nie wieder habe ich so viele Menschen versammelt gesehen. Die Frauen haben den Soldaten Nelken an die Uniform und in die Gewehrläufe gesteckt. Schulkinder und Studenten haben den Unterricht geschwänzt. Fabrik- und Werftarbeiter haben die Arbeit niedergelegt, alle sind sie Richtung Praça do Comércio marschiert. Alle.« In seinen Augen glänzten Tränen, so sehr rührte ihn die Erinnerung an den Tag der Freiheit.

»Hunderttausende kamen. Ihre Schritte haben im Gleichklang über das Kopfsteinpflaster geknirscht, das Volk hat gesungen. Alle haben wir die Befreiung gefeiert.« Dann wurde er wieder ernst. »Ein paar von den Faschos sind uns trotzdem entwischt. Einer von ihnen war Henrique Guiliano. Er war der Oberkommandant der PIDE. Schon mal von ihm gehört?«

Dora nickte. »Vage. Es gibt Leute, die behaupten, Guiliano habe die Revolution überlebt, andere sagen, er sei von Untergrundkämpfern erschossen worden. Man hat ihn »die Bestie« genannt. Zeitzeugen, die in Caxias inhaftiert gewesen waren und die Tortur überlebt haben, sagten aus, dass Guiliano das Foltern immens Vergnügen bereitet habe.«

Ferreiros Adamsapfel hüpfte auf und ab. Er unterbrach sie. »Das war aber noch nicht alles. Guiliano wollte die Inhaftierten um jeden Preis zum Nationalismus bekehren und als Spitzel missbrauchen. Falls das nicht geklappt hat, hat er die Folterschraube so lange weitergedreht, bis das Opfer aufgab oder verreckt ist.«

Dora schüttelte entsetzt den Kopf. »Grauenhaft.«

»Frauen sollen ihn angehimmelt haben«, fügte Ferreiro hinzu. »Ein gut aussehender, hochdekorierter Offizier mit allerbesten Manieren. Ein Chamäleon muss diese Bestie gewesen sein, für jede Situation die richtige Tarnfarbe.«

Doras Fazit klang eindeutig. »Bestie und Gentlemen.« Ferreiro nickte. »Kaum war die Diktatur gestürzt, haben sich die Angehörigen der Opfer wie eine Meute Bluthunde auf die Suche nach ihm gemacht. Ziemlich wahrscheinlich, dass sie ihn gefunden und abgemurkst haben.«

»Und bestimmt nicht mit bloß einem einzigen Schuss.«

Ferreiro knetete den Schmiss auf seiner Wange. »Guilianos Leiche wurde nie gefunden, Menina Inspetora-Chefe. Dafür ein armer Tropf, ermordet, in Guilianos Uniform gesteckt.«

Eine Weile sagten weder Dora noch Ferreiro etwas. Das Fragezeichen in Doras Kopf leuchtete warnend grell. War Guiliano etwa untergetaucht? Und lebte?

Als hätte Ferreiro Doras Gedanken gehört, redete er weiter. »Jedenfalls hat Guiliano damals die sogenannte alte Garde gegründet, und die lebt fort.«

»Alte Garde?«

»Ein exklusiver Herrenclub, der monetäre Interessen verfolgt hat und ein einflussreiches Netzwerk bis ins Parlament unterhält.«

Dora stutzte. Wieso sprach Ferreiro in der Gegenwart? »Die Revolution liegt sechsundvierzig Jahre zurück. Welche Bedeutung sollte diese sogenannte alte Garde denn heute noch haben?«

Ferreiro rieb Daumen und Zeigefinder aneinander. »Diridari, Menina Inspetora-Chefe.«

Historische Daten aus dem Politikunterricht ratterten durch Doras Erinnerung, aber sie erkannte keinen Zusammenhang zwischen Guiliano, dieser ominösen alten Garde, der Revolution 74, dem Putsch 75 und dem Mord an Elías Inácio gestern. »Was haben Guiliano und die alte Garde mit den Inácios zu tun?«

»Vielleicht eine Menge, vielleicht nichts. Freiheit empfindet jeder Mensch anders, weißt du? Und Demokratie ist ein dehnbarer Begriff. Auch was das Geldverdienen betrifft. Die Justiz. Die Staatsgewalt.«

Dora wurde ungeduldig. »Was konkret ist passiert?«

Ferreiro holte tief Luft. »Bald nach der Nelkenrevolution rotteten sich die Alt-Faschos und die Kommunisten zusammen. Sie wollten eine neue Diktatur. Eine Militärdiktatur und ein kommunistisches politisches System dazu. Vorbild war die damalige Sowjetunion. Verstehst du?«

Dora stockte der Atem. »Die Splittergruppe ROT!«

Ferreiro nickte. »Deren Drahtzieher rekrutierten Soldaten, Polizisten, Arbeiter, Bauern, Politiker und infiltrierten das bewaffnete Militär, die Militärpolizei, die Dragoner und das Kabinett. Damit fing alles an. Es bildete sich eine, nennen wir es, Interessengemeinschaft mit gleichem Ziel. Nämlich den Freiheitswillen des Volkes zu manipulieren und dabei kräftig abzukassieren.«

»Die alte Garde wollte sich an die Macht putschen und säße direkt am Geldhahn.«

Ferreiro nickte. »Zur alten Garde gehörten der ehemalige Vizekommandant der Militärpolizei Romeu, der Abgeordnete Antunes und der ehemalige Generalsekretär Azevedo. Diese drei bereiteten den Putsch am 25. November 1975 vor. Die Garde wollte die Übergangsregierung stürzen und ein totalitäres System etablieren.«

Je mehr Dora erfuhr, desto mehr fing sie Feuer. Die Puzzleteilchen schoben sich eines nach dem anderen an eine passende Stelle. »Der Putsch wurde aber niedergeschlagen.«

»Knapp, sehr knapp.«

Dora stutzte. Da passte etwas nicht zusammen. »Warum sitzen denn dann diese drei Männer trotzdem heute an Schalthebeln im Parlament?«

Ferreiro spitzte die Lippen. »Denk mal scharf nach. Hör mal, kommst du mit zum Essen?«

»Auf jeden Fall.«

Sie gingen in Ferreiros Stammkneipe gleich um die Ecke. Auf dem Weg dorthin rief Cardoso an. Dora gab Ferreiro ein Zeichen, dass sie gleich nachkomme, dann erst nahm sie den Anruf entgegen.

»Was? Azevedo hatte ein Nummernkonto in der Inácio-Bank? Hohe Geldbeträge, sagen Sie? Das klingt nach einer echt heißen Spur, Cardoso. … Nein, Ferreiro hat Inácios Alibi noch nicht bestätigt. Ich unterhalte mich gleich weiter mit ihm und gebe Ihnen umgehend Bescheid.«

Sie legte auf und musste sich beim Eintreten in das winzige Restaurant unter dem Türstock bücken. Das Lokal hieß »A casa da Clara« und fand mit einem halben Dutzend Tische Platz im ehemaligen Wohnzimmer im Elternhaus der Wirtin. Hierher kamen ausschließlich Anwohner und Handwerker zum Mittagessen. Touristen erkannten die Gaststube gar nicht als Restaurant.

Die Tische waren bedeckt mit rot-weiß karierten Stoffdecken, darüber war eine Papierdecke ausgebreitet. Darauf waren unterschiedlich farbige Teller, vom Kalk getrübte Gläser und einfaches Besteck gedeckt. Eine Menükarte fehlte. Man fragte einfach nach dem Tagesgericht. Heute hatte die Wirtin ein typisches Bauerngericht gekocht, saftige Stücke Landhenne in Weißweinzwiebelsud, geschmort mit Kichererbsen und Süßkartoffeln.

Dora und Ferreiro setzten sich am letzten freien Tisch übereck, um sich in Ruhe unterhalten zu können. Clara, die Wirtin des Lokals, kam an den Tisch, stellte eine dampfende Terrine und einen Teller ab, daneben einen Brotkorb und ein Schälchen eingelegte Oliven. Neugierig musterte sie Dora und stemmte beide Hände an ihre eindrucksvoll ausladenden Hüften.

»Alles in Ordnung, Barbier?«, fragte sie, ohne den Blick von Dora abzuwenden.

Ferreiro nickte.

»Was darf es für dich sein, Menina?«

»Einen doppelten Espresso mit vier Tütchen Zucker und zwei Pastéis de Belém mit Zimt. Gern gebräunt.«

Clara drehte sich um, krähte dem Kellner hinter dem Tresen die Bestellung zu und verschwand in die Küche.

Ferreiro tunkte Brotstückchen in die herzhafte Brühe.

»Bom apetite«, wünschte Dora.

Der Kellner brachte Kaffee und Gebäck. Doras Kaffee dampfte. Die Tasse war brühend heiß. Das Häubchen schaumig. Sie streute Zucker auf die Creme sowie üppig Zimt auf die knusprige Haut der beiden Blätterteigtörtchen.

Ferreiro beobachtete Dora interessiert und fragte, ob sie hin und wieder auch etwas Normales esse.

Dora lachte. »Ich bin nachher noch zum Essen verabredet. Und sonst zum Frühstück Pralinen, mittags Meeresfrüchte, abends Sushi.«

»Roher Fisch? Soll ja nicht ungesund sein, habe ich gehört.«

Dora biss mit Appetit in das Törtchen. Der Teig war knusprig, die Füllung schmeckte himmlisch nach Vanille.

»Also betreibt die alte Garde ein Netzwerk der Korruption«, sagte sie schließlich, an das Gespräch von eben anknüpfend.

Ferreiro verschluckte sich. »Das sagt man doch nicht laut.«

Dora blinzelte. Nichts sagen, keinen Namen nennen, sich am Telefon nur mit »Ich bin's« melden. Es wunderte sie jedes Mal wieder, wie tief das sogenannte *encoberto* im Volk verwurzelt war. Das Verhüllende à la drei Affen hatte Portugal in den sechziger Jahren den wirtschaftlichen und sozialen Anschluss an Europa gekostet. Trotzdem lebte *encoberto* in den Köpfen vieler Portugiesen fort. Das Thema Korruption ließ sie deswegen zunächst fallen, sonst konnte es ihr passieren, dass Ferreiro dichtmachte wie eine Felsenauster.

»Was genau ist denn bei dem Militärputsch passiert?«

Ferreiro füllte Fleisch und Süßkartoffeln auf seinen Teller. »Der Putsch begann mit einer Falle für uns Dragoner. Im Morgengrauen des 25. November erwarteten uns Romeus Genossen im Hauptquartier der Militärpolizei in der Calçada da Ajuda. Sie hatten sich auf dem Dach versteckt und schossen auf uns. Wir waren sieben, Jósua war unser Sergeant. Er hat als Einziger von uns einen kühlen Kopf bewahrt und uns da rausmanövriert.«

Ferreiro nahm eine Gabel voll in den Mund, kaute nachdenklich, schluckte und sprach weiter.

»Wir verdanken ihm alle unser Leben. Vor allem Rogério. Ein Schuss hat ihm die Wade zerfetzt. Überall war Blut. Rogério ist vor lauter Schmerz ohnmächtig geworden, und Josh hat ihn sofort aus der Schusslinie befördert, erst danach uns.«

Mit der Gabel drückte Ferreiro eine Süßkartoffel in die Soße und aß einen Bissen.

»Dann hat Josh einen Fluchtweg für uns freigeschossen. Das ist Josh. Ein Mann mit zwei Pistolen gegen einen Arsch voll Fanatiker mit Gewehren. Verstehst du jetzt, wenn ich dir sage, er ist kein Mörder?«

Dora fragte sich, ob ein Mann, der sein Leben für das Leben anderer aufs Spiel setzte, den eigenen Zwillingsbruder umbringen würde. Ihr Bauch sagte Nein, ihr Kopf sagte Ja. Alles, was vorstellbar war, war auch möglich, das hatte sie in den vergangenen Jahren als Kriminalpolizistin gelernt. Je abartiger die Möglichkeiten waren, desto möglicher waren sie. Das bewies der Putsch auf jeden Fall. Der 25. November war der einzige Tag in der Geschichte ihres Landes gewesen, als Portugiesen auf Portugiesen geschossen hatten und es Verletzte und Tote gegeben hatte.

Dafür stand noch kein Mahnmal in Lissabon, sinnierte sie und rührte geistesabwesend in ihrer leeren Kaffeetasse.

Der Militärputsch war niedergeschlagen worden. So weit, so gut. Aber einen Prozess hatte es nicht gegeben. Das Verfahren gegen die Putschführer wurde ausgesetzt. In einer offiziellen Erklärung seitens des Kabinetts hatte es geheißen, man habe sich geeinigt. Das Lissabon-Dossier war geschlossen worden und im Polizeiarchiv gelandet.

Man habe sich geeinigt. Pah! Von wegen.

Jetzt verstand sie Mendes' und Martinianos Sorge um den sogenannten Ruf gewisser Personen aus dem öffentlichen Leben gleich viel besser. Ihr Nest wollten sie nicht beschmutzt sehen. Das konnte Dora den beiden nicht versprechen, denn vor ihrem Gerechtigkeitsempfinden waren alle Menschen gleich.

»Sagen Sie, Senhor Aurélio, Generalsekretär Azevedo war damals wohl nicht gerade gut auf Jósua Inácio zu sprechen, oder?« Die Frage war mitten ins Blaue geschossen. Ein loses Fadenende, das in der Luft schwirrte, seit Ferreiro die alte Garde ins Gespräch gebracht hatte.

»Pass auf, wen du nach diesem Mann fragst«, flüsterte Ferreiro.

Dora beugte sich vor. »Azevedo ist tot«, beharrte sie.

Seine Augen verengten sich zu Schlitzen. »Tot oder nicht. Du weckst dösende Hornissen.«

So rasch ließ Dora sich nicht einschüchtern, schon gar nicht von einem Club alternder Männer, die vor fünfundvierzig Jahren Polit-Schach gespielt hatten. Mit dem Finger malte sie Kreise auf die Wachstuchdecke und überlegte, ob sie Ferreiro in ihre Gedankengänge einweihen sollte. Schließlich fasste sie ihn sanft am Arm.

»Ich habe Élias Inácios Leiche, ermordet in der Igreja de São Miguel, Ihr Freund Jósua steht unter Mordverdacht, und Admiral Lourenço, Ihr ehemaliger Oberkommandant, hat die Zeugenvernehmung heute Vormittag mitverfolgt. Woher wusste er davon, und wie passt das zusammen?«

Seine Hand auf ihrer fühlte sich überraschend vertraut an. Er schaute ihr tief in die Augen. »Lass die Spur fallen, Menina.«

Angestachelt bis in die Haarspitzen, verspeiste Dora das zweite Pastel de Belém mit einem Bissen. »Das kann ich nicht.«

Ferreiro seufzte. »Inspetora-Chefe, hör mir jetzt genau zu.« Er lutschte das Hühnerfleisch von einem Flügelknochen ab und sprach mit vollem Mund weiter. »Josh ist ein Duzfreund von Admiral Lourenço. Azevedo hingegen war ein Vertrauter des Abgeordneten Antunes, beide waren in der Opposition. Azevedo wollte an die politische Macht. Antunes an die militärische. Sie haben Romeu auf ihre Seite gezogen, das Militärpolizei-Korps entzweit und damit zwei Gesinnungslager erschaffen. Faschos gegen Demokraten.«

Dora tippte rasch ein paar Notizen in ihr Smartphone, während Ferreiro erzählte.

»Jetzt wird's haarig. Azevedo hat seine politische Unantastbarkeit als Generalsekretär für lukrative Geschäfte benutzt. Romeu und seine Handlanger haben ihm dabei geholfen und Drogendeals, Hehlerei und Prostitution gedeckt. Für diese Dienste haben sie von ihm Schweigegeld erhalten.«

»Schweigegeld? Netter Nebenverdienst damals. Wie hat Jósua darauf reagiert?«

Ferreiro bleckte die Zähne. »Josh ist den Läusen im Wolfspelz auf die Schliche gekommen, hat den Spieß umgedreht, und wir haben ein eigenes Schutzgeldkommando aufgebaut. Unser Korps hat vom Mann auf der Straße kassiert. Die Leute haben gern bezahlt. Sie sind das Ganovenrudel und deren dunkle Geschäfte in ihren Vierteln leid gewesen, haben es aber nicht geschafft, sich selbst zu wehren.«

»Ergo haben Jósua und Sie mit Ihren Kameraden die Straßen Lissabons von Luden, leichten Mädchen und Drogenverkäufern sauber gehalten und den Handlangern rund um Azevedo, Romeu, Antunes und der alten Garde das Geschäft madig gemacht.«

Er stimmte Dora zu. »Mit wachsendem Vergnügen haben wir dieser Bande Faschos dazwischengefunkt. Der Kampf um die Vorherrschaft auf den Straßen Lissabons hat sich zwischen März und November 1975 allmählich zugespitzt.«

»Der politisch heiße Sommer von Lissabon.«

»So ist es. Das Dragoner-Korps war buchstäblich gespalten. Der faschistische Tentakel breitete sich aus bis in die politische Führungsriege. Aber niemand von denen da oben im Parlament in São Bento wollte wahrhaben, welche Gefahr sich da unten am Tejo in der Kaserne Calçada da Ajuda zusammengebraut hatte, bis …«

Dora sah die Welle am Horizont auftürmen und auf sich zurollen. Hier stand eine fette alte Rechnung offen. Jetzt blieb zu klären, wer wem was schuldete und wie Elías Inácio in dieses konspirative Komplott rund um die alte Garde hineinpasste. Nicht dass am Ende der Täter den falschen Zwilling erwischt und es aus Rache für damals entgangene Pfründe auf Jósua Inácio abgesehen hatte.

»Bis es geknallt hat«, vollendete sie Ferreiros Satz.

Er nickte, klemmte gekochte Rotwurst zwischen zwei Brotstücke und schob sich das Häppchen in den Mund.

»Es hat geknallt. Und zwar heftig«, nuschelte er. »Admiral Lourenço hat binnen weniger als einer Stunde militärische Unterstützung aus dem Artillerie-Regiment Queluz im Norden Lissabons mobilisiert und nach gezielter Intervention die Oberhand gewonnen. Der Putsch war misslungen, die Verantwortlichen wurden eingesperrt, saßen aber bloß für ein paar Tage im Karzer und konnten frei nach Hause gehen. Nachdem Gras über die Affäre gewachsen war, haben sich Azevedo, Romeu und Antunes ein neues Betätigungsfeld ausgesucht.«

Dora kombinierte blitzschnell, ließ aber das Wort Korruption aus. »Die Politik.«

»So ist es«, bekräftigte Ferreiro. »Von da an hatte Admiral Lourenço drei Intimfeinde. Das Trio ist seither aktiv geblieben und hat sich neue lukrative Geschäftszweige gesucht.«

Dora tippte eifrig in das Notizbuch ihres Smartphones. »Wissen Sie noch mehr?«

»All das steht in keinem Geschichtsbuch geschrieben, Menina Inspetora-Chefe, da liest man bloß über die friedliche Nelkenrevolution und die geordneten ersten freien Wahlen in der dritten Republik Portugals. Sackworte. Als hätte es uns Dragoner und den politisch heißen Sommer in Lissabon nie gegeben. Keinen von denen, die auf uns geschossen oder die den Befehl dafür gegeben hatten, haben sie eingesperrt. Aber dafür hat die neue Regierung ihnen den Arsch geküsst.«

Ferreiro legte eine Pause ein, als überlege er, ob er weitersprechen solle. Die Kaffeemaschine pfiff, die Kaffeemühle rumorte, die Wirtin klapperte in der Küche mit Töpfen und Pfannen, der Kellner mit Kaffeegeschirr.

Was Ferreiro zuletzt gesagt hatte, verstand Dora noch nicht ganz. »Wer hat wem den Allerwertesten geküsst, Senhor Aurélio? Da muss den dreien jemand geholfen haben. Wer?«

Ferreiro faltete aus seiner Serviette einen Schwan und wich Doras fragendem Blick aus. »Es passiert immer noch alles ganz genauso wie damals, Menina. Hilfst du mir, helfe ich dir. Parierst du, geht es dir gut. Bist du unartig, verschwindest du.«

Dora wollte das alles nicht wahrhaben. Das würde bedeuten, dass ihr Glaube an die Justiz und die Demokratie obsolet war.

»Ich bin 1980 geboren, Senhor Aurélio. Sicher gibt es Korruption in unserem Land. Nicht wenig, da stimme ich Ihnen zu. Aber diese konspirativen Seilschaften sollen bis zum Putsch im November 75 zurückreichen? Das kann doch nicht sein.« An Ferreiros Blick erkannte sie, dass es ihm ernst war. »Also gut. Angenommen, es gibt die Garde immer noch, dann sitzt jemand ganz weit oben und hilft mit.«

»Er zieht die Strippen. Pass also auf, dass du nicht stolperst.«

»Elías Inácio ist gestolpert, und jetzt ist er tot. Ermordet. Er sei aber ein Parteibonze *und* ein Fascho gewesen, hat Jósua gesagt. Und ein Freund von Azevedo. Vermutlich hat er sogar dessen Geld verwaltet. Wieso musste er denn dann sterben?«

»Vielleicht war er dem Strippenzieher zu nahe gerückt.«

***

Nachdem Dora mit Ferreiro fertig war, ging sie zurück zu ihrem Dienstwagen, den Luís am Campo de Santa Clara unter einem Baum geparkt hatte. Luís stand über den offenen Kofferraum gebeugt und starrte in ihre geöffnete Reisetasche. »Nicht zu fassen«, murmelte er.

Weder den Inhalt der Tasche noch Luís' Verhalten kommentierend, lehnte sich Dora an die Motorhaube des Wagens und rief Cardoso an.

»Ferreiro hat Jósua Inácios Alibi bestätigt. Sie können Mendes um den Entlassungsschein bitten und Inácio seine persönlichen Dinge aushändigen. Wissen Sie schon etwas Neues vom Erkennungsdienst wegen unserer unbekannten Schönen auf dem Foto? ... Nein? Aus der Bank? ... Aha, noch mehr Nummernkonten. Hört sich nach einer ausgewachsenen Korruptionsaffäre an, Cardoso. Bleiben Sie dran. Wir sehen uns spätestens morgen.« Sie legte auf und drehte sich zu Luís um. »Was machen Sie da?«

»Sie sind ausgerüstet wie ein Safeknacker.« Er ließ einen Satz Dietrichschlüssel zwischen den Fingern hin- und herbaumeln.

»Falls es mal schnell gehen muss.«

Dass sie sich vor einem Aushilfsfahrer rechtfertigte, ärgerte Dora. Dennoch verzog sie keine Miene.

Luís schlug den Kofferraum zu und hielt ihr ihre Dienstmarke und ihren Ausweis unter die Nase. »Lagen auch da drin.«

Dora schnappte ihm beides aus der Hand und ließ die Sachen schnell in ihrer Handtasche verschwinden.

»Wieso haben Sie eigentlich einen Chauffeur und Ihre Kollegen nicht? Haben Sie keinen Führerschein?«

Die Frage musste ja irgendwann kommen. Dora gab vor, etwas in ihrer Handtasche zu suchen, zog die von der Sommerhitze aus der Form geratene Tafel Schokolade hervor, wickelte einen Riegel aus dem Stanniol-Papier und schob ihn sich in den Mund. Natürlich hätte sie lügen können, behaupten, sie habe keinen Führerschein oder habe zu tief ins Glas geguckt oder, ach was, sag es ihm.

»Vor ein paar Wochen war ich unterwegs zu einem Tatort, um einen Selbstmord zu verhindern. Ein Autofahrer ließ mich trotz Blaulicht nicht vorbeifahren. Völlig entnervt habe ich ihn dann an einer roten Ampel überholt und mich quer auf die Kreuzung vor seinen Wagen gestellt«, nuschelte sie mit vollem Mund. »Ich bin ausgestiegen, habe alle vier Reifen seiner italienischen Luxuslimousine zerschossen und den Fahrer Arschloch genannt. Danach bin ich eingestiegen und zum Tatort gerast.«

Luís sah sie einen Augenblick lang sprachlos an, dann zeigte er mit dem Zeigefinger auf ihren Mund. »Sie haben da Schokolade an der Unterlippe.«

Dora leckte sich über die Lippen. »Weg?«

Er nickte. »Luxuslimousine?«

»So ein klobiger Klotz mit Zackenkrone auf der Kühlerhaube. Grässlich hässlich. Diplomatenkennzeichen außerdem. Da war der Fisch im Topf gar.«

»Sie haben einem Diplomaten mitten in Lissabon mitten am Tag die Reifen seines Maserati zerschossen?«

»Es war schon zwanzig Uhr vorbei und passierte in einer Nebenstraße.«

»Und der Selbstmord?«

»Den konnte ich gerade noch verhindern. Der lebensmüde junge Mann wollte vom Turm Vasco da Gama im Weltausstellungsgelände in den Tejo springen.«

Luís prustete lauthals los. »Echt jetzt?«

»Echt jetzt.«

»Und dann?«

»Na, was wohl? Mit diplomatischer Fürsprache, öffentlichem Entschuldigungsschreiben und Engelszungen hat mich mein Coordenador-superior aus dem Schlamassel herausgezogen. Sonst wäre ich suspendiert worden bis zur Rente. Noch mal Glück gehabt. Ein anderer Chef hätte mich fallen lassen. Dennoch: Strafe muss sein. Die Verkehrspolizei hat mir den Führerschein abgenommen und mich für eine Nacht in Beugehaft gesteckt. Am nächsten Tag hat mich Coordenador-superior Martiniano abgeholt, mir eine Moralpredigt gehalten, dass es das letzte Mal gewesen sei, dass er für mich geradegestanden habe, und mir danach deinen Onkel Carlos, den muffeligsten Fahrer der gesamten Polizeistaffel, zugeteilt und den ältesten Corolla der Polizeiflotte dazu.«

Luís lachte, bis ihm die Tränen kamen. »Stimmt. Onkel Carlos ist ein Muffel. Ach, ich mag es, wenn Sie reden, wie Ihnen der Schnabel gewachsen ist.«

Sein Lachen steckte an. Dora lachte herzlich mit und nahm ihren Aushilfsfahrer zum ersten Mal genauer ins Visier. Er war ein gut gebauter junger Mann, ein *borrachinho*, wie man so sagte. Ein echt heißer Reifen. Hellbraune Augen mit grünen Pünktchen in der Iris. Muskulöser Bizeps unter dem Hemd, schmalhüftig und breitschultrig. Alles in allem ein ganz schön knackiges Kerlchen.

Sie bat Luís, sie am Eingang zum Jardim da Fundação Calouste Gulbenkian abzusetzen, und verabschiedete sich von ihm.

»Morgen, zwölf Uhr vor meiner Haustür.«

Sie wollte zu Fuß nach Hause gehen, unterwegs etwas Obst und rohes Fleisch für Afonso-Henrique und ein Tablett Sushi für sich einkaufen.

Es war ein angenehmer Spätnachmittag. Eine leichte Meeresbrise bahnte sich ihren Weg in die von der Sonne aufgeheizte Stadt. Die Temperaturen im Schatten der exotischen Bäume luden zum Spazierengehen ein. Die Wiesen rund um das Biotop waren bevölkert von Studenten, die auf das abendliche Konzert des Gulbenkian-Orchesters auf der Bühne neben der Seenlandschaft warteten.

Der Spaziergang tat Dora gut. Das Vogelgezwitscher, das Lachen der jungen Leute, die Sonnenstrahlen, die sich durch die Laubkronen ihren Weg suchten, beruhigten ihre Gedanken.

Im »Go Juu« zog sie eine Nummer, stellte sich in die Reihe Wartender an. Danach eilte sie die Avenida Miguel Bombarda entlang und bog in ihre Straße Avenida Conde Valbom ein. An der Ecke lag das Tante-Emma-Lädchen von Dona Edite.

»Boa tarde«, begrüßte sie die Inhaberin, die wie eh und je hinter ihrer Kasse saß, und tätigte rasch ihren Winzigeinkauf.

Stirnrunzelnd schaute Dona Edite auf zwei Stück Obst und ein Säckchen mit einem großen Gulaschwürfel darin.

»Boa tarde, Dora. Wofür denn das Stück Fleisch? Hast du etwa einen neuen Freund und kochst für ihn?«

Dora schmunzelte. Dona Edites Direktheit war im Viertel legendär. Sie war diesbezüglich ein bisschen wie Ferreiro. Ein halbes Jahrhundert besaß sie bereits ihr Wir-haben-alles-Lädchen und wusste über jeden im Viertel Bescheid. Natürlich auch, dass Dora kein Fleisch aß.

»Ja, einen gefiederten.«

»Ach so. Der Rabe.«

Dass Afonso-Henrique jetzt Doras Maskottchen war, hatte sich also auch schon in der Nachbarschaft herumgesprochen.

Gleich neben dem Gründerhaus, in dem Dora wohnte, lag die »Confeitaria Valbom«, die für ihre selbst gemachten Pralinen bekannt war. Bepackt mit zwei Einkaufstüten stieg sie die vier Stockwerke zu ihrer Wohnung hinauf und wurde freudig krächzend von ihrem gefiederten Freund begrüßt, der von seinem Ausflug in die Alfama längst zurückgekehrt war und auf sie gewartet hatte.

Nach einer ausgiebigen Dusche setzte sie sich mit einem Glas Weißwein und den rohen Fischhäppchen an den Schreibtisch und legte ein neues Dokument mit Decknamen »Maurice« an, in das sie alles eintrug, was sie in den vergangenen vierundzwanzig Stunden seit dem Mord an Elías erfahren hatte.

Das Mordmotiv war entweder religiös oder politisch begründet. Interessant war vor allem der Aspekt der Nummernkonten. Sollte Azevedo ein Nummernkonto in Elías' Bank gehabt haben, war es durchaus möglich, dass sie und Cardoso noch mehr Nummernkonten fanden, die Personen gehörten, die in die politischen Verstrickungen rund um die Revolution 1974 und den Militärputsch im Jahr danach verstrickt gewesen waren und heute im Parlament oder an anderen Schalthebeln in Lissabon saßen. Sollten Cardoso und sie recht behalten, hatte Elías einiges mehr gewusst, als für ihn gesund gewesen war. Irgendjemand hatte Angst bekommen, dass er mit seinem Wissen hätte hausieren gehen können. Um das zu verhindern, musste Elías eliminiert werden. Ob Jósua über das Mitwirken seines Bruders in dieser ominösen, von Ferreiro als alte Garde bezeichneten Gruppe gewusst hatte, blieb abzuwarten.

Dora sicherte das Dokument mit ihrem Fazit in einer unsichtbaren Datei. Zwischen der unbekannten Frau auf dem Foto und Elías' Schuld, zwischen den Nummernkonten in der Inácio-Bank und den ehemaligen Putschführern lauerte der Mörder.

3

Samstag, 10. August

Wie verabredet holte Luís Dora am Vormittag ab. Sie fuhren stadteinwärts mit Ziel Rossio. Das Verkehrsaufkommen am Kreisverkehr Marquês de Pombal war samstags entspannter. Sie kamen zügig voran.

Vor dem »Hard Rock Café« an der Avenida da Liberdade fuhr Luís in die Tiefgarage und parkte. Von dort gingen sie zu Fuß zum Bahnhof Rossio, vorbei am Fünf-Sterne-Grandhotel »Avenida Plaza«, das zur selben Zeit wie das Bahnhofsgebäude errichtet worden war, damit Staatsbesuch, Kaiser und Könige nach ihrer anstrengenden langen Reise gebührend am Fuße der Prachtallee empfangen werden und nebenan im Zentrum Lissabons residieren konnten.

Drei maurische Hufeisenbogen führten in den legendären Bahnhof mit seiner stadtbekannten Fassade. Drei Etagen, drei historische Epochen, drei unterschiedliche Baustile vereinigten sich in beispielhafter Steinmetzkunst an der Vorderseite. Das Konterfei des letzten regierenden Königs Portugals, D. Carlos, prangte in einem steinernen Relief oben unter der imposanten Bahnhofsuhr.

Eine Rolltreppe brachte die Passagiere hinauf zu den Gleisen, von wo aus die Züge aus dem Art-nouveau-inspirierten Kopfbahnhof durch einen über zwei Kilometer langen Tunnel ein- und ausfuhren.

Zwischen den beiden Rolltreppenetappen verließen Dora und Luís den Bahnhof und steuerten die »Brasserie Rossio« an. Dort hoffte Dora, mehr über den Streit zwischen den Inácio-Brüdern am Donnerstagmittag zu erfahren.

Die Brasserie war in der früheren Bahnhofskantine des ehemaligen Lissabonner Hauptbahnhofes untergebracht. Das betont auf Understatement eingerichtete Lokal bot exquisit zubereitete Speisen von sammelfrischen Meeresfrüchten sowie Fisch vom Grill an, dazu eine reichhaltige Auswahl an portugiesischen Rebensäften. Touristen verkehrten in dem Lokal selten, dafür waren die Preise zu gesalzen und das distinguierte Ambiente eher angemessen für einheimische Geschäftsleute, die sich hier trafen und Wichtiges miteinander besprachen. Entsprechend saßen geschäftsmäßig gekleidete Lissabonner an den Tischen und führten gedämpft Konversation.

Bauchige Weinkelche auf filigranen Stelzen standen akkurat aufgestellt auf gestärktem weißem Tischtuch. Papierservietten waren in der Brasserie verpönt, so lagen ordentlich auf Kante gefaltete Tuchservietten neben Tellern für das Couvert, einen Gruß aus der Küche. Als Gegenstück zum *amuse-bouche* in Frankreich wurden in Portugal *acepipes* gereicht. Fischpastete, gedämpfte Garnelen, Muschelsalat, eingelegte Gemüse, Oliven und marinierte Ziegenkäse gehörten dazu.

Der Chefkellner nahm sie in Empfang und teilte Dora und Luís einen Tisch zu, rückte Doras Stuhl für sie zurecht und reichte ihnen die Speise- und Weinkarte. Er erkundigte sich nach ihren Aperitif-Wünschen und pries die tagesfrisch gesammelten Herzmuscheln aus der Flussmündung in Aveiro sowie die Esparguete tricolor com frutas do mar in Basilikumrahm an.

Luís strich sich verlegen über das Kinn. »Wusste gar nicht, dass mein Spesensatz für Mittagessen so gut dotiert ist.«

»Geht auf mich«, sagte Dora.

Als Aperitif bestellte sie einen Martini Rosso mit Zitrone für sich und einen frisch gepressten Orangensaft für Luís. Von den Oliven, die ein zweiter Kellner im Vorübergehen auf den Tisch gestellt hatte, naschte sie gleich drei auf einmal. Eine Scheibe Ziegenkäse mit Meersalz auf einem Stück dunklem Brot folgte den Oliven. Sie hatte Hunger. Das Sushi auf dem Sofa war lange her.

Als der Kellner den Aperitif serviert und sich zurückgezogen hatte, kam der Chefkellner, um die Essensbestellung aufzunehmen. Wenn Dora etwas über die Inácio-Brüder erfahren wollte, dann von ihm.

Sie beugte sich komplizenhaft ein Stück vor. »Sagen Sie, junger Mann, kennen Sie zufällig die Inácio-Zwillinge?«

Der Chefkellner sah sie misstrauisch an. »Es ist uns untersagt, über Gäste zu sprechen. Ich komme sonst in Teufels Küche.«

»Auf jeden Fall«, sagte Dora gespielt drohend und zeigte diskret ihre Dienstmarke.

Augenblicklich nahm der Chefkellner Haltung an. »Die Inácios sind Stammgäste. Sie kommen jeden Donnerstagmittag.«

»Hatten sie vorgestern Streit?«

Als wolle er sich vergewissern, dass kein anderer Kollege in der Nähe war, schaute er sich diskret um. »Und wie.«

»Haben Sie etwas verstehen können?«

»Sie waren laut genug.«

Just in dem Moment sah Dora durch das Fenster Ricardo Coelho mit Jósua Inácio die Calçada do Duque herunterkommen und über den Platz schlendern. Sie betraten die Brasserie und nahmen an einem reservierten Tisch Platz. Bevor die beiden sie bemerken konnten, stand Dora abrupt auf, hakte sich bei dem Chefkellner unter und manövrierte ihn vor dem Bartresen hinter ein Salzwasseraquarium. In dem bis zur Decke reichenden gläsernen Tank krabbelten jede Menge Hummer und Krebse herum.

Durch das verzerrende Glas des Beckens beobachtete sie argwöhnisch, wie den beiden Gästen vom Servicepersonal ein Portwein serviert wurde. Lachend stießen sie an.

»Ich höre«, sagte sie.

Abgeschirmt von den Blicken seiner Kollegen, kam der Chefkellner endlich in Fahrt. »Die Brüder haben sich ganz gewaltig gezankt. Ständig sprachen sie über irgendeine alte Garde, die etwas vertuscht haben soll. Der eine sagte immerzu: ›Das ist ein Skandal gewesen, und du hast mitgemacht.‹ Wobei mitgemacht, habe ich nicht verstanden. Aber es ging um eine Vertuschungsaffäre. Ach ja. Und um Verrat.«

»Hört sich nach einem handfesten Streit an.«

»Der eine Bruder nannte den anderen eine Salazar-Marionette und dann noch einen Faschisten. Stellen Sie sich das einmal vor. In unserem Restaurant. Ein Faschist.«

»Weiter.«

»Der eine sagte, irgendetwas sei längst zu spät. Was er damit gemeint hat, habe ich nicht kapiert. Jedenfalls wurde der andere bleich wie die Wand und sagte eine Weile gar nichts mehr. Als ich den gegrillten Barsch vorlegen wollte, haben die beiden dankend abgewunken. Der eine ist aufgestanden, hat seine Serviette auf den Teller gepfeffert und ist gegangen ...«

»Können Sie sich erinnern, wann das war?«

»Das Mittagsgeschäft war längst vorbei. Es war so gegen halb vier. Im Gastraum saßen nur noch wenige Gäste bei einem Kaffee mit Digestif. Zum Glück. Die Situation war sehr peinlich.«

Dora vermutete zwar, dass es Jósua gewesen war, der seinen Bruder Elías hatte sitzen lassen, aber sie wollte Gewissheit.

»Können Sie denn die Zwillinge eindeutig auseinanderhalten? Ich meine, ihre Gesichter gleichen sich wie ein Ei dem anderen.«

»Als ich hier in der Brasserie angefangen habe, wusste ich in den ersten Wochen nie, welchen Senhor Inácio ich gerade vor mir hatte, aber dann war es ganz einfach. Senhor Elías trägt immer einen Anzug, Senhor Jósua nie.«

»Und wer von beiden ging zuerst?«

Mit dem Daumen deutete der Chefkellner über seine Schulter hinter sich auf Inácio, der gerade mit Coelho ein weiteres Mal anstieß. »Der mit Glatze.«

Mit Glatze? »Sie meinen Jósua Inácio?«

»Wenn man einen Gast über ein Jahr lang mit langen Haaren und Backenbart kennt, ist es echt schräg, wenn er plötzlich mit einer Glatze und ohne Bart vor einem steht.«

»Verstehe. Vorgestern kam also Senhor Jósua gegen dreizehn Uhr zum Mittagessen her. Mit einer Glatze.«

»Eher später. Vierzehn Uhr vorbei.«

Dora drückte dem Chefkellner die Hand. »Sie haben mir sehr geholfen, junger Mann.«

Sie blieb hinter dem Aquarium stehen und behielt Coelho und Inácio im Auge. Die beiden waren völlig in ihr Gespräch vertieft. Das Blut schoss ihr heiß in die Wangen. Vorgeführt hatten die beiden sie. Das Alibi war abgekartet gewesen. Ferreiro hatte gelogen! Inácio hatte gelogen. Coelho hatte dichtgehalten. Es gab überhaupt kein Alibi.

Der Puls unter ihrer Zunge sprang auf und ab. Sie hatte sich überlisten lassen wie eine Anfängerin. Wie stand sie jetzt bloß vor Mendes und Martiniano da?

Sie zog ihr Mobiltelefon aus der Tasche, rief Cardoso an und zischte atemlos, aber rasend schnell ins Telefon: »Ich brauche zwei Streifenwagen und zwei Haftbefehle. Einen für Aurélio Ferreiro und einen für Jósua Inácio.«

»Sie klingen aufgebracht, Senhora Inspetora-Chefe.«

»Ich *bin* aufgebracht, Cardoso! Das Alibi des Bildhauers ist null und nichtig. Die drei haben mich vorgeführt.«

»Soll ich das so dem Staatsanwalt weitergeben, Senhora Inspetora-Chefe?«

Dora schloss die Augen. »Sagen Sie ihm, Inácio hat falsch ausgesagt und Ferreiro hat ihn gedeckt.«

»Wird erledigt. Ach, ich habe die Gerte gefunden.«

Dora schnappte nach Luft. »Welche Gerte?«

Cardosos Stimme klang pikiert. »Mit der sich unser Mordopfer kasteit hat.«

»Glückwunsch.« Sie beendete den Anruf, ging zurück zu ihrem Tisch und setzte sich zu Luis, der natürlich sofort wissen wollte, was denn los sei.

»Jetzt nicht.«

Bis die Polizeistreife eintraf, hielt sich Dora die aufgeschlagene Speisekarte vor das Gesicht. Was dort alles Leckeres geschrieben stand, interessierte sie nicht. Atmen, befahl sie sich.

Langsam beruhigte sich ihr Puls. Als die Beamten eintrafen, hatte sich Dora wieder völlig unter Kontrolle und stand auf.

»Im Namen des Gesetzes verhafte ich Sie wegen vorsätzlicher Falschaussage und wegen Mordverdachts.«

Die beiden Beamten nahmen Jósua in ihre Mitte.

Ricardo Coelho schnellte vom Stuhl hoch. »Ich muss doch sehr bitten.«

Dora warf ihm einen kühlen Blick zu. »Ihr Mandant hat uns ein falsches Alibi geliefert, Ricardo. Jetzt hat er ein echtes Problem. Ihn da wieder herauszuboxen wird schwierig. Lassen Sie sich was einfallen. Abführen.«

Die Polizisten verließen das Lokal mit Jósua Inácio. Coelho folgte ihnen und beruhigte seinen Mandanten, der lauthals die Polizisten beschimpfte. An der Tür drehte Coelho sich um und drohte Dora mit finsterem Blick. »Das wird Folgen haben!«

Davon war Dora überzeugt. Sie kehrte zurück zu ihrem Tisch, setzte sich, schob die Speisekarte beiseite und strahlte Luís an, ganz so, als sei nichts gewesen. »Also, ich nehme die frischen Herzmuscheln in Weißweinsoße mit Koriander. Und Sie?«

»Spaghetti mit Gambas«, sagte Luís kurz angebunden.

Bis das Essen kam, schwiegen sie. Dann zwirbelte Luís wortlos die Nudeln mit der sämigen Basilikumschaumcreme auf seinen Löffel.

»Kann ich das auch lernen?«, fragte er schließlich.

Dora aß ihre Muscheln genüsslich mit den Fingern und tunkte Brot in den Sud. »Was meinen Sie?«

»Sich im Nullkommanichts zu verwandeln.«

Der Berg Muschelschalen am Tellerrand wuchs. Dora tupfte sich den Mund mit der Stoffserviette ab, nahm einen Schluck Mineralwasser und lehnte sich zurück. Was diesen jungen Leuten alles durch den Kopf ging …

»Sie sind Geisteswissenschaftler«, sagte sie. »Sie glauben an Lieben, Verzeihen, Helfen. Ich bin Mörderjägerin. Ich glaube an das Böse, an die Verdammnis und an das Fegefeuer. Schon vergessen? Also lautet die Antwort: Nein.«

Beim Dessert rief erst Martiniano und kurz darauf Staatsanwalt Mendes an. Beide waren außer sich und wollten wissen, warum Dora Jósua Inácio ein zweites Mal hatte verhaften lassen.

Dora ließ sich nicht aus der Reserve locken und vertröstete sie. »Ich sitze noch beim Mittagessen.«

***

Auf dem Weg ins Präsidium rief Dora erneut Cardoso an.

»Wir sind zum Appell bestellt. Haben Sie Neuigkeiten, von denen ich vorher noch wissen sollte?«

Cardoso hatte einiges zu berichten. »Und ob! Elías Inácio hat die Bankgeschäfte der Inácio-Bank kurz nach der Nelkenrevolution von seinem Vater übernommen, wurde später Vorstandschef und ist es bis zu seinem Tod geblieben. Bisher konnte ich nur an der Oberfläche kratzen, Senhora Inspetora-Chefe, aber in der Inácio-Bank lief anscheinend so manches neben der Spur.«

Dora schürzte die Lippen. Unter jedem Dach ein Ach. »Zum Beispiel?«

»Auf Elías Inácios privatem Tablet fand ich noch mehr Nummernkonten mit nicht gerade unerheblichen Summen bestückt. Ich tippe auf Bestechungsgelder. Eines konnte ich bisher zuordnen. Es gehörte dem verstorbenen Generalsekretär Azevedo.«

Dora war begeistert. Damit ließe sich beweisen, dass sich hier ein paar Herrschaften vermutlich bereits über lange Zeit hinweg illegal bereichert hatten.

Als Nächstes mussten sie ermitteln, woher die Summen auf den Nummernkonten stammten. Danach ließe sich das fein gesponnene Netz der Vetternwirtschaft entwirren. Das konnte unangenehm werden. Und bestimmt nicht nur für Azevedos Familie, unkte Dora.

»Was halten Sie von allem, Cardoso?«

»Wie es aussieht, könnte Elías Inácio seine Unantastbarkeit als Bankvorstand ausgenutzt und ehemaligen Parteigenossen ein Nummernkonto auf seiner Bank eingerichtet haben. Sollten wir recht behalten, würde es mich nicht wundern, wenn wir auf noch mehr Namen aus dem Staatsapparat stießen. Wer weiß, vielleicht hatte Elías versucht, aus diesem Wissen Kapital zu schlagen, und ist dabei an den Falschen geraten.«

»Das klingt verdächtig nach versuchter Erpressung, Cardoso. Gefallen wird das Martiniano und Mendes ganz und gar nicht. Vor allem nicht, wenn bekannte Namen darin verwickelt sind. Aber Sie haben recht. Erpressung ist ein solides Motiv für einen Mord.«

Ferreiro hatte also richtig getippt. Elías Inácio war dem Strippenzieher vermutlich auf den Leib gerückt und hatte ihn melken wollen. Sie wusste nun zwei Dinge sicher: Die alte Garde existierte tatsächlich nach wie vor, und Elías Inácio hatte gewusst, wer ihr Chef war. Ob er seinen Bruder Jósua eingeweiht hatte?

Vor dem Präsidium stieg Dora aus, verschwand durch die Glastür, lief durch den Flur am Fahrstuhl vorbei zur Treppe und flitzte die fünf Stockwerke hoch.

Vor der Tür ihres gemeinsamen Büros wartete Cardoso auf sie.

»Sind Sie bereit?«, fragte Dora.

Cardoso nickte. Gemeinsam gingen sie bis ans Ende des Flurs und klopften an die Flügeltür des Konferenzsaals.

»Herein.«

Martiniano und Mendes standen nebeneinander am Fenster. Die herabgelassene Jalousie warf Schatten in Streifen auf ihre Gesichter. Die Klimaanlage surrte laut und blies kalte Luft in den abgedunkelten Raum. Nach einer kurzen Begrüßung setzten sie sich zu viert an den Besprechungstisch.

Martiniano eröffnete seine Standpauke mit ruhigem und dennoch schneidendem Tonfall. »Eine Verhaftung in der ›Brasserie Rossio‹? Wo der Herr Ministerpräsident, der Herr Finanzminister und der oberste Polizeichef verkehren? Noch dazu in der Mittagszeit? Eines muss ich Ihnen zugestehen, Monteiro. Chuzpe haben Sie. Ihnen ist hoffentlich klar, dass Coelho Beschwerde gegen Sie einreichen wird.«

Dora hasste es, wenn man sie Monteiro nannte. Das rief den

Trotzkopf in ihr hervor. »Soll er ruhig«, konterte sie. »Dann kann er dem Strafrichter auch gleich erklären, wieso er seinen Mandanten ein falsches Alibi aus dem Ärmel zaubern ließ.«

»Coelho ist nicht irgendein Strafverteidiger von der Stange. Er hat Freunde«, sagte Mendes mit warnendem Unterton.

Dora schlug ein Bein über das andere. Mendes wollte pokern. Konnte er haben. »Sie meinen Freunde in der alten Garde.«

Mendes klappte den Mund auf und wieder zu. Martiniano faltete seine Hände vor sich auf der Tischplatte.

In wenigen Sätzen wiederholte Dora, was sie von Cardoso über die Nummernkonten in der Inácio-Bank erfahren hatte. Als das Wort Bestechung fiel, schnaufte Mendes verächtlich aus. Martiniano hingegen betrachtete gelangweilt seine stets akkurat manikürten Fingernägel und zog die Stirn kraus.

Dora bemerkte, dass die beiden jeglichen Blickkontakt vermieden. Merkwürdig. Sonst waren sie stets einer Meinung.

»Dass wir da in ein Wespennest stechen, wissen Sie hoffentlich. Ich verlasse mich auf Sie beide. Das riecht nach Korruption bis in die obersten Etagen.« Doras Blick wanderte zwischen den beiden hin und her.

Mendes rückte seinen perfekt sitzenden Krawattenknoten zurecht. »Sie sollten vorsichtig agieren, Senhora Inspetora-Chefe. Das Wort Bestechung hat einen bitteren Beigeschmack. Den Begriff Korruption streichen Sie am besten ganz. Der Schuss könnte sonst nach hinten losgehen.«

Dora verstand die Anspielung zwar, aber akzeptieren konnte sie Mendes' Haltung keineswegs. Zwischen ihr, Mendes und Martiniano floss der Fluss der Gerechtigkeit. Ein Strom, der nur strömen konnte, solange beide Ufer nahe beieinanderstanden. Entfernten sie sich, sank der Pegel, und der Fluss trocknete aus.

Momentan standen Mendes und Martiniano unerreichbar weit weg. Doras Bestreben hieß Aufklärung. Martinianos und Mendes' Bestreben hingegen lautete, bekannte Namen unter der Decke zu halten und Aufklärung nur bis zu einem von ihnen festgelegten Grad zuzulassen. Das passte nicht zu Doras Ermittlerprofil, und es passte ihr vor allem nicht in den Kram.

»Was wissen Sie noch, Senhora Inspetora-Chefe?«, fragte Martiniano.

Dora holte ihre Bonbontüte aus der Handtasche, wählte ein Fruchtbonbon und wickelte es aus. »Die Nummernkonten führen uns bisher sicher zu einer Person, die in den Militärputsch 1975 verwickelt gewesen ist, aber nie verhaftet und angeklagt worden ist. Wir vermuten, dass die anderen Nummernkonten ebenso Personen gehören könnten, die in die damalige Affäre verwickelt gewesen und ebenso niemals angeklagt worden sind. Wir schlussfolgern daraus, dass Elías versucht haben könnte, aus ebendiesem pikant-brisanten Wissen Kapital zu schlagen. Er wusste genug, um einen historischen Justizskandal anzuprangern und führende Politiker öffentlich in die Bredouille zu bringen. Das war fatal.«

Cardoso vervollständigte ihren Bericht. »Elías Inácio war aber ein Regimetreuer und eigentlich Befürworter des Putsches. Sein Bruder Jósua war ein Regimegegner und ein Revolutionär. Kurz vor der Revolution 1974 wurde er zum Dragoner-Sergeanten befördert und unterstand Admiral Lourenços Kommando im Kampf gegen die Putschisten.«

Dora fuhr fort. »Admiral Lourenços Subkommandant Romeu rottete sich mit kommunistischen Untergrundkämpfern zusammen und plante den Putsch. Die Truppe hat Schutzgelder eingetrieben, die Romeu mit seinen Partnern Azevedo und Antunes geteilt hat. Alle drei Herren sitzen heute in politischen Führungspositionen und kassieren offenbar immer noch ab. Nur an anderer Stelle. Elías wollte das vielleicht aufdecken.«

Mendes zog die Augenbrauen in die Höhe. »Tatsächlich?«, murmelte er.

Martiniano stand unvermittelt auf, stellte die Klimaanlage aus und knöpfte sein Jackett auf. »Haben all diese Zusammenhänge vor über fünfundvierzig Jahren mit dem Mordfall zu tun oder nicht?«

Dora machte eine vage Handbewegung.

»Ist der Bruder nun der Mörder oder nicht?«, insistierte Martiniano.

»Nein, ich glaube, das Mordmotiv hat mit Elías' politischer Vergangenheit zu tun.«

Martiniano plusterte sich auf. »Wieso lassen Sie dann Jósua Inácio ein zweites Mal verhaften?«

Dora zuckte zusammen. So emotional kannte sie ihren Boss noch gar nicht. Sonst reagierte er stets distanziert, beinahe unterkühlt, seine Argumente trafen überlegt mitten ins Schwarze. Laut war er noch nie geworden.

»Virgílio, beruhige dich. Die Senhora Inspetora-Chefe hat ihre Pflicht getan.« Mendes' Tonfall klang mahnend. Dafür erntete er einen herabsetzend scharfen Kommentar von Martiniano.

»António, vergiss nicht, du bist in meinem Revier.«

Mendes schwieg betreten. Cardoso warf Dora einen verwunderten Blick zu. Dora wunderte sich ebenso.

»Wer könnte also Ihrer Meinung nach von Elías Inácios Tod profitieren?« Martinianos Stimme klang wieder so wie immer. Ruhig, aber lauernd.

Hoppla. Dora wurde vorsichtig. Dass sich Martiniano gleich zweimal nacheinander zu emotionalen Äußerungen hinreißen ließ, kam sonst nie vor. Weder verteilte er öffentlich Kopfnüsse, noch stellte er jemals doppeldeutige Fragen.

»Inwiefern profitieren?« Sie wollte ihre Gegenfrage eigentlich anders formulieren. Zu spät. Ihre Zunge war schneller.

Martiniano nahm sie ins Visier. Dora fröstelte. Sie hatte seine Schlussfolgerung in Frage gestellt. Das nahm er ihr übel. Sehr übel.

»Irgendjemandem ist mit dem Mord gedient, meinte ich«, stellte er klar.

»Damit haben Sie sicher recht«, bekräftigte Dora und formulierte ihre nächste Frage zurückhaltender. »Um auf den Zusammenhang zurückzukommen: Was wollte Admiral Lourenço heute Vormittag hier?«

Martinianos Lächeln blieb in den Mundwinkeln festgefroren hängen. »Er hörte über Umwege vom Mord an Elias Inácio und davon, dass sein ehemaliger Sergeant unter Mordverdacht steht.«

Beinahe hätte Dora laut gelacht. »Verstehe«, log sie. »Wir sind uns also einig. Inácio und Ferreiro gehören bis Montag mir.«

Martinianos Blick hielt sie weiter fest. »Montag, zehn Uhr, und keine Sekunde länger. Sollte sich Ihr eben geäußerter Verdacht nicht erhärten, Senhora Inspetora-Chefe, will ich keinen der hier genannten Namen je wieder aus Ihrem Mund hören. Haben Sie das verstanden?«

»Ganz und gar, Senhor Coordenador-superior.«

Dora und Cardoso verließen den Besprechungsraum. Ab in die Besenkammer, gab sie ihm zu verstehen. Schlechte Erfahrungen in einem anderen Fall hatten sie und Cardoso dazu bewogen, bei sensiblem Gedankenaustausch über Dritte innerhalb des Präsidiums völlig unter sich zu bleiben. Dafür hatten sie den kleinen Abstellraum auserkoren.

Cardoso schloss leise die Tür. »Ich glaube, Mendes leidet am Zauberlehrlingssyndrom. Was dachte er sich bloß dabei, den Coordenador-superior der Kriminalpolizei zu maßregeln? Kein Wunder, dass Martiniano ihm den Kopf gewaschen hat. Schließlich wollte Mendes Sie in Schutz nehmen. Und hat dafür einen Tadel eingesteckt.«

Dora stimmte ihm zu. Ihr Vertrauen zu Martiniano war seit der Sache mit dem Führerschein gestört. Dabei sollte sie ihm dankbar sein, dass er sie vor einer dauerhaften Suspendierung bewahrt hatte. Aber diese Dankbarkeit schmeckte eine Spur zu salzig. Zwar hatte Martiniano sie noch nie direkt daran erinnert, dass sie es ihm allein zu verdanken hatte, noch Inspetora-Chefe zu sein, aber oft genug indirekt. »Denken Sie an Ihre Karriere, seien Sie vorsichtig, mit wem Sie sich da anlegen« und andere sogenannte wohlwollende Hinweise hatte sie seither öfter gehört. Zu oft für ihren Geschmack.

»Bis Montag brauchen wir Namen und Beweise«, sagte sie, um das Thema zu wechseln.

»Die Bank hat aber bis Montag zu.«

»Eben. Treffen Sie sich mit Ihrem Freund, knacken Sie das Passwort.«

»Ich soll die Inácio-Bank hacken?«

»Aber nein. Sie beschaffen sich lediglich Informationen, ganz diskret, so wie sich Martiniano und Mendes das wünschen. Sind Sie sonst noch weitergekommen?«

»Die Gerte.«

Ach ja, die Gerte. »Ich höre.«

»Senhora Mónica hat einen Geliebten. Sie, nun ja, sie bevorzugt gewisse Spielarten.«

»Fesseln, Sex-Toys und leichte Schläge auf den Pöter?«

Cardoso lief vom Hals bis zum Haaransatz rot an. »So ungefähr. Ihr Mann, erzählte sie mir unter dem Siegel der Verschwiegenheit, habe derlei Spiele abgelehnt und es ihr freigestellt, sich einen Spielgefährten zu suchen.«

Scharfe Nummer, die Witwe des Bankiers im Dominakostüm. »Ich gehe jede Wette ein, dass sie ihre Spielsachen gut versteckt aufbewahrt«, sagte Dora amüsiert.

Cardoso nickte. »Trotzdem ist das Flagellum verschwunden.«

»Sie wissen, wo es ist.«

»In Senhor Elías' Auto.«

»Weiter.«

»Anhand der aktuellen Kreditkartenabrechnung stieß ich auf eine Abrechnung für ein Zimmer im ›Hostal Anjo‹. Die Pension liegt zufällig ganz in der Nähe der Igreja de São Miguel und wird sonst eher stundenweise genutzt. Senhor Elías Inácio war jedoch Dauergast dort. Zimmer acht. Ich bin gestern noch hingefahren, entdeckte Blutspuren an der Tapete und brachte eine Probe zu Doutora Isabel in die Gerichtsmedizin. Das Blut stammt von unserem Opfer.«

»Gut gemacht!« Dora sinnierte über die Zimmernummer. Acht. Noch ein Enigma. In der christlichen Lehre steht die Acht als Zahlensymbol für die Unendlichkeit. Ob das ein Zufall war?

Nach dem, was sie über Elías Inácio bisher erfahren hatte, eher nicht.

Cardoso unterbrach ihre Gedanken. »In Elías' Wagen lag noch etwas.«

»Raus mit der Sprache.«

»Ein Mobiltelefon und eine Aktentasche mit brisantem Material. Ich habe beides mitgenommen und, Moment …«, mit dem Fuß schob er den Putzeimer hinter der Tür zur Besenkammer beiseite, »hier versteckt. Voilà.«

Anerkennend klopfte Dora ihm auf die Schulter. »Ich glaube, wir sollten Kaffee trinken gehen.«

Sie verließen die Besenkammer, gingen am Fahrstuhl vorbei und nahmen die Treppe aus dem fünften Stock bis zur Tiefgarage, wo Luís im Dienstwagen wartete und ein Buch über die portugiesische Lehre des Saudosismo las.

»Ziemlich dualer Diskussionsstoff, mit dem Sie sich da beschäftigen, Luís. Jahrhundertelanger Glaube an die Stigmata von Jesus Christus versus Verstand und Wissenschaft.«

Luís grinste und klappte das Buch zu. »Kommen Sie doch mal als Gastdozentin in eine unserer Vorlesungen«, schlug er vor. »Sie haben speziell zu diesem Thema sicher eine Menge zu sagen.«

Dora fand seinen Vorschlag interessant, nebenbei schmeichelhaft, gestand sie sich ein. Sie stellte Cardoso und Luís einander vor.

»Luís, wir unternehmen eine kleine Spritztour zum Einkaufszentrum El Corte Inglés. Sie fahren und kommentieren nichts von dem, was Cardoso und ich besprechen. *Percebeu?*«

Luís nickte und startete den Motor. »Kapiert.«

Er fädelte sich in den Verkehr ein und fuhr am Gulbenkian-Museum und an der Aussichtsterrasse am Parque Eduardo VII vorbei. Für den Ausblick über die Baixa und den weitläufigen Park hatten Dora und Cardoso im Moment keinen Nerv. Sie nutzten den Stau und die Intimität im Wagen, um das Material aus Elías Inácios Aktentasche zu sichten.

Luís passierte das Tropengewächshaus, gleich danach das Stadtgefängnis São Sebastião und bog in die Einfahrt zur Tiefgarage unter dem Kaufhaus ab.

Sie blieben noch eine Weile im Auto sitzen und beschäftigten sich mit Dokumenten, Notizen und Zeitungsausschnitten, sorgfältig in eine Mappe einsortiert. Dora fand Azevedos Todesanzeige sowie einige Randnotizen über seine darin aufgelistete Lebensleistung nebst Zeitungsartikeln auf vergilbtem Papier aus den Jahren 1974 und 1975, in denen ein Politikredakteur regelmäßig über die Geschehnisse im politisch heißen Sommer berichtet hatte.

»Das ist besser als jeder Geschichtsunterricht, Cardoso«, murmelte sie und scrollte durch das Adressbuch in Elías Inácios Handy, während Cardoso den Rest der Papiere durchsah. Ihr Mordopfer hatte eine Menge Leute ganz oben in der Lissabonner Schaltzentrale gekannt, konstatierte Dora. Unter anderem las sie den Namen des obersten Richters. »Das ist doch Mendes' Schwiegervater …«

Cardoso pfiff durch die Zähne. »Nicht zu fassen. Elías hat Antunes, Romeu und Azevedo erpresst. Hier steht es. Schwarz auf weiß mit Beweis Dauerauftrag. Fünftausend Euro pro Monat haben sie berappt, damit Elías nichts von seinem Wissen preisgegeben hat.«

Sie blätterten durch Elías' Kalender, in dem er penibel seine Beobachtungen festgehalten hatte. Die Eintragungen begannen am Tag von Azevedos Beerdigung und hörten einen Tag vor seinem Tod auf. Seine Notizen beschrieben finanzielle Transaktionen und Treffen und lieferten Namen. Zündstoff erster Güte.

Im Kaufhaus El Corte Inglés herrschte wenig Betrieb. Es war viel zu heiß zum Einkaufen, und samstagnachmittags befand sich im Sommer sowieso halb Lissabon in Cascais oder an der Costa da Caparica am Meer.

Gleich im Erdgeschoss des luxuriösen, mehrstöckigen Kommerztempels fanden sie ein Geschäft für Bürobedarf, kopierten sämtliche Papiere und Zeitungsausschnitte, hefteten alle Originaldokumente in einen leeren Schnellhefter und legten ihn zurück in die Tasche. Die Daten aus dem Handy übertrug Dora auf eine neue SIM-Karte. Das kopierte Material verstaute sie in ihrer Reisetasche im Kofferraum.

Die Kopieraktion war eine reine Vorsichtsmaßnahme. Dora und Cardoso hatten schon mehrfach erlebt, dass in ihrem Büro ermittlungsrelevante Unterlagen Beine bekommen hatten. Aus diesem Grund hatten sie sich angewöhnt, brisantes Material zu kopieren und außerhalb des Präsidiums zu horten, bis die jeweiligen Ermittlungen abgeschlossen waren. Jetzt konnte die Aktentasche in die Spurensicherung gebracht werden, und Dora und Cardoso konnten anhand der Kopien autonom weiterermitteln.

Nachdem sie Luís erneut das Versprechen abgerungen hatten, über alles, was er nun wusste, zu schweigen, gingen sie einen Kaffee trinken. »Dabei hatte ich mich so auf diesen ruhigen Aushilfsfahrerjob gefreut.« Es sollte wie ein Scherz klingen, doch Dora durchschaute Luís. Ihm war verdammt mulmig zumute.

***

Ab Samstagnachmittag wirkten die Korridore im Präsidium der Kriminalpolizei wie ausgestorben. Die Abteilungen waren bloß vereinzelt besetzt.

Doras Schuhsohlen quietschten auf dem Linoleumboden. Sie tippte ihren Zugangscode an der Glastür zur Kriminalpolizei ein, verschwand im Kellergeschoss und betrat den gerichtsmedizinischen Sektor. Hier lag Elías in einer Kühlkammer und wartete darauf, dass sie die Spuren zu seinem Mörder lesen lernte.

Vor der Tür zum Obduktionssaal blieb sie spontan stehen. Das Licht im Flur erlosch. Sie ließ es ausgeschaltet. Die Dunkelheit tat ihren Gedanken wohl. Sie klammerte für einen Moment alles über die möglichen politischen Zusammenhänge aus und konzentrierte sich allein auf die Spuren am Tatort. Elías Inácio hatte also eine Bibel, eine fast fünfzig Jahre alte Aufnahme einer Frau und vier Getreidekörner mit in die Kirche genommen. Warum? Wer die Frau war, wussten sie immer noch nicht. Am Wochenende war der Erkennungsdienst hoffnungslos unterbesetzt und Doras Anliegen nicht das einzige auf deren Tisch. Immerhin hatte die diensthabende Kollegin versprochen, sich zu beeilen.

Was die vier Getreidesamen in der Hosentasche des Opfers bedeuten konnten, beschäftigte Dora, seit Cardoso sie erwähnt hatte, aber momentan hatte sie noch keine Idee dazu. Einzig die Bibelzitate verrieten sein Schuldgewicht.

Sie seufzte. Die Zeit lief ihr davon. Am Montag wollte Staatsanwalt Mendes Ergebnisse von ihr, sonst schob er sie auf das Abstellgleis und übertrug den mutmaßlichen Bestechungsskandal den Kollegen ein Stockwerk tiefer.

Dora löste sich von ihren Gedanken und erreichte den Eingang zu den Vernehmungsräumen. In Raum I saß Ferreiro, in Raum II Inácio. Zwei Polizisten hielten Wache. Dora nickte ihnen zu und betrat das Beobachtungszimmer zwischen den beiden Räumen, wo Cardoso sie erwartete.

»Irgendetwas Neues?«, fragte sie.

»Die Affäre rund um den Putsch steht zusammengefasst in einer Akte namens Lissabon-Dossier. Es zu finden hat mich gestern Abend noch ganz schön Nerven gekostet. Die Akte wurde noch Ende 1975 ausgelagert ins Zentralarchiv im Universitätscampus Campo Grande. Abteilung geschlossene Fälle wegen Mangels an Beweisen. Zwischen historischen Chronikschriften, Dokumentenrollen und Staatsverträgen vom 12. Jahrhundert bis heute, allesamt archiviert im Torre do Tombo, aufbewahrt. In Papierform. Kein Faksimile, kein digitales Format. Typisch. Da wähnen wir uns fortschrittlich und sind in Sachen IT in Portugal innerhalb Europas ganz vorn, aber wir sind nicht in der Lage, unsere eigene Historie modern zu archivieren. Kurz und gut, ich bin erst am Campo Grande angekommen, als das Archiv bereits geschlossen war. Niemand konnte mich einlassen, weil der Torre do Tombo ein Zeitschloss hat. An das Dokument komme ich also vor Montag nicht ran.«

»War klar. Irgendein bürokratisches Hindernis bremst uns bei jedem Fall aus. *Chatice!*«

Cardoso schnalzte mit der Zunge. »Nicht gleich schwarzsehen. Danach bin ich in die Redaktion der ›Diário das Notícias‹ gefahren. Dort habe ich im Archiv das hier gefunden.« Er öffnete seine Laptoptasche und reichte Dora eine mit Faden gebundene Mappe aus Pappkarton.

Ungeduldig pfriemelte sie den Knoten auf und las laut vor: »Essay über den Militärputsch am 25. November 1975«.

Sie vertiefte sich in die Lektüre und stieß einen anerkennenden Pfiff aus. »Hier steht es schwarz auf weiß. Azevedo, Romeu, Antunes, die Rädelsführer des Militärputsches, wurden rehabilitiert und sind in São Bento ins Parlament eingezogen. Das wissen wir bereits, Cardoso.«

»Lesen Sie die letzte Seite.«

Dora überflog das Resümee. »Der Verfasser spricht von einem nicht näher identifizierten Anführer. Dieser soll einerseits den Militärputsch eingefädelt und andererseits für das Lager des Todes, den Campo do Medo, in Tarrafal auf der Insel Santiago Verantwortung getragen haben. Das war das Folterlager der PIDE-Polizei. Man sagt, kein einziger politisch Verfolgter sei jemals von dort zurückgekehrt. Wir reden aber von 1975. Dann war die Miliz im Verborgenen also doch noch tätig. Obwohl sie am 25. April abgeschafft und verboten worden war. Was halten Sie davon?«

»Vielleicht hat Elías Inácio die Zusammenhänge erkannt und gewusst, wer der Anführer war, und vielleicht sogar, was er heute macht. Soviel ich weiß, wurden gerade einmal eine Handvoll Folterknechte Salazars vor Gericht gestellt. Die meisten konnten nie geschnappt werden und leben höchstwahrscheinlich völlig unbehelligt als sogenannte redliche Bürger mitten unter uns. Das Lager des Todes auf der Insel Santiago ist jedenfalls ein ganz schwarzes Kapitel der Nationalgeschichte. Elías Inácio erkennt den Putschführer von einst und setzt ihn unter Druck. Der bekommt es mit der Angst zu tun, will seine kriminelle Vergangenheit unter allen Umständen geheim halten. Elías muss weg. Damit wir den Bösewicht von einst nicht entlarven können und etwas andere Fakten publik machen als die, die damals von der Übergangsregierung propagiert worden waren. *Lá vai, lá vai.* Ein erstklassiges Motiv für einen Mord.«

Dora überflog die letzte Seite hastig ein drittes Mal. »Das Essay ist unvollendet. Der Name des Drahtziehers bleibt unerwähnt.«

»Vielleicht zum Schutz des Verfassers.«

»Bestimmt sogar.« Sie gab Cardoso die Mappe, und er steckte sie in seine Laptoptasche.

»Ob Admiral Lourenço gewusst hat, wer damals hinter Romeu gestanden und den Putsch eingefädelt hat?«

»Vielleicht hat er es gewusst, vielleicht bloß geahnt. Mich interessiert vor allem, warum er heute ins Präsidium gekommen ist. Inácio und Ferreiro sind zwei ganz Ausgebuffte, Cardoso. Die halten zusammen, bis der Damm bricht.«

»Was erwarten Sie? Die zwei sind Compadres. Da passt kein Löffel dazwischen.«

»Das berüchtigte Kameradenprinzip? Mit wem ich mein Brot breche, ist mein Compadre? Für ihn lebe ich, für ihn sterbe ich? Reicht mir nicht, Cardoso.«

»Gedrillt auf bedingungslosen Gehorsam.«

»Die? Gehorchen? Wer's glaubt. Ich bin mir ziemlich sicher, dass Inácio und Ferreiro und vermutlich sogar Admiral Lourenço uns entscheidende Hinweise über den Putschanführer vorenthalten. Ich werde sie aushorchen. Alle drei.«

Dora ließ Cardoso allein und ging in Vernehmungsraum I. Ferreiro trug seinen Friseurkittel mit gesteiftem Stehkragen aufgeknöpft, darunter ein akkurat gebügeltes weißes Hemd. Er hielt die Hände im Schoß und schaute Dora scheinbar gelassen an. Er war aber alles andere als gelassen, die Narbe auf seiner Wange leuchtete dunkelrot.

Ferreiro war clever. Clever und vorsichtig. Ein Mal hatte er es schließlich geschafft, Dora auszutricksen. Charmant, ohne Frage, aber exakt ein Mal zu viel.

Sie setzte ihr Zuckerbäckerinnenlächeln auf. »Schicken Sie mich kein zweites Mal in die falsche Richtung, Senhor Aurélio. Wenn Jósua der Mörder ist, finde ich es heraus. Sind Sie an der Tat beteiligt, finde ich es heraus. Sind Sie beide in konspirative Aktivitäten verwickelt, finde ich es heraus.« Ohne seine Antwort abzuwarten, ließ sie ihn wieder allein.

Bei Jósua Inácio im Vernehmungsraum nebenan eröffnete sie die Partie gleich mit einem gezielt gemeinen Zug. »Da Sie mindestens bis Montag hierbleiben, wollte ich Sara Bescheid geben.« Sie blieb vorsichtshalber neben der Tür gegen die Wand gelehnt stehen. Einen liebenden Vater zu provozieren konnte ungemütlich werden. »Damit sich Ihre Tochter keine Sorgen macht.«

»Unterstehen Sie sich«, stieß Inácio mit ausgestrecktem Zeigefinger hervor und schnellte vom Stuhl hoch.

»Setzen Sie sich wieder hin und hören Sie mir zu. Elías hat ehemalige Genossen erpresst. Azevedo, Antunes, Romeu. Vielleicht noch andere. Azevedo ist tot. Er und seine politischen Handlanger zahlten fünftausend Euro jeden Monat für Elías' Schweigen. Über was hat Ihr Bruder geschwiegen?«

Inácio setzte sich wieder hin, faltete seine Hände und schien zu überlegen. Endlich hob er den Blick. »Ich wusste erst seit Kurzem von Elías' Erpressungen. Das müssen Sie mir glauben. Ich habe Ferreiro davon erzählt, weil ich hoffte, er wüsste, wer der damalige Anführer gewesen ist. Ferreiro wollte sich umhören, ist aber nicht weit gekommen. Elías' Mörder war schneller.«

So einfach ließ sich Dora nicht abwimmeln. Inácio wusste vielleicht nicht mit Bestimmtheit, wer dieser Anführer war, aber er ahnte etwas. »Jede Lüge verlängert Ihren Aufenthalt hier. Alles, was Sie mir nicht erzählen, kann und werde ich gegen Sie verwenden. Sie und Ferreiro wissen mehr. Weihen Sie mich ein.«

Inácio rieb unruhig seine Finger gegeneinander. Mehrmals setzte er zu einer Antwort an, überlegte es sich anders.

Dora ließ ihn nicht aus den Augen. In die Enge getrieben, würde er Ferreiro decken. Eher log er sie an, als dass er Ferreiro opfern würde. Kameradenschwur.

Inácio deutete ein T mit seinen Händen an, rieb seine Finger aber gleich wieder gegeneinander.

Time-out? Wofür? Er hatte doch noch gar nichts Neues gesagt, wunderte sich Dora.

»Hören Sie, ich will nicht, dass Ferreiro meinetwegen in Schwierigkeiten gerät.«

Dora schaute ihm ins Gesicht, beobachtete aber gleichzeitig seine linke Hand, die auf der Tischplatte, von der rechten verborgen, Schreibbewegungen machte. Was bedeutete diese Heimlichtuerei bloß? Gereizt verließ sie den Raum.

So kam sie keinen Schritt weiter. Inácio wollte Zeit schinden, aber Zeit war gerade etwas, das Dora am allerwenigsten erübrigen konnte.

Noch während sie darüber nachdachte, wie sie Inácio und Ferreiro zum Reden bringen konnte, schweifte ihr Blick den Korridor hinunter. Auf der anderen Seite des Treppenhauses lag Jósuas toter Bruder. Einen Augenblick allein mit Elías hatte er sich bei seiner ersten Vernehmung gewünscht. Zum Abschiednehmen.

Dora machte kehrt. Sollte er kriegen. Sie musste bloß Cardoso ablenken, der mit Sicherheit dagegen war, und die Wachpolizisten überrumpeln.

»Cardoso, gehen Sie zu Maria ins Café um die Ecke. Ein doppelter Espresso täte mir jetzt wohl – und ein Stück von Marias saftigem brasilianischem Schokoladenkuchen.«

Kaum war Cardoso fort, wandte sich Dora an die zwei Wachpolizisten. »Ich muss Senhor Inácio etwas in der Gerichtsmedizin zeigen. Dauert nicht lange.«

Sie führte Inácio in Handschellen aus dem Vernehmungszimmer und ging mit ihm den Flur entlang Richtung Gerichtsmedizin. Dort verschaffte sie sich Zutritt zum Obduktionssaal.

Sie schloss die Tür von innen ab und schickte eine WhatsApp-Nachricht an Cardoso. »Bin mit Jósua bei Elías.« So wusste er, sobald er aus dem Café zurückkehrte, wo sie war.

»Wenn das rauskommt, riskieren Sie Ihre Stellung«, sagte Inácio leise, während sie ihm die Handschellen abnahm. In seinem Tonfall schwang Bewunderung mit.

»Wäre nicht das erste Mal.« Dora zog eine Lade auf.

Inácio trat zögernd näher und betrachte schweigend den Leichnam seines Bruders. Im Licht der Notbeleuchtung schimmerten seine Tränen grün. Unendlich zärtlich streichelte er Elías über die Wange.

»Verzeih, ich habe versagt«, hauchte er, beugte sich vor, küsste Elías die Stirn und umarmte ihn.

Dora wartete in gebührendem Abstand ab, bis Jósua fertig war. Er hielt Zwiesprache, doch so leise, dass Dora kein einziges Wort verstehen konnte. Zwischendurch hörte sie tiefe Seufzer. Irgendwann sagte er gar nichts mehr, sondern bettete seinen Kopf auf Elías' Bauch. Nach einer Weile richtete er sich wieder auf.

»Der Mörder hat sich geirrt«, sagte er und streckte Dora die Hände entgegen. »Er wollte nicht ihn.«

Sie ließ die Handschellen wieder zuschnappen.

»Er wollte mich.«

Über diese Möglichkeit hatte Dora selbst bereits nachgedacht, den Gedanken dann aber verworfen, weil ihr partout kein Grund für diesen Irrtum eingefallen war. Oder kannte Jósua die Identität des Anführers doch?

»Ich weiß zu viel über die Hintergründe, die zu dem Militärputsch geführt haben«, sagte er. »Und das ist gefährlich. Dass Elías aus seinem Wissen Kapital schlug, habe ich nicht einmal geahnt, bis er es mir erzählt hat. ›Da ist ein ganz dicker Hund begraben‹, hat er gesagt, aber ich wollte nichts davon hören. Es reichte. Mein Bruder. Ein Parteibonze. Ein Erpresser. Obenauf ein Verräter.«

Dora zwang sich, geduldig zuzuhören.

»Vergangenen Herbst fing alles an. Erst zusammenhanglos,

bald lückenlos erzählte Elías mir von seiner Jugendweihe in der Salazar-Jugend, von seiner Arbeit in der Partei, von seiner Stellung in der PIDE. Ich erfuhr, wen er angeschwärzt und wen er bespitzelt hatte. Nicht genug damit, hat er mir vorgestern Mittag erst gebeichtet, warum ich damals verhaftet worden war und wie mich die PIDE überhaupt gefunden hatte. Seine Beichte zog mir den Boden unter den Füßen weg, das können Sie mir glauben. Seine Worte erreichten mich erst gar nicht. Als ich wieder klar denken konnte, bin ich aufgestanden und habe ihn sitzen lassen. Danach bin ich durch Lissabon geirrt. Als Nächstes sind Sie aufgetaucht, und Elías war tot. Ermordet.« Seine Hände waren eiskalt, als er ihren Arm packte. »Mein eigener Bruder hat mich verraten, und ein halbes Jahrhundert später will er mich zum Komplizen gegen die Schuldigen von damals machen. Stellen Sie sich das vor!«

Allmählich begriff Dora das Ausmaß. Jósua war ein Opfer der PIDE gewesen. Gefoltert. Geschlagen. Misshandelt. Verraten von seinem eigenen Bruder. Seine nächsten Sätze erreichten sie nur mehr abgehackt.

»Zu fünft kamen sie in mein Verlies … in die Katakomben in der Festung Peniche. Sie schlugen mich … Traten nach mir … Zogen mich nackt aus. Begossen mich mit eiskaltem Wasser. Schlugen mich wieder … Hielten mich zu dritt fest. Einer schaute tatenlos zu. Und lachte.« Inácio ließ ihren Arm los.

Dora schloss die Augen. Gern hätte sie ihm Trost gespendet. Aber sie wusste nicht, wie.

»Erst brachen meine Peiniger meinen Körper, dann mich. Liegen ließen sie mich. Nackt … Im Dreck …«

Ihre Hand zuckte vor und wieder zurück. Ihn anzuschauen, schaffte sie immer noch nicht.

»Kaum war ich draußen aus dem Folterloch und bei Kräften, kam der Zorn. Schau mich an.«

Dora blinzelte.

Er schob die Falten in seinem Gesicht hin und her. »Siehst du die Risse? Ein Monster haben die fünf aus mir gemacht! Völlig aus der Haut gefahren, schlug ich zu, sobald mir etwas gegen den Strich gegangen ist. Ich soff, ich saufe immer noch. Ich habe Frauen genommen und weggeworfen. Das war alles nicht ich, das war ein Jósua, den ich gehasst habe.«

Noch nie hatte sich ihr jemand in dieser Gänze offenbart. Sie spürte seinen Schmerz und seinen Zorn.

»Seit über fünfundvierzig Jahren taumele ich zwischen Zorn und Schmerz. Manchmal weiß ich nicht mehr, welcher Jósua mir aus dem Spiegel entgegenblickt. Falls ich überhaupt noch hineinschaue. Nicht einmal die Liebe meiner Tochter schafft es, die Scherben in mir zu kitten. Aber an meinen Peinigern habe ich mich gerächt. An allen fünf. Einen nach dem anderen habe ich mir vorgeknöpft. Ich schlug sie mit Schlagringen, mit Gummiknüppeln, mit abgesägten Besenstielen, so lange und so oft, bis ihr Blut an meine Wangen spritzte. Es schmeckte nach Eisen. Es schmeckte gut.«

Seine Gesichtszüge entgleisten, zum Vorschein kam der zornige Jósua. Sein Lachen klang wie das Wiehern eines durchgedrehten Gauls.

»Zum Schluss ritzte ich ihnen mit einem Messer meine Initialen in die Herzbrust, damit sie mich niemals wieder vergessen. Und danach nahm ich ihnen alles weg. Ihr Geld, ihre Frauen, ihre Schwestern. Alles. Sie haben mich zum Monster gemacht. Und ich habe wie eines gelebt.« Wieder dieses tobsüchtige Lachen.

Sein Geständnis bescherte mehr als einen Grund für einen Brudermord. Plötzlich kam sich Dora arg tollkühn vor, mit einem Mordverdächtigen und geständigen Schläger allein zu sein. Er brauchte nur einmal zuzuschlagen, und sie fiele um.

Da waren sie wieder. Die Zweifel. Bleibe unbeteiligt, ermahnte sie sich. Verhalte dich professionell. Doch wie sollte das funktionieren? Sie konnte Jósua Inácios Zorn doch so gut verstehen.

Er machte zwei Schritte rückwärts. »Sie haben einen Maulwurf. Elías hat erzählt, dass seine Geschäftspartner in jedem Präsidium einen Informanten fütterten. Also auch hier.«

Doras Gesicht blieb ausdruckslos. Gedacht hatte sie das bereits mehrfach, aber nie laut ausgesprochen. Auch für ihren Geschmack waren zu oft Ermittlungen aus angeblichem Mangel an Beweisen eingestellt worden. Vor allem im Dezernat für Wirtschaftskriminalität und Korruption.

»Mein Bruder hat behauptet, der Maulwurf trage ein doppeltes Gesicht. Verstehen Sie, was das bedeutet?«

»Der Maulwurf ist ein Mitglied der alten Garde.« Doras Antwort wirkte fahrig.

Inácio beugte sich vor. »Sie hören nicht zu. Elías hat behauptet, derjenige sei gar nicht der, der er vorgibt zu sein.«

»Etwa jemand mit falscher Identität?«

»Exakt. Mit neuer Identität, neuem Gesicht und neuem Lebenslauf. Elías kannte die Wahrheit. Verraten, wer derjenige heute ist, hat er mir leider nicht. Die Andeutung, dass es sich um einen ehemaligen Parteigenossen von ihm mit etlichen Leichen im Keller gehandelt hat, war das Einzige, was ich ihm aus der Nase kitzeln konnte.«

Das war also die dösende Hornisse, die Ferreiro gemeint hatte. Sei vorsichtig, hatte er sie gewarnt. Also wusste auch er, dass der Mann, der die Strippen zog, früher einmal ein anderer gewesen war.

Inácio unterbrach ihre Gedanken. »Wir haben Negative und Fotos. Darauf können Sie sehen, wer zur alten Garde gehört hat und wer ihr Anführer gewesen ist. Vielleicht hilft Ihnen das weiter.«

»Wer ist ›wir‹?«

»Ferreiro und ich. Sie finden das Fotomaterial in meinem Atelier in einer Pappkartonrolle. Ich kann mich nicht genau erinnern, wo ich sie versteckt habe. Sie kennen ja mein Alkoholproblem. Gestern und vorgestern war es besonders schlimm. Wo Ferreiro die Negative aufbewahrt, müssen Sie ihn selbst fragen.«

Dora rieb sich die Nasenspitze. »Können Sie auf Befehl weinen?«

»Was?«

»Dann tun Sie es.«

Sie brachte Inácio zurück ins Vernehmungszimmer und übergab ihn den Polizisten.

»Mein armer Bruder«, heulte er.

»Wir sind fertig. Bringen Sie Senhor Inácio zurück in seine Zelle und kochen Sie ihm einen Kamillentee. Zur Beruhigung.«

Cardoso tippte sich an die Stirn, als sie wieder allein und im Nebenraum waren. »Ich hoffe, Ihre Aktion hat sich gelohnt, Senhora Inspetora-Chefe, denn auf dem Weg zurück vom Café bin ich Martiniano begegnet, der nach Ihnen gesucht hat. Ich habe ihm was von nervösem Magen und schrecklicher Übelkeit vorgeflunkert. Sollte er sich später erkundigen, ob es Ihnen besser geht, waren Sie indisponiert und auf der Damentoilette.«

Dora grinste schief. »Woher wusste er denn, wo wir sind?«

Cardoso brauste auf. »Von mir bestimmt nicht.«

Heißhungrig vertilgte Dora den Schokoladenkuchen und trank den mittlerweile kalt gewordenen Kaffee. »Eben.«

Aus dem Augenwinkel beobachtete sie Cardoso, der langsam begriff, was das bedeutete. Er öffnete den Mund, schloss ihn wieder, tippte sich nochmals an die Stirn.

»Besenkammer?«, fragte sie.

»Unbedingt.«

In der Abstellkammer im Keller erzählte Dora ihm in Windeseile, was sie von Inácio erfahren hatte.

»Darüber muss ich nachdenken«, sagte Cardoso.

»Nicht bloß Sie.«

Vor der Besenkammer trennten sie sich wieder.

Als Nächstes nahm sich Dora noch einmal Ferreiro vor. »Verraten Sie mir, wo Sie die Negative aufbewahren?«

Ferreiros Pupillen verkleinerten sich. Sein Adamsapfel hüpfte auf und ab. »Ich habe sie nicht mehr.«

Dora verlor allmählich die Geduld. »Und wer hat sie?«

Ferreiro senkte die Stimme. »Der Admiral.«

»Wo wohnt er?«

»Seine Residenz in Santa Apolónia liegt in der Nähe der Igreja

Madre Deus und dem Nationalmuseum für Azulejos. Das Chalet steht auf dem Gelände des früheren Sommerschlösschens von Königin D. Leonor, die den Klarissenorden Madre Deus gegründet hat. Sie müssen am Museum für Wasserversorgung in die Sackgasse abbiegen und dort durch das verwitterte schmiedeeiserne Portal laufen.«

»Warum haben Sie mir das nicht gestern schon alles erzählt? Dann hätten wir jetzt alle einen geruhsamen Samstagabend.«

Er seufzte. »Weil Josh zur Tatzeit allein war. Ich wollte ihm aus der Patsche helfen.«

Dora nickte zufrieden. Jetzt passte alles zusammen.

In dem Moment vibrierte ihr Telefon. Ihr Nachbar Pedro rief an. Sie ließ Ferreiro allein. Erst im Nebenraum nahm sie den Anruf entgegen.

»Einbruch?«, entfuhr es ihr lauter als gewollt. Sie eilte bereits den Gang hinunter.

***

Das Schloss an Doras Wohnungstür war unverschlossen. Sie drehte den Schlüssel immer einmal um. Also hatte Pedro recht gehabt. Jemand war in ihre Wohnung eingebrochen.

Langsam öffnete sie die Tür, lauschte, trat ein. Im Türrahmen zu ihrem Wohnzimmer blieb sie abrupt stehen. Zwar stand auf den ersten Blick betrachtet noch alles an seinem Platz, aber Federwolken stoben wie Derwische umher. Mittendrin hockte Afonso-Henrique.

»Dorra pá«, keckerte er.

Der Galgenvogel hatte ihr Lieblingskissen auf dem Gewissen.

»Was soll das, Afonso-Henrique? Wenn dir langweilig ist, dann schwirr gefälligst ab«, schimpfte sie und bückte sich nach dem leeren Kissenbezug.

Aber da war noch etwas, das ihre Aufmerksamkeit erregte. Der Deckel ihres Laptops war zu. Sie klappte ihn nie zu. Afonso-Henrique hatte den Einbrecher überrascht. Deswegen hatte er randaliert, so laut, dass Pedro ihn gehört hatte und durch den Türspion gerade noch einen Mann hatte flüchten sehen.

Kluger Vogel. Sie strich ihm sanft über den Kopf.

Schnell war der Laptop hochgefahren. Dora überprüfte ihr Dokument »Maurice«. Niemand außer ihr hatte es geöffnet. Gut.

Eilig lief sie über den Hausflur und klopfte an Pedros Tür. Der Rabe tippelte hinter ihr her wie ein Hund, als hätte er vergessen, dass er ein Vogel war.

»Hallo, Senhora Inspetora-Chefe, ist das Afonso-Henrique?«

»Ja, das ist er. Danke fürs Bescheidgeben. Hör mal, ist dir sonst noch etwas an dem Typen, der aus meiner Wohnung gekommen ist, aufgefallen?«

»Er trug eine Anzugjacke und eine Baseballkappe. Ich dachte mir noch, wieso bei der Affenhitze ein Sakko. Die alte Gomes hat auch krakeelt.«

»Wegen Afonso-Henrique?«

»Nein, wegen des Unbekannten, der an Ihrer Wohnungstür herumgefummelt hat.«

»Von vorn hast du ihn nicht gesehen?«

»Nee, nur von hinten. Aber gehört. Hat die alte Gomes auf Brasilianisch sonst was genannt.«

Dora kombinierte blitzschnell. Elías hatte richtig getippt. Der sogenannte Maulwurf saß ihr so nahe, dass er stets wusste, was sie als Nächstes unternehmen würde. Ergo hatte er große Angst, dass auch sie ihm auf die Schliche kam.

Kurz entschlossen rief sie Cardoso an.

»Hören Sie mir jetzt ganz genau zu und sagen Sie nichts außer ›Falsch verbunden‹. Sie gehen nicht nach Hause, lassen nichts im Präsidium liegen, was mit unserem Fall zu tun hat, nehmen alles mit. Wir treffen uns gleich in der Graffiti-Parkgarage.«

»Falsch verbunden.«

Dora beendete das Gespräch.

»Alles in Ordnung?«, fragte Pedro.

»Mal so, mal so.«

Zurück in ihrer Wohnung, packte sie Kleidung für zwei Tage in einen Rollkoffer und zog sich rasch um. Bei der immer noch fortwährenden Hitze entschied sie sich für eine kurze Hose und ein eng anliegendes Oberteil. Mit kritischem Blick musterte sie ihre Figur im Spiegel, drehte sich zur einen und dann zur anderen Seite und steckte zuerst Inletts in ihren BH und danach ihr Haar hoch.

Afonso-Henrique flog auf den Waschbeckenrand und gab seinen Senf dazu. »Chic, Dorrra, chic.«

»Fang ja nicht an zu nerven. Gegrillte Dohle soll gut schmecken«, drohte sie ihm mit wackelndem Zeigefinger und verstaute ihren Pistolengürtel samt Austauschmagazin und Munition zum Nachladen in der Handtasche. Im Badezimmer ließ sie das Fenster für den Raben offen, alle anderen Fenster verschloss sie und verriegelte außerdem die Fensterläden von innen.

Zuerst bestellte sie ein Taxi in den Hinterhof ihres Mietshauses, dann sagte sie ihrem Großvater Maurice Bescheid, dass sie seine Zweitwohnung für zwei Tage oder länger benötige. Luís schickte sie eine Nachricht, dass er sie im Parkhaus in der Rua Santa Madalena im sechsten Parkdeck treffen solle.

Das Taxi setzte Dora vor dem Parkhaus ab. Gemeinsam mit einem Dutzend Touristen stieg sie in den Castelo-Aufzug ein und als Einzige in Stockwerk sechs wieder aus. Der Aufzug fuhr weiter aufwärts bis zur Cocktailbar auf der Dachterrasse des Parkhauses, von wo aus man einen atemberaubenden Blick über die Baixa und den Tejo bis zur Jesus-Statue am anderen Ufer erhaschen und dabei leckere Cocktails schlürfen konnte.

Schnurstracks ging Dora zu ihrem Auto, das sie seit ihrem Erlebnis mit dem Diplomaten in seinem Maserati hier parkte. Sie verstaute ihren Rollkoffer im Kofferraum, rutschte hinter das Steuer und startete den Motor, checkte den Bordcomputer, prüfte den Reifendruck, das Kühlwasser und die Benzinanzeige. Alles bestens.

Kurze Zeit später traf zuerst Cardoso und gleich nach ihm Luís mit dem klapprigen Corolla ein.

»Ein Ford Mustang Hatchback«, entfuhr es Luís, als er ausstieg.

Cardoso grinste. »Die Senhora Inspetora-Chefe hat Benzin im Blut. Sie fährt mit Vier-Komma-sieben-Liter-Maschine und V8-Motor.«

Luís umrundete den Mustang mit glänzenden Augen. »Und den soll ich fahren?«

Dora überreichte ihm den Schlüssel. »Ungern.«

»Sie sehen übrigens krass kurvig aus mit kurzen Hosen. Zwölf Zylinder, Turbo-Booster, tiefergelegt mit Speziallackierung, würde ich sagen.«

Cardoso hüstelte. Er wusste, dass Dora solche Kommentare gar nicht gern hörte.

Der einen Meter neunzig große, schlaksig schlanke Inspetor verrenkte sich fast, um auf die Rückbank in das Oldtimer-Coupé zu steigen, und knickte seine langen Beine zwischen Rückbank und Beifahrersitz ein, sodass seine Knie sein Kinn berührten.

Dora nahm auf dem Beifahrersitz Platz und rutschte mit dem Sitz ganz nach vorn, damit Cardoso seine langen Beine ein Stück weit ausstrecken konnte.

»Sie hat eine sensible Gangschaltung und reagiert sofort auf Druck am Gaspedal«, erklärte sie Luís und zeigte ihm die Funktionen auf dem Armaturenbrett.

»Der Mustang ist eine Sie?«

Cardoso stöhnte.

Dora schnallte sich an, beugte sich vor und rümpfte die Nase. »Haben Sie Gras geraucht?«

Luís grinste selig. »Astreines.«

»Aussteigen.«

Cardoso verdrehte die Augen.

Dora kam in Fahrt. »Wollen Sie sich etwa Ihre Zukunft wegen eines dämlichen Joints versauen? Ihrem künftigen Chef erklären, ach, wissen Sie, ich habe in den Semesterferien als Aushilfsfahrer bei der Kripo gejobbt, habe Gras geraucht, bin erwischt worden, soll aber nicht mehr vorkommen. Hat Ihnen etwa der fette Mops aus dem Drogendezernat das Ding angedreht? Habe ich es mir doch gedacht. Miese Kröte.«

So ging es noch eine Weile weiter, bis sich Dora ans Steuer setzte und Luís auf den Beifahrersitz. Sie stellte den Rückspiegel so ein, dass sie mit Cardoso mit Blicken kommunizieren konnte.

»Jemand war in meiner Wohnung und hat in meinem Laptop herumgeschnüffelt. Afonso-Henrique schlug Krach. Pedro hat es gehört und mir eine Nachricht geschickt.«

»Afonso-Henrique?«, fragte Luís verwundert.

»Der Galgenvogel der Senhora Inspetora-Chefe«, erklärte Cardoso.

»Muss ein ziemlich großer Vogel sein.«

Dora ließ den Motor an, rollte durch das Parkhaus und bog auf die Rua Santa Madalena rechts zur Praça Martim Moniz ab.

»Pedro sagt, der Eindringling sei Brasilianer gewesen.«

»Bestimmt angeheuert.« Dora stimmte Cardoso zu.

Luís kicherte übermütig. »Was für ein Galgenvogel ist es denn?«

»Rabe. Selbstversorger«, sagte Cardoso kurz angebunden.

»Ein lebendiger Rabe? Das ist supermorbid. Typisch für unsere Senhora Inspetora-Chefe.«

Dora beachtete Luís nicht. »Mit Elías' Notizen stören wir ein Netzwerk, das sich durch den gesamten innenpolitischen Sektor ausdehnt. Wir müssen aufpassen. Sogar wenn wir die Straße überqueren.«

»Malen Sie den Fall nicht schwärzer, als er ist«, erwiderte Cardoso.

Dora lag mehr in ihrem Schalensitz, als dass sie saß, gerade so weit aufgerichtet, dass sie über das Lenkrad schauen konnte. Sie fuhr mit überhöhter Geschwindigkeit durch die Avenida de Almirante Reis nach Norden. Am Marquês de Pombal fädelte sie sich zur Umgehungsstraße zum Parque Eduardo VII ein, bog rechts ab und erreichte via Avenida Roma den Campo Pequeno und das Viertel rund um die im maurischen Stil errichtete Stierkampfarena.

»In der Zweitwohnung meines Großvaters installieren wir unsere Kommandozentrale. Im Präsidium lassen wir uns nur blicken, wenn es unbedingt notwendig ist. Sie bleiben in unserem Unterschlupf bei Maurice, Cardoso, und operieren von dort aus. Ich besuche heute noch Admiral Lourenço und hole mir die Negative. Hinterher fahre ich zu Inácios Atelier und suche nach dem Fotomaterial.«

»Hoffentlich finden Sie die Papprolle.«

»Falls nicht, haben wir immer noch die Negative.«

»Sie sind optimistisch. Die sind fast fünfzig Jahre alt.«

»Dolle Mannschaft«, nuschelte Luís. »Die Inspetora-Chefe, ihr Opa, der Inspetor und der Student gegen den Rest der Welt. Fehlt bloß noch der Galgenvogel.«

»Luís, ich werde ab jetzt unkonventionell ermitteln. Solange mich niemand erwischt, alles klar, falls doch …«

»… bin ich ein arbeitsloser Student mit Vorstrafe«, ergänzte Luís.

Die Zweitwohnung von Doras Großvater Maurice befand sich im Stadtteil Roma mit Blick auf die Stierkampfarena in einer Allee, rechts und links mit blühenden Jacaranda-Bäumen gesäumt. Das mehrstöckige Gründerhaus mit Arkadenfenstern und schmiedeeisernen Balkonbalustraden war erst vor Kurzem saniert und, dem derzeitigen Trend folgend, bordeaux mit weißen Absätzen gestrichen worden. Es besaß jetzt eine eigene Tiefgarage. Dort parkte Dora auf Parkplatz Nummer 17. Mit dem zwar generalüberholten, aber uralten Käfigaufzug ging es hinauf bis in das oberste, sechste Stockwerk.

Die Tür zum Penthouse stand offen, es duftete nach Doras Leibspeise – Gambas in scharfer Kokossoße.

Luís staunte nicht schlecht, als er Maurice gegenüberstand. Doras Großvater war ein stattlich gebauter dunkelhäutiger Mittsiebziger mit schlohweißem Haar und meerblauen Augen. Der rund einen Meter neunzig große Mann trug eine Kochschürze und hantierte in der Küche.

»Olá, Avôzinho«, begrüßte Dora ihn mit Küsschen auf jede

Wange. »Das ist Luís. Eigentlich studiert er Geisteswissenschaften, momentan chauffiert er mich, weil Carlos Urlaub hat.«

Luís schüttelte Maurice die Hand. »Es ist mir ein Vergnügen, Senhor.«

»›Maurice‹ reicht.«

Luís wurde rot.

Dora grinste. Maurice war nämlich ein dunkler Kapverdier, Dora hingegen war hellhäutig wie ihre Mutter, die aus dem Alentejo stammte. Die meerblauen Augen hatte sie von ihrem Opa und von ihrem Vater geerbt. Und ihre Haare kringelten sich nach jeder Dusche wieder zu Tausenden winzigen Löckchen.

Die Wohnung war eingerichtet wie eine Lodge in einem romantischen Afrikafilm. Sofa, Sessel und Bettgestell waren aus dickem Bambusrohr, die Vorhänge, Sofakissen und Teppichläufer mit afrikanischen Motiven bedruckt. Die Farbtöne wechselten zwischen Siena und Sand.

Dora zeigte Luís das Gästezimmer. Über dem Bett hüpfte eine makellos gebräunte lachende Dora im Bikini von einem Felsen ins Meer.

»Urlaub an der Algarve«, sagte sie mit heißen Wangen. Niemand ihrer Kollegen kannte sie im Bikini, weder auf einem Foto noch in echt.

Kurz darauf nahmen sie gemeinsam am Tisch in der Küche Platz. Maurice dankte den kapverdischen Göttern für ihre Gaben. Dann wünschte er einen guten Appetit.

Mit einstimmiger Begeisterung ließen sich die vier die Garnelen in Kokoscurry schmecken.

Eine auffrischende Brise erfrischte den anbrechenden Abend. Im Radio sang Cesária Évora von der *saudade*, von der hingebungsvollen Sehnsucht, die auf den Kapverden genauso zu Hause war wie in Portugal. Maurice regte ein Gespräch über Fußball an, und Luís und Cardoso stiegen direkt ein.

Der Haufen Krustenschalen auf dem Teller in der Mitte wuchs, der Topf mit dem köstlichen Gemüse in Kokosmilch und Reis war bald leer. Dora erzählte Anekdoten aus dem Polizeialltag. Sie gestikulierte wild, lachte, machte Faxen, grimassierte und redete mit vollem Mund.

Nach dem Essen tranken sie frisch gebrühten Espresso. Cardoso bereitete sich auf eine lange Nacht am Computer vor.

Dora küsste ihren Großvater beim Abschied zärtlich auf beide Wangen und schmiegte sich in seine kräftigen Arme.

»Toi, toi, toi«, wünschte er ihr.

***

Vom Campo Pequeno aus wählte Luís die Avenida João Costa am Friedhof Alto de São João vorbei nach Madre Deus. Dora dirigierte ihn an der gleichnamigen Kirche entlang und gleich dahinter eine unscheinbare Straße bergauf.

Das Palais stand wie von Ferreiro beschrieben in einem verwunschenen Garten, umgeben von einer alten Mauer und wild wuchernden Sträuchern mit Trompetenblumen. Einlass in den verwilderten Park gewährte ein verwittertes, von Moos überwuchertes schmiedeeisernes Tor. Ein aristokratisches Schlösschen mit Türmchen und Giebel und die für Portugal typische nostalgische Aura, die Urlauber romantisch nannten, die in Wahrheit aber den Besitzern in puncto Instandhaltung das Konto leer fraß.

Der Wachhund, vor dem man sich laut Schild am Gartentor in Acht nehmen sollte, saß nach einem kurzen Gespräch mit Leckerli hechelnd neben Dora und schubberte an ihren nackten Beinen.

»Brav«, lobte sie den zotteligen Hütehund und fädelte einen Dietrich in das Schlüsselloch unter der Klinke am Eingang zur Küche. Mit einem weiteren Leckerli lockte sie den Hund ins Haus. Er trottete hinter ihr her durch die Küche in das Foyer bis in den Salon.

Dora aktivierte die Taschenlampe ihres Smartphones und sah sich neugierig um.

Das Herrenhaus strahlte familiäre Behaglichkeit aus. Aquarelle mit portugiesischen Landschaften schmückten die Wände. Eine angeschaltete Stehlampe im Wohnzimmer spendete sanftes Licht. Ein Teppichläufer verschluckte ihre Schritte.

Dora leuchtete an den Wänden des Büros entlang. Über dem Schreibtisch hingen Fotos. Sie zeigten Admiral Lourenço privat. Mit Frau und Hund am Strand, im Garten, auf einer Segelyacht. Winkend, lächelnd, mit verträumtem Blick. So hatte ihn sich Dora nicht vorgestellt. Eher streng, breitschultrig, untersetzt. Militärisch eben. Aber sie entdeckte nirgends ein Bild von ihm in Galauniform, auch keine gerahmten Orden oder sonstige Belobigungen, und davon hatte er reichlich bekommen.

Das Büro ähnelte einer Privatbibliothek. Es war vollgeräumt mit Büchern in deckenhohen Regalen, sonst sparsam mit antiquarischem Mobiliar und zwei Ohrensesseln eingerichtet. Dora fand jede Menge Buchbände über Politik sowie eine Reihe Biografien über bekannte Persönlichkeiten, sortiert nach Epoche von der Antike bis zur Gegenwart.

Sie wählte Marx' »Manifest« und machte es sich mit dem Buch in der Hand auf einem Sessel bequem. Mit einem zufriedenen Schnaufen legte sich der Hund zu ihren Füßen.

Die Pendeluhr tickte. Dora war zwar auf der Hut, aber bis das Ehepaar heimkehrte, konnte es spät werden. Admiral Lourenço und seine Frau waren heute Abend Ehrengäste beim Galadiner des Präsidenten der Republik anlässlich des Besuches des dänischen Königspaares in Lissabon, hatte Cardoso in Erfahrung gebracht. Die Wartezeit wollte Dora nutzen und ihre Wissenslücke über den Kommunismus ein Stück weit füllen.

Gleich der erste Satz des Manifests verriet eine Menge über die geistige Haltung derjenigen, die an den Kommunismus als politisch gültige Lehre und Staatsform glaubten. Ihre Anhänger fühlten sich als Opfer einer Hetzjagd, bezeichneten den Kommunismus als Schreckgespenst von Europa, das von Staaten, Polizisten, dem Papst und Politikern gejagt wurde, las sie.

Welch interessante Theorie, eine politische Spielart als spukendes Unsichtbares zu bezeichnen, während es in unterschiedlicher Gestalt durch Europas Historie sehr präsent gewütet und für reichlich Blutvergießen gesorgt hatte. Umso erstaunlicher empfand es Dora, dass ausgerechnet dieses System in ihrem Land die Flamme des Widerstands erst gezündet und kaum ein Jahr nach der Revolution eine politische Umkehr provoziert hatte. Trotzdem war die kommunistische Partei in das portugiesische Parlament 1975 eingezogen und saß dort noch immer. Azevedo war damals der erste Generalsekretär gewesen und mehr oder weniger zeitlebens geblieben.

»Kommunismus funktioniert nicht«, hatte ihr Großvater mütterlicherseits ihr erklärt, als sie als Kind mit ihm gemeinsam im Korkeichenhain Ziegen gehütet hatte.

Sie brauchte bloß die Augen zu schließen, und schon sah sie die Korkeichen, die Getreidefelder, den endlos blauen Himmel vor sich. Und das Meer. Das Meer war immer da.

Dora erinnerte sich an den Gesang der Zikaden und an den verträumten Blick ihres Opas. Die Ziegen mümmelten karges, von der Sonne gedarbtes Wildgras, und er erklärte ihr die Revolution. »Wenn viele Menschen unzufrieden sind, arm und Hunger darben, dann raufen sie sich zusammen und kämpfen. Einer allein ist nicht mutig genug dazu, verstehst du, Dora? Aber alle zusammen sind zusammen mutig, weil niemand mehr feige sein kann.«

Das hatte Dora eingeleuchtet. Sie wollte auch nicht feige sein und machte deswegen mit den Kindern aus ihrer Straße gelegentlich Blödsinn mit, den sie eigentlich gar nicht hatte machen wollen.

»Haben drei Bauern keine Kuh, wollen sie, dass derjenige, der drei Kühe hat, mit ihnen teilt. Haben diese drei Bauern irgendwann selbst drei Kühe und andere Bauern keine, teilen sie nichts und verteidigen ihr Hab und Gut mit einer Waffe.«

Diese Worte ihres Opas hatten Dora damals sehr nachdenklich gestimmt. Sie erinnerte sich an eine ausartend laute Diskussion mit ihrem Lehrer in der Schule über dieses Thema. Der Lehrer hatte ihre Familie als Kapitalisten bezeichnet. Da hatte

Dora gleichzeitig gelacht und geweint. Sein Kommentar war herabsetzend und gleichzeitig tragisch-komisch gewesen, denn der gesamte Reichtum ihrer Großeltern waren zwei Dutzend Ziegen.

Dora biss die Zähne zusammen. Der Hohn ihres Lehrers trieb ihr heute noch Zornestränen in die Augen. Und ein gemeines Lächeln auf die Lippen, denn sie hatte sich mit kapverdischen Voodoo-Ritualen gerächt, die ihr Maurice als Kind beigebracht hatte. Jeden Tag hatte der Lehrer etwas anderes Gruseliges in seinem Garten gefunden. Einen toten Frosch, durchbohrt mit einem Mikadostab, eine Blechtasse voll Hühnerblut, zu einem Muster gelegte Knochen.

Dora las weiter. Marx untermauerte sein politisches Ideal mit verhärtenden Argumenten. Das klang beinahe absolutistisch. Nichts ließ er gegen seine Vision gelten und verteufelte die freie Marktwirtschaft genauso wie das Unternehmertum.

Beim Glauben verhält es sich ähnlich, dachte Dora. Entweder man glaubte, oder man glaubte nicht. Sie kannte Gläubige, die jeden anderen Glauben als den ihren verteufelten.

Marx' Text verfügte über eine hypnotische Anziehungskraft. Dora spürte den Eifer des Verfassers hinter jedem einzelnen Wort, und sie vergaß über die Lektüre gebeugt völlig die Uhrzeit. Als der Hund den Kopf hob, die Ohren spitzte und mit dem Schwanz wedelte, schaltete sie die Taschenlampe an ihrem Smartphone aus und legte das Buch auf den Tisch neben dem Sessel. Sie hörte Stimmen.

»Was für ein zauberhafter Abend, Américo. Aber ich kann nicht mehr. Trink du ruhig noch deinen Whisky, ich gehe ins Bett, mein Schatz.«

»Mach das, Liebling, ich komme gleich nach. Wo ist Jerry?«

»Bist du Jerry?«, flüsterte Dora dem Hund zu und bekam als Antwort eine feuchte Hundezunge auf den Wangen zu spüren. »Igitt, du stinkst.«

In dem Moment ging das Licht im Büro an. Der Hund sprang auf und lief zur Tür. Sein Herrchen begrüßte den zotteligen

Gesellen, tätschelte ihm den Kopf und schaute Dora mit einer Mischung aus Verblüffung und Schreck an.

»Guten Abend, Senhora Inspetora-Chefe.«

Einem Reflex folgend, stand Dora mit einem Ruck vom Sessel auf, legte die rechte Hand zum militärischen Gruß an die Stirn und nahm Haltung an. »Guten Abend, Senhor Admiral.«

Sie war sich vollauf bewusst, welche Konsequenzen diese nächtliche Aktion für sie und ihre Karriere bedeutete, sollte Admiral Lourenço Anzeige erstatten.

Er war eine charismatische Erscheinung, elegant gekleidet, das Haar schlohweiß und militärisch kurz gestutzt. Nach dem ersten Schreckmoment machte er eine einladende Armbewegung.

»Sie können sich gern wieder setzen.« Er schritt an ihr vorbei zu einem mit Intarsien geschmückten Wandschrank, öffnete ihn und holte zwei Gläser und eine Flasche Whisky hervor. »Jerry mag Sie.« Seine Feststellung überbrückte das Verlegenheitsschweigen.

Dora gefiel der freundliche Einstieg. »Ich mag große Hunde.«

Admiral Lourenço schenkte Whisky in zwei Gläser ein, reichte Dora eines, nahm auf dem zweiten Ohrensessel Platz und prostete ihr zu. »Sie überraschen mich, gestehe ich.«

»Einen offiziellen Termin vereinbaren wollte ich aus bestimmten Gründen nicht.«

Er lehnte sich zurück und schlug ein Bein über das andere. Jerry ließ sich mit einem zufriedenen Hundeseufzer zwischen ihnen auf den Teppich plumpsen. »Demnach sind Sie gar nicht hier.«

Admiral Lourenço gefiel Dora. Er war kein Drumherum-Redner. Sie konnte ihn sich gut als obersten Befehlshaber des bewaffneten Militärs vorstellen. Er strahlte Feingespür aus und verfügte über eine beeindruckende Portion Charisma. Sein Wort war Gesetz. Wer sich ihm entgegenstellte, dem drohte das Militärgericht, vor 1974 sogar Exekution. Mit Admiral Lourenço spielte man nicht.

»Stimmt.«

Der einstige oberste Militärangehörige Portugals hatte Verräter in den eigenen Reihen entlarvt und Guerillakämpfer in Afrika zum Reden bringen lassen. Dieser Mann war es gewohnt, Macht auszuüben.

Er muss einen unglaublich mächtigen Gegner gehabt haben, dachte Dora. Jemanden mit noch mehr Macht.

Ihr Blick fiel auf ein Foto mit Admiral Lourenço in Zivil, neben ihm stand ein Mann in Uniform. Jósua Inácio. Und neben dem Sergeanten weitere Soldaten. Einen erkannte sie auf Anhieb. Den Barbier Ferreiro. Ganz schön schmuck sah er aus in Uniform und mehr als vierzig Jahre jünger. Neben ihm stand ein feister, verbittert dreinschauender Kamerad. Sein linkes Bein steckte in Gips, und er hielt sich mit zwei Krücken gerade. Sie las das Namensschild. Gefreiter Rogério Pires.

Sie zählte eins und eins zusammen. Das musste der Kamerad Rogério sein, von dem ihr Ferreiro erzählt und den Jósua Inácio beim Militärputsch in der Calçada-da-Ajuda-Kaserne aus dem Kugelhagel gerettet hatte.

Neben den dreien standen andere Kameraden. Alle um die zwanzig. Unschuldig junge Kerle, die in den Militärpolizeidienst eingetreten waren, weil der großzügige Sold sie gelockt hatte und sie vom Kampf für die Freiheit geträumt hatten.

»Vor wem beschützen Sie Jósua Inácio?«, fragte Dora direkt.

Admiral Lourenço schaute eine Weile schweigend in sein Glas. »Ich wusste gleich, dass sich Mendes irrte, als er zu mir sagte, Sie spuren.«

Der Name Mendes fiel durch Doras Gehörgang in ihren Hals und rutschte bis in ihren Magen. Mendes wollte, dass sie spurte? Er war Staatsanwalt, er sollte wollen, dass sie aufklärte. Was war hier los?

Der Admiral sprach weiter. Sein Resümee über Doras Haltung als Polizeibeamtin war kurz und prägnant. »Sie spuren nicht, Sie beenden es, Senhora Inspetora-Chefe.«

Verblüfft von seiner präzisen Einschätzung ihrer Persönlichkeit und von der kryptischen Botschaft, die in seinen Worten mitschwang, wollte sie etwas erwidern, aber ihre Zunge gehorchte ihr nicht. Pelzig und viel zu groß für ihren Mund fühlte sie sich an, als habe sie ein rasch wirkendes Sedativ geschluckt. Aber das war es nicht. Es war die Erkenntnis, dass der Staatsanwalt seinen eigenen Blues spielte.

»Mendes will, dass ich den Mord diskret aufkläre.«

Admiral Lourenço lächelte sanft. »Nein, er beschützt den Mann ganz oben.«

Admiral Lourenço sprach von Senhor X. Der die alte Garde einst gegründet hatte. Der ein Konto in der Inácio-Bank unterhielt und der einen Maulwurf in das zentrale Präsidium der Kriminalpolizei eingeschleust hatte.

Dora zwang sich, nicht aufzuspringen, das Fenster aufzureißen und kalte Nachtluft in ihre Lungen zu pumpen.

Sie stöhnte innerlich. War das wirklich ihr Krieg? Sie würde es beenden, hatte der Admiral eben gesagt. Würde sie das wirklich? Oder würde der Krake der Korruption seine Tentakel gleich wieder neu ausstrecken?

»Der Barbier ist Ihr Bote. Vom ihm wussten Sie, dass Elías Inácio ermordet worden ist, deswegen tauchten Sie heute Vormittag in der Mordkommission auf. Noch als die Leiche warm war, ahnten Sie, dass die alte Garde jetzt Gefahr witterte. Sie wussten, es war bloß eine Frage der Zeit, bis wir auf die Erpresserkonten stoßen und den Zusammenhang zwischen den Kontoinhabern und Elías Inácios faschistischer Vergangenheit herstellen würden. Folgerichtig wissen Sie, was die alte Garde macht, und Sie kennen die Mitglieder. Alle Mitglieder. Auch ihren Gründer. Die alte Garde hingegen weiß, dass Sie damals von den Schutzgeldpatrouillen profitiert haben. Solange alle dichthielten, blieb das Pendel der Macht ausbalanciert. Aber damit war das Problem nicht gelöst, nicht wahr, werter Admiral? Der abgeschlagene Kopf der Medusa wuchs nach, und jetzt haben wir ein Mordopfer. Fliegt die alte Garde auf, fliegen Sie mit auf.«

»Ich bewundere die Kausalität, mit der Sie die Ereignisse durchschauen, Senhora Inspetora-Chefe. Unsere Schutzgeldpatrouille, wie Sie es so nett bezeichnen, ist in der Tat ein einträgliches Geschäft gewesen. Aber das ist lange vorbei. Ferreiro hat mit seinem Anteil seinen Salon eröffnet, Jósua seine Werkstatt eingerichtet, und ich habe diesen Palais erworben.« Er machte eine ausladende Handbewegung. »Dem Nachruf auf meine militärische Laufbahn bei meiner Beerdigung wird es eventuell schaden, wenn diese alten Kamellen in die Schlagzeilen gerieten, obwohl ich glaube, es wird unter den Teppich gekehrt, weil es alle so oder anders betrieben haben und, mit Verlaub, bis heute betreiben. Ferreiro ist in der Tat mein Bote und mein vielleicht treuester Soldat. Ich habe ihn seinerzeit aus den Klauen meines Widersachers Guiliano befreit, bevor dieser verfluchte Sadist ihn zu Tode gequält hätte.«

Doras Puls beschleunigte sich. Guiliano. Zum dritten Mal begegnete ihr dieser Name. Offiziell für tot erklärt, gelyncht, hieß es im Geschichtsbuch. Pustekuchen. Henrique Guiliano war ihrer Meinung nach und nach allem, was in den vergangenen Stunden ans Tageslicht gerückt worden war, untergetaucht, hatte seine Identität gefälscht, Gras über seine Taten als Handlanger Salazars wachsen lassen und war einige Jahre später mit neuem Gesicht und neuem Namen nach Lissabon zurückgekehrt.

»Guiliano lebt demnach und sitzt an einem Schalthebel mitten in Lissabon. Er ist der Chef der alten Garde, er ließ Elías Inácio aus dem Weg räumen. Habe ich recht?«

»Mit jedem Wort. Das Problem ist seine Identität, Senhora Inspetora-Chefe. Vielleicht hat Elías ihn tatsächlich erkannt, vielleicht hat Guiliano es bloß befürchtet? Ich weiß, wer Guiliano einst gewesen ist, aber ich weiß nicht, hinter wem er sich heute verbirgt.«

Im Geiste ging Dora die Namen aller Machthaber im Parlament, bei Gericht und im Polizeiapparat Lissabons durch. Sogar Martiniano war ein möglicher Kandidat, gestand sie sich ein und schob den Gedanken eilig beiseite.

Ihr Magen rebellierte. Bitter ätzende Magensäure bahnte sich ihren Weg durch ihren Hals. Sie schluckte. Aber das half gar nichts. Der ätzende Saft schaltete auf Rückwärtsgang. Sie nahm einen Schluck Whisky und ließ ihn auf der Zunge rollen, bis der ätzende Geschmack samt schottischem Schnaps in ihrer Kehle verschwand. Entschlossen schüttelte sie den Mantel des Unbehagens ab.

»Wieso wollte Guiliano Elías Inácio umbringen und warum erst jetzt, so viele Jahre später?«, fragte sie.

»Darüber zerbreche ich mir seit gestern genauso den Kopf wie Sie. Wenn der alten Garde jemand wirklich gefährlich werden kann, dann ist es Jósua und nicht Elías.« Der Admiral füllte sein Glas mit Whisky auf und sah Dora fragend an.

Sie trank ihr Glas mit einem Zug leer und ließ ihn nachschenken. »Das klingt nach Wildem Westen, Senhor Admiral, wir leben in der Zukunft, mit Internet, Raketen und Satelliten.«

»Sehen Sie, Senhora Inspetora-Chefe. Genau das ist ja die Krux. Uns trennen zwar bloß vierzig Jahre Lebensalter und vier Jahrzehnte Zeitgeschichte. Trotzdem denken Sie anders als ich, fühlen anders als ich, und Sie erkennen Zusammenhänge anders als ich. Das Verhältnis zwischen den einst Mächtigen zu meiner Zeit war ausgeglichen. Dafür sorgte das Wissen, das man über die Aktivitäten des anderen in sich trug, aber niemals preisgab. Heutzutage nutzt man dieses Wissen zuungunsten des anderen und nennt das Mobbing. Aber dieser Begriff beschreibt einen Diffamierungsprozess, der auf verbale Herabwürdigung abzielt und darauf, dass der eine kuscht und der andere sich dadurch vermeintlich erhabener fühlt. Die Unternehmensbosse interessiert dieses Intrigentheater in den mittleren und unteren Etagen überhaupt nicht. Sie wollen, dass der Euro rollt. Wenn einer nicht spurt, wird er ersetzt. Wer sich für unersetzlich hält, ist naiv. Früher war das in Portugal ganz anders. Wer etwas wusste, kam weiter, und nicht umgekehrt.« Er seufzte. »Das Verhüllte im portugiesischen Behördenapparat war ein hierarchischer Mechanismus, der einzig in unserem Land existiert hat. Es ist das

Gleichgewicht der Macht. Diese Waage geriet in dem Moment aus der Balance, als führende Mitglieder des Parlaments mitgeholfen haben, Kapitalverbrechen zu vertuschen anstatt zur Anklage zu bringen. Ab dem Moment haben die Machthaber auf ihrem eigenen Boden eine ungesunde Abhängigkeitsstruktur herangezüchtet, die sich wie ein Spinnennetz über das gesamte Land ausgestreckt hat und aus dem sich, einmal darin verfangen, niemand mehr befreien kann.«

Wieder machte er eine Pause und schaute in sein Glas, als fände er dort eine Antwort auf das alles, stand auf und drehte ihr den Rücken zu.

»Das Schlimme daran ist, ich trage Mitschuld an diesem Popanz.«

Dora rutschte auf dem Polster hin und her. »Dass Sie von Schuld sprechen, Senhor Admiral. Ich betrachte Sie als Befreier.«

»Ihre Wertschätzung ehrt mich, Senhora Inspetora-Chefe. Aber sie beruht auf einer historisch nicht ganz korrekten Darstellung der politischen Ereignisse, die unmittelbar nach dem Putsch am 25. November 1975 gefolgt sind.«

Der Whisky vertrieb für einen seligen Augenblick das Entsetzen aus ihrem Bauch. »Sprechen Sie von dem politischen Deal, der das Kabinett beinahe das Mandat gekostet hat?«

Admiral Lourenço drehte sich um und setzte sich wieder. »Demnach kennen Sie das unvollendete Essay aus dem Zeitungsarchiv über diese unsagbar peinliche Staatsaffäre?«

Dora nickte. »Wenn sich die Übergangsregierung damals nicht bereit erklärt hätte, die kommunistische Partei ins Parlament zu lassen, hätte die Splittergruppe ROT die Zivilbevölkerung angegriffen und einen Staatsstreich provoziert. Seither stand die dritte Republik nie wieder so knapp vor dem Aus. Das Kabinett musste die Bedingungen der Putschisten akzeptieren. An dieser Stelle endet das Papier.«

Der Admiral lächelte müde. »Wir wogen damals sehr gründlich ab, ob wir einen Bürgerkrieg riskieren wollten oder ob wir in eine Koalition mit der alten Garde einwilligten und mit unserem

Votum Maulwürfe in den Beamtenapparat einschleusten. Damit nicht noch mehr Portugiesen auf Portugiesen schossen, stimmte ich ganz schnell für den Deal und trage somit Mitschuld an der wachsenden Korruption in unserem Land.« Er seufzte schwer. »Bringen Sie es zu Ende, Senhora Inspetora-Chefe. Ich möchte wieder ruhig schlafen können, bevor ich sterbe.« In seinem Tonfall lagen Bitte und Befehl zugleich. Letzteres brauchte Dora nicht. Sie war bereit, den Kampf zu Ende zu fechten.

»Also hat sich Jósua Inácio gestern zur Tatzeit mit Ihnen getroffen, weil er hoffte, Sie kennen die Antworten auf Elías' Andeutungen über den Kopf der alten Garde, und ahnte nicht einmal, dass sein Bruder genau in dem Moment ermordet wurde?«

»Dass sich Jósua mit mir getroffen hat, wissen nur Jósua, Ferreiro, Sie und ich.«

Dora erwartete auch gar nicht, dass der Admiral das Alibi vor Gericht bestätigte und damit zugab, dass er von der alten Garde wusste. »Wie komme ich an Guiliano heran?«

»Mit Hilfe der damals gemachten Fotos. Ich bewahre die Negative auf.« Admiral Lourenço stand auf. Eine zerfledderte Mappe kam hinter einer Enzyklopädie zum Vorschein. »Seien Sie vorsichtig, Senhora Inspetora-Chefe. Guiliano ist ein Aasfresser. Ein Schauspieler. Ein Täuscher par excellence. Er wurde geschult zum Täuschen. Ferreiro sagt, sobald man sich Guiliano nähere, friere man.«

***

Als Dora wie aus dem Nichts auftauchte, die Tür aufriss und auf den Beifahrersitz plumpste, verschluckte sich Luís vor Schreck an seiner eigenen Spucke und hustete. Dora mimte zwar die Gelassene, aber auch sie war froh, dass ihr unerlaubtes Eindringen glimpflich verlaufen war. Admiral Lourenço hätte sie für eine Einbrecherin halten und mit einer Waffe bedrohen können. Bestimmt bewahrte er eine Pistole auf. Die Alten versteckten alle eine geladene Waffe im Haus. »Für den Fall, dass ein Braunhemd auftaucht, muss man gewappnet sein«, sagte Doras Opa im Alentejo stets.

Das Schild »Achtung, bissiger Hund!« am Gartentor hatte Dora außerdem verunsichert: Sie hatte mit einem Speichel versprühenden, sechzig Kilogramm schweren Rottweiler gerechnet, der sie mit einem »Wuff« von den Füßen hätte bellen können.

Luís rieb sich verstohlen eine Träne aus dem Augenwinkel.

»Ist etwas passiert?«, fragte Dora.

»Ich habe Angst.«

Dora legte ihm sanft eine Hand auf den Arm. »Das geht vorüber«, log sie.

Luís ließ den Motor an. Schweigend fuhren sie zu ihrem nächsten Ziel. Unterwegs blätterte Dora durch die Sammlung Negative und betrachtete neugierig die jungen Gesichter der bereits bekannten Putschführer: Azevedo, Romeu und Antunes. Korruption war eine einflussreiche Bürde. Einmal in das Joch zwischen Bestechung und Stillhalten eingespannt, gab es kein Zurück. Wer nicht spurte, wurde fallen gelassen, verlor Vergünstigungen, litt unter Repressalien und die gesamte Familie auch. Jeder Knoten Seilschaft bedeutete eine Existenz. Familiensubstanz, die niemand aufgeben wollte. Von unten die Kette der Abhängigkeit zu sprengen war schier unmöglich. Nein. Dem Kraken der Korruption musste man oben an die Gurgel springen. Das hatte ihr Admiral Lourenço als Botschaft mit auf den Weg gegeben.

Die Kommunisten hatten vor der Revolution 1974 die Klassengesellschaft abschaffen wollen. Sie kämpften für Gleichheit, boxten sich brüderlich von unten hoch, wurden von der PIDE verfolgt, gefoltert, manche getötet. Aber kaum war Portugal demokratisch geworden, hatten dieselben Männer einen Eid auf den Mammon geschworen und das Volk vergessen, wollten sich mit Gewalt an die Regierungsspitze putschen, um noch mehr Macht zu erringen. Mit ihnen im Boot saßen die Sozialisten, die doch einen Sozialstaat aufbauen wollten, sich letztendlich aber genauso bereichert hatten.

Welch frustrierendes Fazit Zeitgeschichte. Gab es denn überhaupt Hoffnung, dass die Menschen eines Tages echte Gleichheit erfuhren?

Dora seufzte, klappte die Mappe zu und verstaute sie unter dem Beifahrersitz. Sie musste weitermachen, koste es, was es wolle. Aufgeben kam nicht in Frage. Weder als Inspetora-Chefe Monteiro noch als Dora.

»Hier abbiegen«, sagte sie und lotste Luís in eine Einbahnstraße in die Escolas Gerais. »Parken Sie dort links an der Hauswand.«

Nach einem Spaziergang durch die Gasse zwecks Beobachtung der Umgebung zog Dora den verdutzten Luís in eine dunkle Mauernische zwischen zwei Häusern und küsste ihn.

»Wir spielen jetzt Liebespaar«, erklärte sie flüsternd und drängte ihren Körper an seinen. Luís küsste gut, und er schmeckte gut. »Küss mich weiter, Luís, am Hals, am Nacken …«

In wenigen Sekunden verwandelte sich der unbeholfene Student in einen begehrenden Mann. Seine Hände rutschten unter ihr eng anliegendes Shirt, den Rücken hinauf und hinab, mit leichtem Druck fanden seine Fingerkuppen auf Anhieb Doras Wohlfühlpunkte. Sie reckte ihren Hals seinem kosenden Mund entgegen, erschauerte unter dem sanften Saugen seiner Lippen an ihrem Nacken – und erschrak. Wo sollte das denn hinführen?

»Hör auf.« Abrupt entwand sie sich seiner Umarmung.

Luís ließ sie los, als habe er sich an ihrem Körper verbrannt. »Das war gemein. Warum machst du das mit mir?«

Dora antwortete nicht, auch nicht, als er fragend beide Hände hob, rückwärtsging und den Kopf schüttelte. Was hätte sie ihm auch antworten sollen? Dass sie ihn vernaschen wolle, aber nur zum Spaß? Nein, sein Herz wollte sie nicht brechen, wusste aber, dass sie bereits kurz davorstand.

An der Eingangstür zu Jósua Inácios Atelier zückte Dora ihren Spezialschlüssel, mit dem sie bereits beim Admiral an der Küchentür Erfolg gehabt hatte.

»Du kannst doch nicht einfach so …« Luís' Protest kam zu spät. Mit einem leisen Klick sprang das Türschloss auf.

Dora trat ein, Luís warf einen skeptischen Blick in die Gasse und folgte ihr.

Warnend legte sie einen Finger auf ihre Lippen und schlich voraus. Im Türrahmen zur Küche blieb sie stehen. Der Raum sah anders aus als vorgestern. Das Fenster zum Hinterhof stand sperrangelweit offen. Mondlicht fiel auf den blitzblank aufgeräumten Küchentisch. In einer Schüssel neben dem Spülstein stand frisch gewaschenes Geschirr gestapelt. Der Mülleimer war leer und die Flaschenbatterie daneben verschwunden. Auf dem Herd stand ein Topf und verströmte einen appetitlichen Duft.

Der Tisch war für zwei Personen gedeckt. Eine halb ausgetrunkene Flasche Rotwein stand entkorkt neben einer Kerze. Hatte Jósua Inácio etwa eine heimliche Geliebte, die kam, aufräumte, für ihn kochte?

Ein Geräusch ließ Dora aufhorchen. Sie zog ihre Pistole aus ihrer Handtasche und schlich geduckt durch die Küche. Luís blieb hinter ihr. So nah, dass sie ihn atmen hörte.

Auf dem Sofa an der Wand unter dem Fenster lag jemand und schnarchte. Dora schlich näher. Die vermeintliche Geliebte erkannte sie im Mondlicht sofort.

Luís machte eine fragende Geste.

»Das ist Sara. Die Tochter«, wisperte Dora ihm ins Ohr und steckte die Pistole weg.

Baff überwältigt von einer Hand auf ihrem Mund, wachte Sara auf, schnellte hoch, schlug um sich und versuchte, Doras Klammergriff zu entkommen. Doch je mehr sie sich wehrte, desto unerbittlicher packte Dora zu.

»Sara, hör mir zu. Ich tue dir nichts. Mein Name ist Dora Monteiro, ich bin Inspetora-Chefe Monteiro von der Mordkommission und bearbeite den Mordfall an deinem Onkel.«

Sara strampelte mit den Beinen und warf den Kopf hin und her.

»Dein Vater steht unter Mordverdacht. Ich will ihm helfen.«

Allmählich beruhigte sich Sara.

»Ich nehme jetzt die Hand weg und lasse dich los.«

Mit einem Satz rückte Sara ans andere Ende des Sofas, zog die Beine hoch und umschlang ihre Knie mit beiden Armen. Ihr Blick wanderte abwechselnd zwischen Dora und Luís hin und her. Korkenzieherlocken hüpften um ihr herzförmig geformtes, hübsches Gesicht. Rotbäckchen, volle Lippen und lange Wimpern verliehen ihr etwas Laszives, für das sie, nach Doras Geschmack, mit vierzehn noch viel zu jung war.

»Wo ist mein Vater?«, fragte Sara. Ihr aufgeworfener Schmollmund machte den Eindruck des aufsässigen Trotzkopfes perfekt.

Dora hätte sonst etwas dafür gegeben, genau diesen Gesichtsausdruck – Naivität, gepaart mit wilder Entschlossenheit – zu malen. Sara trug Jeans, ein weißes T-Shirt. Auf dem Arm prangte ein Tattoo, im Nasenflügel ein Piercing.

»Wieder im Gefängnis.«

Sara nagte nervös an den Hautfetzen ihrer Fingerkuppen. »Erst sperren Sie ihn ein, dann lassen Sie ihn frei, und jetzt sitzt er schon wieder hinter Gittern. Papa ist unschuldig. Nie im Leben würde er meinem Onkel etwas zuleide tun. Die beiden waren eins.« Sara verlor den Kampf gegen die Tränen. »Mein armer Onkel.«

Luís setzte sich zu ihr auf das Sofa, gab tröstende Laute von sich und tätschelte ein wenig ungelenk ihre Hand. »Sara, bitte, beruhige dich, die Inspetora-Chefe will deinem Vater helfen.«

Der Anblick der beiden zusammen auf dem Sofa versetzte Dora wider Willen einen Stich. Dass sie eifersüchtig war, ärgerte sie. Schließlich waren Sara und Luís mindestens genauso viele Jahre auseinander wie sie und Luís. Er versuchte eben, ein Kavalier zu sein. Ein bisschen großer Bruder, ein bisschen guter Onkel. Dennoch schmeckte sie den giftigen Saft des Neides auf die Jugend.

»Sie haben einen Schlüssel zum Atelier Ihres Vaters?«

»Sie ja wohl nicht«, echauffierte sich Sara und band die Schnürsenkel an ihren Schuhen zu. »Kommen hier rein wie eine

Einbrecherin, schnüffeln herum und tischen mir die Story von der Kripotante auf. Können Sie sich überhaupt ausweisen?«, fragte sie schnippisch, wischte die feuchten Wangen mit dem Unterarm ab und warf mit Seitenblick auf Luís ihre Lockenpracht nach hinten.

Oh, là, là, die Kleine kokettierte. Dora zückte ihren Dienstausweis.

Sara inspizierte ihn und wandte sich dann Luís zu. »Und du?«

»Ich äh, ich bin …«

»Mein Praktikant. Er studiert Kriminalpsychologie«, half Dora aus. »Ich nehme dich jetzt mit zu deinem Vater, Sara.«

»In den Knast?« Sara sprang auf.

Dora nickte.

»Ich will zu meiner Mutter.«

Sie hatten jetzt wahrlich keine Zeit für Teenager-Anwandlungen. »Erst büxt das Püppchen von zu Hause aus, und jetzt soll Mami kommen und das Püppchen retten«, sagte Dora gereizt. »Erst Wein wie eine Große trinken und jetzt nach Mama rufen.«

Sara schielte zu ihrer Beuteltasche auf dem Stuhl am Küchentisch.

»Nur zu. Ruf an. Deine Mutter kann dich in der Mordkommission abholen. Hier lasse ich dich nicht und Punkt.« Dora mimte die Fürsorgliche, dabei befürchtete sie jeden Moment einen Überfall der alten Garde auf Jósuas Werkstatt. In ihre Wohnung waren die Handlanger ja bereits eingedrungen. Nicht bloß sie suchte nach den Fotografien. »Seien Sie vorsichtig«, hatte der Admiral sie gewarnt. Wenn die Garde die Fotografien und die Negative nicht aufspürte, würden sie keine Sekunde zögern und dafür Sara als Pfand kidnappen.

»Wieso bist du überhaupt hier?«

»Mein Vater hat seinen Bruder verloren«, zischte Sara und zupfte weiter an ihren arg malträtierten Fingerkuppen herum. »Ich möchte ihm beistehen.«

Erst aufmüpfig große Töne spucken, aber das Herz voll Liebe für den Papa. Ganz der Vater. »Ich suche eine Pappkartonrolle.

Leider kann sich dein Vater nicht mehr daran erinnern, wo er sie zuletzt versteckt hat. Hast du sie vielleicht gesehen?«

»Mein Vater ist ein Chaot …«

Dora inspizierte rasch alle Schubladen und Schränke. »Er ist nur zur Hälfte ein Chaot, Sara, die andere Hälfte hat dich abgöttisch lieb.«

Das Sara-Kind verstummte.

Dora ging strukturiert vor, suchte zuerst in der Küche, dann an der Werkbank nach Geheimfächern. Aber sie fand kein Versteck, keine Kiste unter dem Bett, nicht einmal eine lose Holzleiste am Boden.

»Luís, rücken Sie die Spüle und den Kühlschrank zur Seite, vielleicht gibt es dahinter irgendwo eine Nische in der Ziegelwand.«

Luís tat wie ihm geheißen, und zwar mit einem solchen Ruck, dass die Metallfüße der Spüle über den Fliesenboden schrappten wie ein Stück stumpfe Kreide über eine Tafel. Sara hielt sich beide Ohren zu, und Dora staunte nicht schlecht über Luís' plötzliche Energie.

Was ist dem denn über die Leber gelaufen?, dachte sie, während sie das Laken von den Skulpturen zog, über den Stein tastete und auf ein Geheimfach hoffte.

Zunächst konnte sie nichts entdecken. In der Augenhöhle einer Figur fand sie dann eine hauchdünn geschliffene Linie, die einen Kreis formte. Sie klopfte mit dem Fingerknöchel dagegen. Es klang hohl.

»Luís, da liegt eine Rundzange auf der Werkbank. Gleich neben der Schraubzwinge und dem großen Meißel.«

Luís reichte ihr das Werkzeug, hielt es aber fest. »Bitte, danke, gern geschehen.«

Unwirsch zog sie ihm die Zange aus der Hand.

Vorsichtig hob sie den Deckel ab. In der schmalen tiefen Öffnung kam eine Rundkartonage zum Vorschein. Behutsam hob Dora sie aus dem steinernen Zylinder, aber sie rutschte ihr mehrmals wieder aus den Fingern. Endlich gelang es ihr.

»Licht aus, Haustür absperren, Abfahrt«, bekundete sie und klemmte sich die Rolle unter den Arm wie ein Baguette.

Sara protestierte. »Ich will nicht.«

»Verstehe.« Dora packte sie am Ellenbogen und schob sie Richtung Tür.

Sara schimpfte lautstark. »Ich zeige Sie an. Das ist Freiheitsberaubung. Loslassen!«

Dora bugsierte Sara auf die Rückbank des Mustang-Coupés. Im Haus nebenan ging das Licht an. Ein Nachbar streckte den Kopf zum Fenster heraus und rief: »Ruhe da unten!«

»Meine Schwester hat einen Schwips«, erklärte Luís, schwenkte den Autoschlüssel und setzte sich hinters Steuer.

Doras Handy piepste mehrmals hintereinander. Ein verpasster Anruf von Mónica Inácio. Eine SMS von Cardoso und eine zweite von ihrem Großvater. Ein Auto bog in die Gasse ein, blendete auf, beschleunigte und hielt geradewegs auf Dora zu. Sara schrie um Hilfe, Luís fluchte: »Ach du Scheiße!«, und der Nachbar rief: »Ich rufe die Polizei!«

Dora steckte blitzschnell ihr Handy in den Hosenbund, stellte sich breitbeinig mitten in die schmale Straße, zog ihre Glock aus der Handtasche, packte sie mit beiden Händen, zielte auf das heranrasende Fahrzeug und zog den Abzug durch. Die Kugel traf den linken Reifen. Er platzte mit einem tosenden Knall, der Wagen schleuderte gegen die rechte Hauswand und schrappte daran entlang, schleuderte ein zweites Mal und krachte mit einem gewaltigen Rums gegen das Haus gegenüber. Dort blieb er so dicht stehen, dass der Fahrer die Tür auf seiner Seite nicht öffnen konnte. Dora hörte ihn schimpfen. Er versuchte, auf den Beifahrersitz zu klettern, verhedderte sich aber am Ganghebel und schimpfte noch lauter. Sein Wortschwall klang brasilianisch.

In den Wohnungen der Häuser rundherum brannte mittlerweile überall Licht. Die Sirene einer herannahenden Streife wurde lauter.

Dora sprang in den Mustang und schmetterte die Tür zu. »Gib Gas!«

Am Kloster São Vicente de Fora bog Luís rechts ab, raste mit achtzig Stundenkilometern durch den Stadtmauerbogen an der Klosterkirche vorbei abwärts in Richtung Panteão Nacional. Am Ende der bunt gefliesten Mauer am Jardim Botto Machado bremste er, vollführte auf dem Kopfsteinpflaster eine halbe Wende gegen den Uhrzeigersinn, schaltete in den zweiten Gang, löste die Handbremse und schoss bergauf am Portal einer Polizeistation vorbei in Richtung Graça. Keine fünf Sekunden später tauchte im Rückspiegel Blaulicht auf.

Dora dirigierte Luís an der nächsten Straßenbahnhaltestelle links abwärts in Richtung Portas do Sol. Er fuhr wie der Teufel. Am Musikkonservatorium bogen sie zweimal rechts ab und gelangten in die Costa do Castelo. Sie fuhren an der Igreja de São Cristóvão vorbei, passierten einen Privatparkplatz und erreichten die Notfallstelle des Hospital Santa Madalena. Mit gedrosselter Geschwindigkeit fuhren sie in das Parkhaus ein.

»Wir gehen auf Tauchstation«, sagte Dora. Ihre Stimme klang anders als sonst. Sie sprach nüchtern-neutral. Das war antrainierter Automatismus. Adrenalin schaltete ihren Verstand auf Vollgas, dämpfte aber gleichzeitig ihre Gefühle zusammen auf ein Häufchen Nichts.

Luís schaltete das Licht und den Motor aus und ließ den Mustang neben Doras Toyota ausrollen. Sie hörten den Streifenwagen im Schritttempo am Parkhaus vorbeifahren, warteten weitere fünf Minuten, wechselten dann den Wagen und fuhren los Richtung Präsidium. Auf dem Weg dorthin rief Dora Mónica Inácio zurück.

»Meine Schwägerin ist außer sich, Senhora Inspetora-Chefe. Ihre Tochter Sara ist heute Abend nicht nach Hause gekommen. Sie geht nicht an ihr Telefon und hat niemandem Bescheid gegeben, wo sie ist. Wir machen uns furchtbare Sorgen. Außerdem habe ich eine Liste mit Namen und Telefonnummern in einem Anzug meines Mannes gefunden. Vielleicht nutzt Ihnen das etwas.«

Dora schaffte es, sie zu beruhigen. »Sara ist bei mir. Warum, erkläre ich Ihnen nachher. Kommen Sie am besten gleich mit Ihrer Schwägerin ins Präsidium, wir treffen uns dort ... Ja, ich meine jetzt. Und vergessen Sie die Liste nicht.«

Dora tippte auf »Anruf beenden« und schickte Cardoso eine SMS: »Habe besagte Fotos gefunden, die Negative bekommen und Inácios Tochter Sara in seinem Atelier aufgelesen. Wir sind jetzt auf dem Weg ins Präsidium. Dona Mónica kommt auch und bringt Saras Mutter mit. Bis gleich.«

Auch ihrem Großvater sagte Dora Bescheid. »Avôzinho. Mach dir keine Sorgen, aber es wird bestimmt bis zum Morgengrauen dauern, bis wir zurückkommen. *Beijinhos.*«

Auf der Rua Santa Madalena abwärts zur Praça Martim Moniz begegneten sie der GNR-Polizeistreife, die sie verfolgt hatte, doch die Polizeibeamten schauten den Toyota nur desinteressiert von der Seite an.

Sie kamen zeitgleich mit den Taxis, die Cardoso und die beiden Frauen absetzten, in der Tiefgarage unter dem Präsidium an.

Sara fiel ihrer Mutter um den Hals. »Mama. Bin ich froh, dich zu sehen, ich hatte ja solche Angst.«

Dora stellte sich vor. »Inspetora-Chefe Dora Monteiro.«

Sie erntete einen bitterbösen Blick. »Ich bin Carla Inácio. Was haben Sie mit meiner Tochter angestellt?« Carla drückte Sara an die Brust und strich ihr zärtlich die Locken aus dem Gesicht.

»Gegenfrage. Was treibt eine Vierzehnjährige allein in die Alfama, und warum wussten Sie nicht, wo sie ist?«

Carla wollte erst etwas erwidern, überlegte es sich aber dann doch.

»Ich schlage vor, wir gehen jetzt gemeinsam zu Ihrem Mann. Dort erfahren Sie alles der Reihe nach.« Dora machte eine einladende Handbewegung.

Dem Pförtner blieb der Mund offen stehen, als Dora mitten in der Nacht in Begleitung ihres Assistenten, ihres Aushilfsfahrers und dreier Frauen auftauchte, ihren Code eingab, das

Präsidium betrat und zielstrebig den Korridor Richtung Anbau und Zellentrakt ansteuerte.

»Boa noite«, grüßte er beflissen und schaute der Gruppe neugierig hinterher, bis sie die Treppe zum Untergeschoss erreicht hatten. Hätte sich Dora nur einmal umgedreht, hätte sie gesehen, dass der Pförtner einen Anruf tätigte.

***

Guiliano lag mit offenen Augen im Dunkeln auf dem Bett, die Arme weit ausgestreckt, als erwarte er seine Kreuzigung. Die Klimaanlage war auf sechzehn Grad eingestellt. Das war bei dieser dauernden Hitze gerade so erträglich. Trotzdem spürte er einen Schweißfilm im Nacken.

Seit Elías getötet worden war, hatte er nicht mehr geschlafen. Der Mord hatte sein Netzwerk zum Erbeben gebracht. Seit Donnerstag stand sein Telefon selten still. Seine Vertrauten wollten wissen, wie er diese Kalamität zu lösen gedachte.

Er musste vorsichtig agieren. Noch vorsichtiger als sonst. Der Einsatz für seine Entscheidung war hoch. Ein weiterer Fehltritt und er konnte alles verlieren, was er sich mühselig aufgebaut hatte. Und warum? Weil sein alter Intimfeind Lourenço dafür gesorgt hatte, dass die Suche nach ihm von Neuem losging.

Dreißig Jahre lang hatte er unerkannt operieren können, hatte sein Netzwerk aufgebaut, seine Handlanger platziert. Bis nach Brüssel reichte sein Einfluss. Bei jedem nationalen Großprojekt fiel eine dicke Schnitte Geld für ihn und seine Partner ab. Völlig unbehelligt von Justiz und Finanzamt hatten sie abkassiert bei ihren frisierten Finanzierungsplänen für den Autobahnbau an die Algarve 2004. Beim Bauvorhaben für die Talsperre des Alqueva-Stausees am Guadiana-Fluss im Alentejo kassierten sie bereits seit Baubeginn bei jedem Bauabschnitt erneut ab. Und besonders fett konnten sie sich alle die Hände abschmieren beim Bau des Weltausstellungsgeländes im Parque das Nações für die EXPO 98.

Seine Taktik, die er just nach Portugals EU-Beitritt kreiert hatte, war genial simpel gewesen. Für jedes von Brüssel bezuschusste staatliche Großbauprojekt existierten zwei Finanzierungspläne. Ein interner und ein offizieller. Die Summe dazwischen fiel unter den Tisch direkt in die Taschen der alten Garde.

Jetzt drohte ihm, all dies zu verlieren. Was für ein Schlamassel.

Warum jemand Elías ermordet hatte, wusste er nicht. Elías war harmlos gewesen. Ein unbedeutendes, dennoch gleichmäßig tickendes Pendel in seinem Netzwerk der Macht. Elías' Bank diente ihm und seiner Garde als Schleuse für die umgeleiteten Summen aus den Zuschussfonds. Jetzt war er tot. Die Konten waren eingefroren. Und ausgerechnet die Monteiro hatte den Fall übernommen. Sie gehörte nicht in sein gut geöltes System. Und einschüchtern ließ sie sich auch nicht. Sie glaubte nicht an Gott, aber dafür an Gerechtigkeit. Sie zu kaufen wäre ihm ein Vergnügen. Aber es war unmöglich. Sie war unbestechlich. Die Kameraden Ferreiro und Inácio halfen Monteiro sogar bei ihrer Suche nach ihm, wollten sie doch beide eine offene Rechnung mit ihm begleichen. Bis die Monteiro begriff, wer er war und welch grausames Geheimnis er hütete, blieb ihm nur wenig Vorsprung.

Sein Ass im Ärmel kannte nur noch einer: Inácio. Also musste der zuerst stillgelegt werden. Auf die eine oder auf die andere Art und Weise, blieb abzuwarten. Das kam darauf an, wie kooperativ er sich zeigen würde. Zwar war die Entführung von Inácios Tochter fehlgeschlagen, aber der Wink mit dem Fallbeil war unübersehbar gewesen. Der liebende Vater war für den Schutz seines Augensterns Sara sicher bereit, alles zu tun. Falls Inácio trotzdem Sperenzchen machen sollte, müsste Guilianos brasilianischer Handlanger eben einen nächsten Versuch starten und der hübschen Tochter deutlicher nahe rücken.

Rasch handeln lag ihm gar nicht. Lange abwägen konnte er aber jetzt auch nicht mehr.

Caramba! Guiliano ließ beide Fäuste auf die Matratze niedersausen.

Bestimmt hatten Admiral Lourenço und Jósua Inácio die

Monteiro mittlerweile mit aussagekräftigem Material versorgt. Ihm war damals ein unentschuldbarer Fehler unterlaufen, als er dem Fotografen, den Inácio beauftragt hatte, ihn und seine Partner heimlich abzulichten, zu rasch den Kragen umgedreht hatte. Zwar hatte er bei dem Bildspion eine Menge Aufnahmen gefunden, aber die Negative leider nicht. Sie dienten Jósua also als Sicherheit. Damit konnte Guiliano leben, solange Jósua schwieg.

Wie es aber schien, wollte er nun nicht mehr schweigen. Schuld daran war der Mord an seinem Bruder Elías, den Jósua ihm zurechnete.

Das Problem an der gesamten Misere war klar. Er, Guiliano, hatte Elías nicht getötet. Niemand aus seinem Netzwerk hatte Elías getötet. Schlimmer noch. Niemand wusste, warum er getötet worden war.

Die Monteiro würde den Mörder stellen, dessen war er sich sicher. Damit war er zwar aus der Schusslinie, was den Mordfall betraf. Aber … die Monteiro konnte während ihrer Ermittlungen auf sein anderes Geheimnis stoßen. Eines, das nichts mit Geld zu tun hatte. Das juristisch um etliches schwerer wog als die Veruntreuung von staatlichen Mitteln für nationale Bauprojekte. Deswegen machten ihn vor allem die Negative nervös. Anhand dieser Fotos konnte die Monteiro nämlich die Spur zu seinem Geheimnis finden.

Versonnen berührte Guiliano mit dem Zeigefinger die Narbe auf seiner Brust. Sein diabolischer Plan, wie er sich Dora Monteiros und Jósua Inácios auf einen Streich entledigen konnte, reifte überraschend schnell.

***

»Folgendes ist passiert, Carla. Ihre Tochter hat ihren Vater besuchen wollen, um ihm in seiner Trauer um seinen ermordeten Bruder beizustehen, hat den Papa aber nicht angetroffen. Das Atelier war leer. Sie kochte für ihn, wartete, trank ein Glas Wein –«

»Sara! Ich muss doch bitten. Färbt der Umgang mit deinem Vater etwa auf dich ab? Das werde ich nicht zulassen.«

»Mãe, ich bin kein Kind mehr.«

»Wollen Sie wissen, was Ihrer Tochter zugestoßen ist, oder wollen Sie ihr eine Moralpredigt halten, weil sie ein oder zwei Gläser Wein getrunken hat?« Doras Stimme klang angespannt.

Clara biss die Lippen zusammen. Im Verbindungsgang vom Präsidium zum Zellentrakt berichtete Dora, was weiter vorgefallen war, bis Carla sie erneut aufgebracht unterbrach.

»Was haben Sie sich dabei gedacht, meine Tochter in Gefahr zu bringen? Schießerei auf der Straße, Verfolgungsjagd, Kidnapping. Sie sind doch nicht am Filmset. Mit Ihnen muss ich wohl ein echtes Hühnchen rupfen.« Ihre dunklen Augen schickten böse Blitze. Herrisch stemmte sie ihre Fäuste in die Hüften. Wäre die Situation nicht derart ernst gewesen, hätte Dora lauthals gelacht.

»Nichts gibt es zu rupfen.« Sie stellte klar, dass Carla, Mónica und Sara in akuter Gefahr schwebten, erneut überfallen zu werden. »Deswegen lasse ich Sie alle unter Polizeischutz stellen.«

Mit einem Schlag wurde Carla wächsern blass. Jetzt war sie nur noch eine besorgte Mutter.

Am Zellentrakt angekommen, klingelte Cardoso an der Verbindungsschleuse und erklärte dem wachhabenden Polizisten ihr Anliegen. Der Beamte musterte Cardosos Dienstausweis, die drei Frauen, Luís und Dora und drückte schließlich auf den Summer. Cardoso stieß die Tür auf und ließ Dora und den drei Damen den Vortritt.

»Ich muss auf das Örtchen der Harmonie, Cardoso, und warte im Wartezimmer für Besucher im Erdgeschoss auf Sie und Dora. Da läuft der Fernseher und lenkt mich ab vom Müdesein«, sagte Luís.

Cardoso blinzelte. »Sie meinen die Inspetora-Chefe.«

Luís zwinkerte. »Kommt auf ihre Stimmung an, wissen Sie doch besser als ich.«

Cardoso bedachte ihn mit einem scharfen Blick, ließ seine

Bemerkung jedoch unkommentiert und schloss leise die Tür. Er beeilte sich, zu Dora aufzuschließen, und fand sie im Besucherraum gegenüber den Vernehmungsräumen.

»Cardoso. Stellen Sie sich vor, Dona Mónica hat in einem Anzug ihres Mannes eine Notiz gefunden.«

Mónica Inácio öffnete ihre Handtasche und reiche Dora den Zettel. »Voilà.«

Cardoso und Dora zogen sich nach nebenan in einen leeren Vernehmungsraum zurück und studierten die eilig hingekritzelte Notiz.

»Schauen Sie sich die Namen an, Cardoso.«

»Azevedo, Antunes, Romeu«, las er. »Die kennen wir schon. Mendes steht hier auch und der Name seines Schwiegervaters.«

»Und hier …« Dora tippte auf eine Zahlenreihe mit neun Ziffern. »Das ist eine Telefonnummer.«

»Eine Telefonnummer aus der Algarve. Die fangen alle mit 282 an. Die Zahlenreihe darunter ist aber keine Telefonnummer. Das sind GPS-Koordinaten.«

»Haut hin, Cardoso. Grad, Minuten, Himmelsrichtung.«

»Was haben Sie jetzt mit den Senhoras Inácio vor?«

»Safe House.«

»Glauben Sie allen Ernstes, Martiniano stimmt dem Einsatz eines DEA-Teams zu? Nur weil jemand das Atelier von Jósua Inácio überfallen hat? Der Überfall galt wohl eher uns, denke ich. Es wusste doch niemand, dass Sara dort war.«

»Dessen bin ich mir nicht so sicher. Vielleicht wusste Guiliano es doch, und Luís und ich haben das Kidnapping bloß deswegen verhindert, weil wir schneller dort waren. Vorsichtshalber bringe ich alle Inácios aus der Gefahrenzone, Cardoso.«

»Sie glauben also, Saras Mutter und Mónica Inácio werden beobachtet?«

Dora schüttelte vehement den Kopf. »Nein, *wir* werden beobachtet«, sagte sie hinter vorgehaltener Hand. Cardoso musste sich vorbeugen, um sie zu verstehen. »Wir haben einen Maulwurf in unserer Abteilung und wer weiß wo sonst noch überall in der

Kriminalpolizei. Schließlich sitzen wir in einem Gebäude, das während der Diktatur gebaut worden ist, als die Kriminalpolizei noch ganz anders gearbeitet hat. Mit speziellen und überall präsenten Überwachungstechniken zum Beispiel. Sie glauben doch nicht wirklich, dass die alten Ohren in der Wand nach der Revolution abmontiert worden sind. Das Gebäude blieb verwanzt. Jede Wette. Ich bringe gleich die Fotorolle in unser Büro. Finden Sie heraus, auf wen der Telefonanschluss angemeldet ist, Cardoso.«

»Es ist fast drei Uhr früh«, gab Cardoso mit einem Blick auf seine Uhr zu bedenken und tippte auf die Weltkarten-App in seinem Handy, aber der Dienst funktionierte nicht. »Darum kümmere ich mich später. Mist. Hier unten im Keller kriege ich keinen Internetempfang. Schauen wir uns die GPS-Koordinaten und den markierten Ort gleich oben im Büro am Bildschirm an.«

»Gute Idee. Lassen Sie Inácio und Ferreiro wecken und zu den anderen in den Besucherraum bringen. Sorgen Sie für Kaffee. Danach treffen wir uns oben.«

Dora presste die Pappkartonrolle mit dem Fotomaterial unter den Arm, schulterte ihre Handtasche und verließ den Zellentrakt. Im Treppenhaus nahm sie mehrere Stufen auf einmal vom Keller ins Erdgeschoss und ging zügig den Gang hinunter zu den Aufzügen. Dort angekommen, drückte sie den Rufknopf und wartete.

Hier oben hatte ihr Smartphone Internetempfang. Sie rief die Weltkarte auf und tippte die GPS-Zahlenreihe in das Suchfeld ein. Ihre Neugier war stärker als ihre Geduld. Wenige Sekunden später blinkte ein blauer Punkt auf ihrem Display auf. Mit zwei Fingern verkleinerte sie den Kartenausschnitt, bis die Umgebung Gestalt annahm.

Überrascht stieß sie den Atem aus. Porto Rincão, Assomada, Calheta de São Miguel. Tarrafal? Das war der Heimatort ihres Großvaters Maurice. Der markierte Ort lag auf der kapverdischen Insel Santiago. Was hatte ein Navigationshinweis zu dem ehemaligen Folterlager Campo do Medo in Tarrafal auf einer handschriftlichen Notiz von Elías zu suchen?

Luís tauchte neben ihr auf.
»Wir müssen noch etwas klären«, sagte er.
Dora schaltete das Handy aus und ließ es in ihre Tasche rutschen.
Der Aufzug kam. Sie stieg ein. Luís hinterher. Es war eng in der Kabine. Dora drückte auf den Knopf für den fünften Stock.
Luís stemmte seine Hände rechts und links neben Doras Schultern gegen die Liftwand. »Du kannst mich nicht duzen und siezen, wie du magst, küssen, wann du willst, und mich danach wegschubsen.«
Bing. Erster Stock. Dora ließ die Pappkartonrolle auf den Boden gleiten, daneben ihre Handtasche.
Luís beugte sich noch ein Stück weiter vor. »Du hetzt mich quer durch Lissabon, verwickelst mich in korrupte Machenschaften und lebensgefährliche Verfolgungsjagden …«
Bing. Zweiter Stock.
Die Anspannung der vergangenen Stunden, ihr Adrenalinpegel am Limit, ihre Zweifel, ihre Wut, all das musste sich irgendwie entladen. Am besten jetzt.
Zwischen dem zweiten und dem dritten Stockwerk drückte Dora den Nothalteknopf. Der Aufzug stoppte. Stürmisch zog sie Luís am Kragen näher. Kaum trafen ihre Lippen aufeinander, war es um sie beide geschehen. Kleidungsstücke fielen zu Boden. Haut fand Haut. Ihre Körper glitten ineinander. Als die Welle der Lust sie hinfortspülte, lachte sie gelöst auf.
Allmählich kamen sie wieder zu Atem. Dora wand sich aus der intimen Umarmung, richtete ihre aufgesteckten Haare gerade, zog erst ihren Slip, dann die kurze Hose hoch und fühlte sich rundum erfrischt.
Luís steckte sein T-Shirt zurück in die Jeans, zog den Reißverschluss hoch und zurrte den Gürtel zu.
Dora nahm die Pappkartonrolle wieder unter den Arm, ihre Handtasche dazu und löste den Nothalteknopf. Der Aufzug ruckelte weiter aufwärts.
Bing. Fünfter Stock.

Vor der Tür des Aufzugs stand Martiniano auf dem Flur und blickte sie abwechselnd an.

»Wer ist das?«, fragte er konsterniert.

»Mein Aushilfsfahrer.«

»Und was macht er hier?«

Dora ließ sich ihre Überraschung, ihren Chef zu sehen, mit keiner Regung anmerken und zuckte mit den Schultern. »Mich fahren.«

Martiniano zog misstrauisch die Augenbrauen zusammen. »In fünf Minuten in meinem Büro«, befahl er. »Ohne Fahrer.«

***

Dora und Luís waren noch viel zu aufgeregt, um etwas zu sagen, also schwiegen sie, bis der Aufzug kam.

Als Luís einstieg, stieg Cardoso gerade aus. Skeptisch schaute er beide an, sagte jedoch nichts. Der Aufzug schnurrte nach unten.

Dora und Cardoso gingen den Korridor entlang bis zum Ostende, wo Martinianos administratives Königreich lag. Gleich nach den ersten Schritten hielt es Cardoso nicht mehr aus.

»Läuft da was zwischen Ihnen?«

Dora bedachte ihn mit einem verwunderten Seitenblick. »Und wenn?«

Das Büro ihres Chefs befand sich gleich neben der Feuertreppe. Cardoso klopfte, Martiniano rief: *»Entra«*, und sie traten ein.

Der Raum strahlte Behaglichkeit aus. Parkettboden, Jalousien, Designermöbel, alte Stiche mit Motiven vom Terreiro do Paço und von Belém.

Vor dem Fenster lag die nordöstliche Altstadt ausgebreitet. Man schaute über den Campo Mártires da Pátria mit seinen Botschaftervillen auf das Kloster Graça und hinüber zur majestätischen maurischen Feste Castelo de São Jorge. Ein privilegierter Blick für den Polizeichef der Kriminalpolizei, der nur eine Stufe unter dem obersten Polizeichef aller Polizeieinheiten stand.

Ausgestattet mit weitreichender Macht, wusste Dora, schließlich liefen in der Polícia Judiciária in Lissabon sämtliche kriminellen Fäden ihres Landes zusammen.

Martiniano war ein Machtmensch. Gewohnt, an der Schraube des Gesetzes zu drehen. Sein Veto konnte laufende Ermittlungen in die eine oder in die andere Richtung leiten, sein Wohlwollen Beförderungen beschleunigen oder kippen. Alle, die Dora kannte, kuschten vor ihm. Auch sie selbst, gestand sie sich ein. Vor allem seit der Sache mit dem Führerschein.

Sie beobachtete Martiniano aus dem Augenwinkel, während sie auf den beiden Sesseln vor dem massiven Schreibtisch Platz nahmen. Selbst morgens um vier Uhr sah Martiniano wie aus dem Ei gepellt aus, während man ihnen auf Anhieb anmerkte, wie lange sie bereits Dienst geschoben hatten.

Martiniano trug wie immer einen Maßanzug, weißes Hemd, dezente Krawatte, auf Hochglanz gewienerte Lederschuhe. Das Sakko kaschierte seinen rundlichen Bauch. Seine einst athletische Statur war dennoch erkennbar. Bald würde er achtundsechzig Jahre alt werden und in Pension gehen.

Der Coordenador-superior stand halb abgewandt von ihnen am Fenster und bedachte sie mit seiner für ihn typischen distanzierten Haltung. Die Hände auf dem Rücken verschränkt, das Kinn dabei leicht angehoben, den Blick auf die Altstadt gerichtet. Endlich drehte er sich um. »Nun? Was haben Sie mir zu berichten?«

Cardoso legte vor. »Wir wissen mittlerweile, wie sich eine Gruppe einflussreicher Personen, die sich die alte Garde nennen, aus staatlichen Zuschüssen aus Brüssel bedient haben.«

Martiniano trat an den Sekretär und schob diverse Accessoires hin und her. »Einflussreiche Personen?«

»Azevedo, Antunes, Romeu sind auf jeden Fall involviert gewesen«, sagte Dora. »Wer noch, finden wir bald heraus.«

Martiniano hob fragend den Blick. Dann setzte er sich, lehnte sich zurück und schlug ein Bein über das andere. »Ihnen ist bewusst, dass Sie mit Ihren Mutmaßungen drei Politikern an der Spitze der Parteienlandschaft Veruntreuung unterstellen?«

Dora bejahte. »Monetäre Transaktionen haben uns den Weg zu diesen drei Personen gezeigt. Wir wissen, woher das Geld stammt, wie es durch die Inácio-Bank geschleust worden und auf Nummernkonten gelandet ist, die den dreien gehören.«

»Das klingt nicht gut. Über welche Summen sprechen wir?«

»Siebenstellig.«

Martiniano strich sich mit zwei Fingern über die Unterlippe. »Millionen, sagen Sie? Wie hat das funktioniert?«

»Unsere Recherchen reichen zurück bis ins Jahr 1986, als Portugal der Europäischen Union beigetreten ist«, erklärte Cardoso. »Seither manipulieren die Garde und ihr Netzwerk Bauausschreibungen für Projekte von nationalem Interesse sowie deren offizielle Finanzierungspläne, die weit über der tatsächlichen Kostenaufstellung liegen. Den Betrag dazwischen zweigen die beteiligten Baufirmen ab, und im Hintergrund kassiert die Garde ab.«

»Woher wissen Sie das?«

»Ein Informant im Finanzministerium hat uns interne Informationen und Daten zugespielt.«

Martiniano stützte sich mit den Ellenbogen auf den Tisch und kniff beide Augen halb zu. »Und Sie glauben allen Ernstes, dass das so einfach ist?«

»Genial einfach.« Dora wollte ihre Arme vor der Brust verschränken, eine Geste der Verteidigung, besann sich und bettete ihre Hände auf ihre Knie. »Und es funktioniert. Zuletzt beim Autobahnbau von Lissabon nach Santarém vor zwei Jahren.«

Cardoso breitete ein Diagramm mit Namen und Verbindungslinien auf dem Tisch aus. Der Plan sah aus wie ein Baum mit einem Stamm, der am Buchstaben X wurzelte, die drei bekannten Namen standen an den Hauptästen, und danach verzweigten sich die Linien überallhin zu den verschiedenen Institutionen. Rathaus. Städtebau. Finanzamt. Zollamt. An einem Zweigende stand »Kriminalpolizei« geschrieben.

»Das Netzwerk der Garde verästelt sich vom Parlament aus quer durch Lissabon, vermutlich durchs gesamte Land.« Doras

Finger fuhr die Linien entlang. Sie war stolz auf Cardoso, der das Diagramm in den vergangenen Stunden in der Wohnung ihres Großvaters ausgearbeitet hatte, während sie erst den Admiral und dann Inácios Atelier aufgesucht hatte. Eine exzellente Arbeit.

Natürlich wusste sie auch, dass ihm dabei sowohl zwei Computerspezialisten, die sich in die Konten und Kundendaten der Inácio-Bank eingewählt hatten, als auch Cardosos Ex-Freund aus dem staatlichen Bauamt, der ihn mit den entsprechend vertraulichen Informationen gefüttert hatte, zur Seite gestanden hatten. Ohne diese Hilfe wäre es Samstagnacht kaum möglich gewesen, die Nachforschungen über die Nummernkonten und deren Hintergründe derart rasch anzutreiben.

»X bedeutet was?« Martinianos Finger schwebte über dem Buchstaben auf dem Diagramm.

Cardoso erklärte es ihm. »Das X ist der Hintermann der Garde.«

»Und wer könnte Ihrer Meinung nach in diesem konspirativen Monopoly der Hintermann sein?«

Martinianos Tonfall hatte einen heiseren Klang angenommen, den Dora bereits aus anderen Fällen kannte. Immer dann, wenn er ihre Ermittlungen anzweifelte, sprach er so merkwürdig schulmeisterlich wohlwollend mit ihr. Was sie in diesem Moment absolut nicht verstand, denn die Ergebnisse lagen mit Beweisen untermauert vor ihm auf dem Tisch.

Plötzlich lachte er spöttisch auf. »Sie suchen tatsächlich nach einem einzigen Mann, der diese, mit Verlaub, völlig utopische Korruptionsstruktur leitet? Als Nächstes erzählen Sie mir, dass Herr X außerdem den Bankier auf dem Gewissen hat?«

Cardoso ließ sich nicht aus dem Konzept bringen. »Falls Elías Inácio gewusst hat, wer sich hinter dem Kopf der Garde verbirgt, lautet die Antwort: Ja. Wenn wir diesen Mann entlarven, decken wir den größten Vertuschungsskandal der jüngsten portugiesischen Geschichte auf.«

Martinianos Finger fanden zum Dach geformt zueinander.

»Sind Sie bei der Mordkommission oder bei der Abteilung für Wirtschaftsverbrechen? Überlassen Sie diese Art von Mutmaßungen gefälligst den Kollegen von der Brigada Fiscal. Sollen die in diesem Misthaufen Korruption wühlen. Ich will wissen, was Sie im Fall Elías Inácio zu tun gedenken.« Martinianos Anweisung klang warnend.

Dora rieb sich die nackten Arme. Sie fror. Ihr Blick wanderte zur Klimaanlage. Achtzehn Grad sollten angenehm sein. Vermutlich war sie schlicht müde. »Das liegt doch auf der Hand, Senhor Coordenador-superior.« Sie erschrak selbst über ihren schnippischen Klang. »Finden wir denjenigen, der sich hinter dem X verbirgt, decken wir sein Geheimnis auf. Davor hat er Angst. Deswegen musste Elías sterben.«

Sie war wütend. Martiniano glaubte ihnen nicht.

»Vorsicht, Monteiro. Vergessen Sie nicht, auf welchem Stuhl ich sitze und auf welchem Sie sitzen.«

Dora streckte beide Arme aus. »Unsere Stühle interessieren mich nicht«, stellte sie klar. »Wir haben einen Mord, eine Korruptionsaffäre und eine Gruppe alter Männer, die unbehelligt Polit-Schach spielt. Wir sollten alles daransetzen, diese Bande dingfest zu machen, und nicht wie im Zeitalter König Afonsos deren Machenschaften vertuschen, weil wir vielleicht der einen oder der anderen öffentlichen Person während unserer Ermittlungsarbeit zu Unrecht auf die Zehen steigen.« Sie redete sich in Rage. »Schließlich leben wir in einer Republik im dritten Jahrtausend und nicht im auslaufenden Mittelalter, als die Jesuiten überall in Regierungsangelegenheiten mitmischten und Menschen, die ihnen nicht nach dem Mund redeten, zu Tode quälten.«

Martinianos Gesichtsfarbe wechselte von Rot zu Blass und wieder zu Rot. »Basta, Monteiro. Wie können Sie es wagen, die Institution Kirche zu verunglimpfen!«

Die Luft in Martinianos Büro war zum Schneiden dick. Dora und er tauschten finstere Blicke aus.

Cardoso legte die Pappkartonrolle auf den Tisch. »Wir haben Fotos von der alten Garde …«

Martiniano drehte den Kopf und nahm ihn ins Visier. »Und was sollen diese Fotos beweisen?«

Dora hatte sich wieder einigermaßen im Griff. Sie lehnte sich im Sessel zurück. »Uns verraten, wer der Hintermann ist.«

»Wie ich Sie kenne, Monteiro, haben Sie auch schon eine Vermutung«, zischte Martiniano, ohne Dora anzusehen.

Er wollte sie reizen. Aber Dora wollte sich nicht reizen lassen. Dass sie innerlich vor Wut platzte, ließ sie sich nicht ansehen. Ihr Trick lautete atmen. Nicht blinzeln, nicht die Nase aufblähen. Regelmäßig atmen. Gleichmäßig. Das hatte sie auf einem Fortbildungskurs zur Beherrschung der Körpersprache gelernt. Und ihre Gebärden seither trainiert. »Henrique Guiliano.«

Martiniano senkte den Blick, seine Hände auf den Armlehnen versteiften sich, entspannten sich aber gleich wieder. Dennoch lange genug, dass Dora es bemerkt hatte. Er bleckte die Zähne.

»Kommen Sie, Monteiro«, spöttelte er. »Jetzt wird es aber wirklich haarig. Guiliano ist längst tot, verbuddelt und vermodert.«

»Er ist nicht tot. Er ist hier.«

Martiniano stand auf und ging im Büro auf und ab. »Typisch Monteiro. Das ist wieder eine Ihrer berüchtigten Verschwörungstheorien. Hinter jeder Wand sitzt ein Ohr. Ich erzähle Ihnen etwas: Vor einigen Jahren verfolgte Ihr Vorgänger eine ähnlich sogenannte heiße Spur zu Henrique Guiliano. Das Ganze brodelte hoch, als handele es sich um eine Staatsaffäre. Was ist passiert? Nichts. Die Spur verlor sich. Ihr Vorgänger hat die Schlappe nicht verkraftet. Einmal zu tief ins Glas geschaut und weg war er. Kopfsprung von der Ponte 25 de Abril.« Er setzte sich wieder. »Geben Sie den Fall ab, lassen Sie die Brigada Fiscal ans Steuer und diese sogenannte Garde hochgehen, aber Guilianos Geist ruhen.« Er schlug einen versöhnlicheren Ton an. »Monteiro. Denken Sie an Ihre Karriere.«

»Ich finde ihn«, sagte Dora mit fester Stimme.

»Sehen wir uns die Fotos an«, schlug Martiniano vor. Dora fragte sich, ob er von Guiliano ablenken wollte.

Die Zeit gefror in dem Moment, als sie den Deckel mit einem »Plopp« öffnete. Eine Duftmischung aus schalem Nikotin und modriger Feuchtigkeit schlug ihr entgegen. Sachte fuhr sie mit den Fingerspitzen über die Kanten der Fotografien, an deren Ecken Eselsohren knickten, und rollte sie auf dem Tisch aus. Die schmalen weißen Ränder auf dem Fotopapier glänzten schmutzig. Gleich würde sie sehen, wie Guiliano ausgesehen hatte.

Auf allen Fotos waren der mittlerweile verstorbene Azevedo, Antunes und Romeu hervorragend erkennbar. Der Fotograf hatte das konspirative Trio an verschiedenen Orten in flagranti beim Klüngeln aufgenommen. Die drei zusammen beim Segeln, im Bordell, sich zuprostend im Restaurant, auf dem Tisch Meeresfrüchte vom Allerfeinsten aufgetischt, im Hintergrund dunkelhäutige Kellner in schneeweißer Dienstbotenkluft.

Auf zwei Fotos war ein vierter Mann zu sehen. Er trug keine grüne, sondern eine schwarze Militäruniform. Ihn hatte der Fotograf lediglich im Profil abgelichtet. Es war ein Offizier der Geheimpolizei PIDE. Die Abzeichen auf den Schulterpolstern seiner Jacke entsprachen dem Rang eines Oberkommandanten. Henrique Guiliano.

»Da steht er«, sagte Dora triumphierend und zeigte abwechselnd auf drei Fotografien. »In voller Lebensgröße. Fotografiert im Frühjahr 1974, Weihnachten 1974 und im Sommer 1975. Wie ist das möglich, wenn er offiziell in der Nacht der Nelkenrevolution gelyncht worden ist? Oder sehe ich hier auf dem Foto einen Geist?«

Martiniano walkte seine Hände aneinander. Seine nächste Frage klang gepresst. »Wenn er tatsächlich noch lebt, wo ist er dann?«

»Mitten unter uns«, parierte Cardoso.

»Allerdings mit neuer Identität und neuem Gesicht«, ergänzte Dora. »Wir müssen ihn identifizieren, dann finden und vor allem beweisen, wer er in Wirklichkeit ist.«

»Hört sich nach einer schwierigen Aufgabe an, Monteiro.«

»Es gibt Zeugen.«

Martiniano beugte sich ein Stück weit vor. »Tatsächlich?«

Dora nickte und prägte sich das Muttermal auf dem obersten Halswirbel des Offiziers auf dem Foto gut ein. Es sah aus wie ein Schmetterling.

»Spuck es aus, Cardoso.« Sie bedachte ihren Inspetor mit einem vielsagenden Blick.

Cardoso holte tief Luft. »Die Spur zu Guiliano führt uns bis in die Spitze im Polizeiapparat.«

Martiniano reagierte in Zeitlupentempo. Erst drehte er den Kopf Richtung Panoramafenster und betrachtete den Himmel über der Stadt, wo gerade das erste zarte Morgenrot den Burgfried São Jorge in blasses Licht tauchte. Mit einem Ruck wandte er sich dann wieder Dora und Cardoso zu. Eine tiefe Falte erschien auf seiner Stirn. Er öffnete die oberste Schublade an seinem Sekretär, holte ein Tablettenröhrchen hervor und schluckte eine Kapsel. Gegen seinen hohen Blutdruck, wusste Dora. So ein Tablettenröhrchen lag auch im Besprechungszimmer griffbereit. Dazu trank er ein Glas Wasser zügig aus.

»Sie wollen allen Ernstes intern ermitteln«, sagte er schließlich.

Dora und Cardoso bejahten.

»Sonst noch etwas?«

Dora wusste nicht, ob Martinianos Frage ernst oder zynisch zu werten war. »Ich will Tenente Jorge mit einem DEA-Team, und ich will die Familie Inácio sowie Senhor Ferreiro unter Polizeischutz stellen.«

»Befindet sich denn jemand aus der Familie unmittelbar in Gefahr? Schließlich muss ich den Einsatz begründen.«

Dora konzentrierte sich auf ihre Atmung und stellte sich Martinianos Blickduell, als sei es das Normalste der Welt, die Marine-Spezialeinheit für Intervention zur Beaufsichtigung der Familienangehörigen eines Mordopfers zu bestellen. Die Einheit war ihr im Prinzip auch gar nicht wichtig. Dafür ihr Leiter. Tenente Jorge Guerreiro. Er war genauso unbestechlich wie sie. Sie vertrauten einander blind. Ihn konnte sie in ihre Pläne einweihen.

»Jósua Inácio weiß, wer Guiliano gewesen ist. Er könnte ihn wiedererkennen. Deswegen der Überfall auf sein Atelier. Erst glaubte ich, Inácios Tochter Sara sei in Gefahr. Das war ein Irrtum. Inácio ist es.«

Martiniano antwortete nicht sofort. Seine Anspannung übertrug sich auf Dora. Sie konzentrierte sich auf ihren Atem.

»Wie Sie wünschen, Monteiro.« Martiniano griff zum Telefon, ließ sich im Marinekorps mit der DEA-Einsatzzentrale und dann mit Tenente Jorge Guerreiro verbinden. In kurzen Sätzen erklärte er ihm, worum es ging.

Jorge stellte bloß eine einzige Frage. »Wer will den Einsatz?«

»Inspetora-Chefe Monteiro. Sie hat das Kommando. Sie trägt die Verantwortung. Habe ich mich klar und deutlich ausgedrückt?«

Doras Puls flatterte. Sie holte tief Luft. Der Tag der Abrechnung begann.

4

Sonntag, 11. August

Nachdem Martiniano sie entlassen hatte, waren Dora und Cardoso in ihr Büro am anderen Ende des Korridors zurückgekehrt. Der Raum war wesentlich kleiner, und das Fenster gewährte bloß einen Ausblick auf die Rückseite der Alfama und die Mouraria mit ihren teilweise völlig ruinösen Fassaden an den uralten Häusern, die sich gegenseitig am Nordhang der Burg zu stützen schienen, damit das einstige Araberviertel nicht eines Tages einfach in sich zusammenfiel. Und in den hässlichen Innenhof. Über dem Kastell auf der Hügelkuppe zog Morgenrot eine leuchtend pinkfarbene Linie zwischen den Himmel und die Zinnen von São Jorge. Die Uhr an der Capela da Carreira schräg gegenüber dem Präsidium schlug zur vollen Stunde und danach fünf Mal.

Cardoso fuhr den Computer hoch, während Dora zwei doppelte Espresso aufbrühte. Die Kaffeemaschine gehörte ihr. Den Filterkaffee in der sogenannten Gemeinschaftsküche, in der nicht einmal ein Kühlschrank stand, seit sie vor bald zwölf Jahren in diesen Korridor in das Morddezernat eingezogen war, boykottierte sie.

Sie servierte Cardoso den Kaffee schwarz und rührte für sich drei gehäufte Löffel Zucker in die kleine Tasse, bis ihr Kaffee einem Brei glich. »Bin stolz auf Sie, Cardoso.«

Er lief rot an.

»Das Diagramm. Die Idee mit dem Baum. Das X als Wurzel. Ihre Recherche. *Maravilhoso!* Richten Sie Ihren drei unsichtbaren Helferlein ein dickes Danke aus. Ohne Ihre Teamarbeit stünden wir noch am Anfang unserer Ermittlungen.«

Er hüstelte verlegen. »Obrigado.« Mit dem Zeigefinger deutete er auf die aufgerufene Weltkarte auf seinem Bildschirm. »Das ist ja die Insel Santiago. Schauen Sie, die Koordinaten markieren einen leeren Ort am Stadtrand von Tarrafal.« Er schaltete auf Satellitenmodus. »Da ist nichts. Nur freies Gelände.«

Dora trank ihren Kaffee wie üblich mit dem Löffel und schaute stirnrunzelnd auf den Monitor. »Maurice kann uns helfen. Er ist in Tarrafal auf Santiago aufgewachsen.«

»Gute Idee. Nehmen wir alles mit?«

»Auf jeden Fall.« Ihr Handy vibrierte. Eine SMS von Jorge. »Sind in fünfzehn Minuten da.« Dora schickte ihm ein Daumen-hoch-Zeichen als Antwort.

Sie nahmen den Aufzug abwärts. Im Erdgeschoss hielt Dora inne. »Cardoso. Mir ist da gerade etwas eingefallen. Lenken Sie den Pförtner einen Moment lang ab? Ich muss was überprüfen.«

Cardoso tat ihr den Gefallen. »Joaquim, komm mal mit und guck dir das an. So eine Sauerei.«

Der Pförtner verließ seine Bastion und trabte hinter Cardoso her Richtung Herren-WC.

Der Aufenthaltsraum war um diese Uhrzeit leer, nur der Fernseher lief nach wie vor.

Dora wartete ab. Kaum waren die beiden Männer um die Ecke verschwunden, schlich sie zum Tresen, hob den Hörer vom Telefon, drückte auf Wahlwiederholung – und fand ihre Vermutung bestätigt. Der Pförtner hatte jemanden angerufen, nachdem sie angekommen waren.

Sie tippte die Telefonnummer rasch in ihr Smartphone, versteckte sich wieder im Aufenthaltsraum, bis der Pförtner seinen Platz kopfschüttelnd eingenommen hatte, und huschte dann unbemerkt zum Treppenhaus. Im Flur vor der Gerichtsmedizin traf sie auf Cardoso.

»Was gefunden?«, fragte er.

Dora nickte. »Eine Telefonnummer.«

Sie eilten den Korridor entlang hinüber ins Nebengebäude zum Zellentrakt. Bereits an der Schleuse, wo sie der diensthabende Polizist in Empfang nahm, hörten sie die Inácio-Frauen laut durcheinanderreden.

»Wie lange bleiben die noch hier?«, fragte der Nachtwächter mit leidvoller Miene.

Dora schmunzelte. Drei temperamentvolle Frauen konnten eine Menge Krach machen. »Bis das DEA eintrifft und sie mitnimmt.«

Der Polizist wirkte erleichtert. »Alle?«

»Ja, alle. Für die Häftlinge Inácio und Ferreiro brauche ich je einen Entlassungsschein.«

Der Wachhabende sah Dora fragend an.

Sie holte die Bonbontüte aus ihrer Tasche und streckte den Arm aus. »Mögen Sie?«

»Oh danke, ich bin so frei.« Der Beamte griff in die Tüte.

»Senhor Coordenador-superior Martiniano weiß Bescheid. Er hat Staatsanwalt Mendes bereits informiert. Die Papiere reiche ich am Montag nach. Bringen Sie Inácio jetzt in das Vernehmungszimmer am Ende des Flurs.«

Der Polizist verschwand im Besucherraum.

»Dass er das geschluckt hat. Ohne ein Stück Papier lässt er zwei mutmaßliche Kriminelle frei«, konstatierte Cardoso.

Dora zwinkerte verschmitzt. »Glauben Sie wirklich, dass er die Erklärung einer Inspetora-Chefe in Frage stellt?«

Nachdem der Kollege Jósua Inácio in den Vernehmungsraum gebracht hatte, bedankte sich Dora bei ihm und schloss von innen die Tür. Cardoso blieb daneben stehen.

»Setzen Sie sich, Jósua. Ich habe Ihr Alibi inzwischen überprüft. Allerdings unter Vorbehalt. Es wird niemals zu einer Aussage vor Gericht kommen – und Sie wissen ganz genau, warum.«

»Sie waren …?«

Dora legte den Finger auf den Mund. Dass sie bei Admiral Lourenço gewesen war, brauchte niemand sonst zu wissen. »Keine Namen«, flüsterte sie und sagte laut: »War ich. Wir haben nett geplaudert.«

Inácio gab mit einem knapp angedeuteten Nicken zu verstehen, dass er kapiert hatte. »Worüber?«

»Über Hunde, über alte Seilschaften und darüber, wann es besser ist zu schweigen, als zu reden.«

»Hat er immer noch diesen riesigen Hütehund?«

»Jerry, ja, ganz entzückend. Danach war ich in Ihrem Atelier. Dort fand ich die Kartonage mit den Fotografien in der Skulptur, die Ihre Tochter darstellt. Sara habe ich auf dem Sofa in der Küche entdeckt. Sie schlief tief und fest. Hatte eine halbe Flasche Wein intus. Den Terz, als ich sie weckte, können Sie sich sicher vorstellen.«

Ein liebevolles Lächeln erhellte Inácios Gesicht für einen Moment, bevor es wieder ernst wurde. »Was ist danach passiert?«

Dora schilderte ihm, was sich zugetragen hatte. »Aber das hat Carla Ihnen sicher alles schon erzählt.«

»Das hat sie. Eindringlich dramatisiert in drei Akten. Seither habe ich Kopfweh.« Inácio stand auf. »Genau das wollte ich immer vermeiden. Klappte bisher einwandfrei. Meine Widersacher aus der Militärpolizei und ihre Anführer haben meine Familie und mich in Frieden gelassen. Aber irgendetwas scheint passiert zu sein. Die alte Garde hat kalte Füße bekommen. Sie fürchten sich vor etwas oder vor jemandem. Und glauben, ich sei daran schuld. Deswegen haben sie versucht, Sara zu entführen. Als Pfand.« Er schob die Hände in die Hosentaschen. »Verdamm mich. Was bin ich für ein Nichtsnutz-Vater! Kriegen die mich nicht, holen sie sich meine Familie.«

»Die?«

»Die, die von damals übrig geblieben sind. Die auf den Straßen von Lissabon abkassiert und den Putsch angezettelt haben. Die vier auf den Fotos.«

»Was haben Sie sich eigentlich dabei gedacht, dieses politisch hochbrisante Material zu verstecken, anstatt es damals den Behörden zu übergeben?«

»Auf mich war eine Kopfgeldprämie ausgesetzt.« Inácio ließ die Schultern hängen. »Ich hatte Angst.«

»Wegen der Fotos?«

»Nein. Wegen unserer Geschäfte.«

»Wer ist ›wir‹?«, fragte Cardoso.

Inácio strich sich über den glatt rasierten Schädel. »Meine Rotte, also Ferreiro, genannt die Hand, Rogério, genannt der Lahme wegen seines lahmen Beins, ich, genannt der Wolf, und noch vier Kameraden. Wir unterstanden Admiral Lourenços Kommando. Er hat uns stets nachts auf Patrouille in die Alfama geschickt.«

»Wozu?« Doras Neugier wuchs.

»In der Alfama tummelten sich Zuhälter, in der Mouraria Zuwanderer aus den afrikanischen Kolonien Mosambik, Kapverden und Angola. Alles schräge Typen, die Schnaps wie Wasser getrunken und dann Randale gemacht, Flammen gespuckt und Voodoo-Zauber veranstaltet haben. In der Alfama haben unbescholtene Fischersfrauen mittags ihre Sardinen vor der Haustür gegrillt und in Santa Apolónia Angolanerinnen mit abgeschabten Hühnerknochen Orakel geworfen. Das war alles völlig surreal.«

Ähnliches hatte Maurice ihr auch von damals, als er nach Lissabon gekommen war, erzählt. Lissabon habe kopfgestanden, hatte er gesagt.

Cardoso wollte wissen, was Inácios Aufgabe gewesen sei.

»Aufpassen. Streit schlichten. Falls nötig, eingreifen. Leer stehende Häuser, Fabriken, Hafengelände haben sich im Nullkommanichts in Selbstbedienungsläden verwandelt. Ziegelsteine wurden gestohlen, Türklinken, WC-Schüsseln, alles. Ein einziger Hexenkessel, zusammengerührt aus Kleinganoven und Gelegenheitsdieben. Jeder dachte nur noch an sich. Ich habe immer an die Demokratie und ihre Werte geglaubt. Dafür habe ich gekämpft. Bis April 1974. Revolution ist schließlich kein Tanztee. Aber kaum haben wir das Regime gestürzt und die Tür zur demokratischen Zukunft stand hell erleuchtet offen, war es aus mit Brüderlichkeit und Gleichheit.«

Dora kommentierte Inácios Fazit mit keiner Silbe. Es befremdete auch sie zutiefst, wenn sie Leute in ihrem Alter sagen hörte, unter Salazar sei alles besser gewesen. »Da hat Portugal noch den Portugiesen gehört, und alle haben sich an Gesetze gehalten.«

Solche und ähnliche Kommentare kannte sie zuhauf. Sogar unter Kollegen. Kunststück. Während der Regierung Salazars hatten die Leute von Porto im Norden bis Faro an der Algarve Angst vor der PIDE-Miliz und ihren Spitzeln überall gehabt.

»Lissabon war zweigeteilt. Diejenigen, die nicht sofort von der neuen Regierung profitierten, gerieten in Aufruhr«, sagte sie nachdenklich.

»Und wie! Die ausländische Presse lobte Portugals friedliche Revolution. Da hat wohl niemand richtig hingeschaut.« Inácio lachte, aber es klang verbittert. Aufgeregt tippte er sich mit der Faust gegen die Brust. »*Wir* waren auf der Straße. Meine Kameraden und ich. Uns rollte diese Woge geballter Wut aus Afrika entgegen.« Wütend hob er die Faust. »Eines Tages war ich diesen Politik-Hokuspokus satt. Wer beschützt werden wollte, musste bezahlen. Bald haben wir die Alfama, die Baixa, das Bairro Alto, den Hafen in Santa Apolónia und die leichte Mädchenzone am Cais do Sodré kontrolliert. Dabei sind wir den anderen mächtig ins Gehege geraten.«

»Die Dragoner gegen die Splittergruppe ROT.« Cardoso klang ernüchtert.

»Genau.«

Er hakte nach. »Sie und Ihr Zug wurden Freiwild für Ganoven *und* für Ihre abtrünnigen Kameraden, die Antunes' und Romeus Kommando gehorcht haben?«

Inácio schnalzte mit der Zunge. »Exakt. Deswegen der Fotograf. Ferreiro hat damals gemeint, wir sollten uns absichern, und heuerte einen Profi an, der das Trio und ihre Handlanger bei ihren heimlichen Treffen abgelichtet hat. Bis der Vierte im Bunde aufgetaucht ist, haben wir uns gegenseitig in Ruhe gelassen. Er war der PIDE-Oberkommandant. Das war ein anderes Kaliber. Mit Henrique Guiliano hat sich niemand angelegt, wenn er nicht von der Bildfläche verschwinden wollte. Jedenfalls roch Guiliano den Braten. Er hat dem Fotografen aufgelauert und ihn aus dem Weg geräumt. Die Negative hatte der armselige Tropf wie verabredet versteckt. Ferreiro hat gewusst, wo. Guiliano ging leer aus. Ferreiros Rechnung ist aufgegangen. Die Garde ließ mich und meine Familie in Ruhe. Bis mein Bruder ermordet worden ist.«

Dora spann den Faden weiter. »Guiliano hätte Sie wahrscheinlich aus dem Weg geräumt, sobald er in Besitz der Fotos gekommen wäre.«

»Die Hand, die die Fotos festhält, hackt er mir in dem Moment ab, in dem ich sie ausstrecke.«

»Es heißt aber, Guiliano sei tot.«

»Ob Guiliano tot ist oder lebt, ist irrelevant. Die alte Garde existiert mitten unter uns und hat ihr Netzwerk längst auf andere lukrative Geschäftsfelder ausgedehnt, aber das wissen Sie ja bestimmt schon.«

Richtig schlau wurde Dora noch nicht aus der Situation. Ein wichtiges Detail fehlte in ihrer Denkkette. Elías hatte Guiliano von damals gekannt und ihn vermutlich auf Azevedos Beerdigung wiedergetroffen. Deswegen musste er sterben. Aber was wusste Jósua, das ein Mordmotiv wert war?

»Sie verschweigen mir etwas.«

Inácio seufzte. »Elías hat mir am Donnerstag noch eine Liste gegeben.«

Dora stutzte. »Eine Liste?«

»Es sind Namen. Damit habe er eine alte Schuld begleichen wollen.«

»Wo ist diese Liste?«

Inácio zog einen zusammengefalteten Bogen Papier aus seiner hinteren Hosentasche. Dora schnappte danach. Cardoso trat näher heran und schaute ihr über die Schulter.

»Kennen Sie jemanden auf dieser Liste?«, fragte sie.

Inácio schüttelte den Kopf.

»Cardoso?«

»Nein, kommt mir nicht bekannt vor, aber ich gebe die Namen gleich weiter zum Erkennungsdienst.«

»Elías sagte, es habe etwas mit dem Verrat an mir zu tun. Verstehen Sie das?«

»Noch nicht.«

Cardoso fotografierte die Liste ab und schickte sie per SMS-Anhang an die Kollegen.

Es klopfte. Tenente Jorge Guerreiro kam herein. Der DEA-Einsatzleiter war eine furchteinflößend muskelbepackte Erscheinung, durchtrainiert vom Trizeps bis zu den Waden und am Schädel glatt rasiert.

»Hast du einen Augenblick Zeit für mich?«

Dora stand auf, ließ Jósua Inácio mit Cardoso allein und ging zwecks Lagebesprechung mit Jorge in eine leere Zelle.

Jorge war der einzige Kollege, der Dora duzte. Nachdem sie bereits mehrmals gemeinsam lebensgefährliche Einsätze bestritten, sich miteinander betrunken hatten und im Bett gelandet waren, hatten sie beschlossen, einander zu vertrauen.

Dora fasste kurz zusammen, was bisher passiert war. »Guiliano sitzt im gemachten Nest irgendwo in einer einflussreichen Position, vielleicht sogar hier in diesem Präsidium oder in der Staatsanwaltschaft oder beim Militär. Jede Wette. Und zwar ganz oben«, schloss sie.

»Moment, Dora. Du sprichst von einem Toten. Der ehemalige Oberkommandant der PIDE wurde gelyncht.«

»Eben nicht. Er steht lebendig auf einem Foto, aufgenommen in einem Hotel im November 1975 auf der Insel Santiago, und schiebt sich an einem Büfett Hummerhäppchen in den Mund. Im Nacken hat er ein Muttermal. Auf einem Foto einer Militärparade von 1973 sieht man dieses Mal auch. Also ist es derselbe Mann. Von wegen gelyncht! Die Bestie lebt. Und betreibt einen exklusiven korrupten Herrenclub mit dem Decknamen ›Alte Garde‹. Allerdings tritt er mit anderer Identität und sicherlich mit einem neuen, durch einen chirurgischen Eingriff veränderten Gesicht auf. Deswegen erkennt ihn niemand. Noch nicht.«

»Du suchst dir immer eine Hornissenkönigin aus, Dora Monteiro. Wie machst du das bloß?« Jorge rieb sich den glatt rasierten

Schädel. »Du willst Guiliano also kriegen. Und wenn ich deine roten Wangen anschaue, spüre ich, du weißt bereits, wie.«

Dora boxte Jorge kumpelhaft in den Oberarm. »Um Guiliano aus seiner Tarnung zu locken, muss ich wissen, wovor er Angst hat. Momentan sieht es so aus, als habe er vor allem vor Jósua Angst.«

Jorge wurde hellhörig. *»Jósua?«*

Dora blinzelte. »Jósua Inácio. Der Zwillingsbruder des Ermordeten Elías.«

»Warum vor ihm?«

»Ich habe zwei Theorien. Ich denke, er könnte Guiliano identifizieren. Und er hat eine Liste mit Namen von seinem Bruder bekommen, mit der ich gerade noch nicht viel anfangen kann.«

In dem Moment vibrierte ihr Handy. »Cardoso, was gibt's?«

»Die Personen auf der Liste sind alle tot. Es waren alles Häftlinge der PIDE. Eben bekam ich die Antwort vom Erkennungsdienst. Der Europäische Gerichtshof für Menschenrechte führt seit einigen Jahren eine eigene Liste für Portugal, auf der die bisher bekannt gewordenen Namen aller Verhafteten der Geheimpolizei von 1933 bis 1974 erfasst werden. Es sind insgesamt über dreißigtausend verzeichnet, allein in den letzten fünf Jahren der Diktatur waren es über tausend, die im Auftrag der PIDE getötet worden sind.«

Dora schloss die Augen. »Und die gingen auf Guilianos Konto«, flüsterte sie. Verbrechen an der Menschheit verjährten nicht. Jetzt kannte sie sein Geheimnis.

»Sind Sie noch dran?«

»Hat Inácio etwas von Ihrem Telefongespräch mit der Kollegin mitbekommen?«, fragte sie.

»Nein. Ich stehe allein in der Herrentoilette.«

»Gut. Er muss vorerst nichts erfahren, Cardoso. Kommen Sie zu uns? Wir sind hier fertig, es geht los.«

Dreißigtausend Folteropfer in einundvierzig Jahren. Ganz ohne Krieg. Unfassbar. Dora erschauerte.

»Du siehst erschöpft aus«, sagte Jorge mitfühlend, nachdem er gehört hatte, was Cardoso Neues wusste. »Für Guiliano musst du frisch sein. Ruh dich ein paar Stunden aus.«

»Keine Zeit.«

»Ich stehe nicht immer mit geladener Knarre hinter dir, um deinen süßen Arsch zu schützen«, meinte Jorge.

Dora lächelte müde. Ihren Arsch fand sie momentan alles andere als süß.

***

»Sie und Ihre Familie stehen ab sofort unter Polizeischutz«, erklärte Dora.

»Sie vermuten einen Maulwurf hier im Haus?« Inácios Blick durchbohrte sie.

Dora ließ sich nicht aus der Reserve locken. Sie ahnte, dass Inácio genauso wie sie nach einem Zusammenhang zwischen Guiliano und dem Mörder forschte. »Ich treffe lediglich Vorsichtsmaßnahmen.« Sie öffnete die Tür und rief laut nach dem Wachpolizisten. »Bringen Sie Senhor Inácio zu seiner Familie, geben Sie ihnen ihre persönlichen Sachen und holen Sie Ferreiro dazu.«

Als der Wachhabende den Barbier an ihnen vorbeiführte, entblößte Cardoso zwei makellos weiße Zahnreihen. »Der Herrenfriseur ist ganz schön knackig für sein Alter, finden Sie nicht?«

Dora rollte mit den Augen. Dass Cardoso um diese Uhrzeit dafür noch Augen hatte. Sie rief nach Jorge, und gemeinsam betraten sie das Wartezimmer, das mit acht Leuten voll war.

Dora verschaffte sich mit einer Geste Gehör. »Das ist Tenente Jorge Guerreiro von der DEA. Er und sein Team begleiten Sie gleich in ein sogenanntes Safe House. Nach dem Überfall vor dem Atelier möchte ich sicherstellen, dass so etwas kein zweites Mal geschehen wird. Deswegen befolgen Sie exakt Tenente Jorges Anweisungen, bis wir grünes Licht geben und Sie zurück zu Ihren Wohnadressen begleitet werden. Für Essen und Trinken wird gesorgt. Dass Sie niemandem Bescheid geben, wo Sie sich aufhalten, geschweige denn dass Sie unter Polizeischutz stehen, versteht sich von selbst. Das möchte ich hiermit ganz deutlich klarstellen.«

Carla insistierte, dass sie nicht mitkommen könne. »Ich erwarte Gäste heute Abend. Den Modeschöpfer Angelico, ein Catering ist bestellt. Das sage ich auf keinen Fall ab. Angelico hat einen Auftrag für mich, eine neue Kollektion soll ich entwerfen. Auf diese Chance warte ich seit Jahren.«

Inácio rollte mit den Augen. »Carla. Du hast die Inspetora-Chefe gehört. Das Dinner fällt aus.«

»Oh Jósua. Auf gar keinen Fall. Nimm du Sara mit. Dann bin ich beruhigt.«

Tenente Jorge trat einen Schritt vor. Carla reichte ihm gerade einmal bis zum Brustansatz. Er schaute ihr tief in die Augen. »Ihre Entscheidung.«

Triumphierend hob sie das Kinn.

»Ob Sie hierbleiben oder mit uns mitkommen. Eine dritte Alternative kann ich Ihnen leider nicht anbieten.«

Carla schnaufte durch die Nase wie ein Walross, das nach langer Tauchtour an die Wasseroberfläche schwimmt und nach Luft schnappt. Bevor sie protestieren konnte, sammelte Jorge ihrer aller Mobiltelefone ein.

»Haben Sie eventuell noch ein Bonbonzinho für mich, Senhora Inspetora-Chefe?«, fragte der Wachhabende, als sie zum Abmarsch bereitstanden.

Dora ließ ihm die ganze Tüte da.

In der Tiefgarage warteten zwei Wagen. Sara, Carla und Mónica stiegen in den einen, Jósua Inácio und Ferreiro in den zweiten Jeep.

»Wie vereinbart?«, fragte Jorge. »Offiziell bringen wir die Post nach Cascais. Dass wir zum Herzog fahren, wissen nur wir drei und meine Leute.«

Dora nickte zufrieden. »Sollte etwas durchsickern, wissen wir, dass sogar du einen Spitzel der alten Garde im Team hast.«

»Das möchte ich mir gar nicht erst vorstellen. Passt auf euch auf. Wir funken uns zu.« Jorge tippte sich zum Abschied mit zwei Fingern an die Stirn, und Dora und Cardoso sahen zu, wie die beiden Jeeps im Konvoi die Tiefgarage verließen.

»Und jetzt?«, fragte Cardoso.

»Wie spät ist es?«

»Gleich sieben durch.«

»Fahren wir zu Maurice duschen und frühstücken.«

»Hervorragende Idee, ich fühle mich wie eine halb gare Wurst in roher Pelle in diesen Klamotten. Grässlich.«

Sie durchquerten die Tiefgarage und fanden den Toyota auf Martinianos Parkplatz.

»Übrigens gehört der Anschluss an der Algarve einem gewissen Joaquim Pires in Alvor«, sagte Cardoso unvermittelt.

»Pires? Habe ich schon mal gehört.« Dora grübelte, wo.

»Nein, gelesen.«

Sie schaute Cardoso fragend an.

»Auf der Liste. Da steht ein Name. Sofía Pires. Die Algarve-Telefonnummer kam mir in dem Moment bekannt vor, als ich sie sah, aber es dauerte, bis ich mich daran erinnerte, woher ich sie kannte. Aus der Anrufliste in Elías Inácios Handy. Er hat die Nummer vor Kurzem mehrmals angerufen.«

»Passt der Name in unser Ermittlerdiagramm?«

»Noch nicht.«

Luís schlief tief und fest. Dora klopfte an die Scheibe des Toyotas, bis er aufwachte.

»Bom dia«, sagte er lächelnd und gähnte herzhaft. »Wie spät ist es?«

»Sieben durch.« Doras Stimme klang ungewohnt sanft.

Dora und Cardoso stiegen ein.

»Wollen Sie eine Streife mit Kollegen aus der PJ Portimão zu Joaquim Pires nach Alvor schicken?«, fragte Cardoso, während Luís den Wagen aus der Tiefgarage lenkte. »Ich könnte ein Amtshilfeersuchen erwirken.«

Dora schüttelte den Kopf. Nachdem sie herausgefunden hatte, dass der Pförtner jemanden über ihr Erscheinen im Präsidium informiert hatte, wollte sie noch vorsichtiger sein. Wildfremde Kollegen aus einem anderen Morddezernat zu einem wichtigen Zeugen zu schicken, kam überhaupt nicht in Frage. »Wir fahren selbst hin«, sagte sie bestimmt.

Cardoso blieb der Mund offen stehen. »Was? Wann?«

»Gleich nach dem Frühstück. Im August sind Sardinen vom Grill an der Algarve besonders delikat. Ich kenne da ein nettes Restaurant in Alvor. Bei der Gelegenheit besuchen wir Joaquim Pires und fragen ihn, was Elías Inácio von ihm wollte und ob Sofía Pires mit ihm verwandt ist.«

»Suchen wir vor oder nach den Sardinen weiter nach Guiliano?«, fragte Cardoso mit süßlichem Unterton.

Dora knuffte ihn kumpelhaft in die Seite. »Den schnappen wir uns später.«

***

Sollten seine Kinder noch ein einziges Mal durch die Küche sausen und dabei Flugzeug spielen, würde er explodieren. Seine Frau Rita störte der Lärm offensichtlich nicht. Im Gegenteil. Sie lief mit ausgestreckten Armen hinter den Kindern her, immer um die sündhaft teure Kochinsel herum. »Wrum, wrum, wrum«, sangen sie im Chor.

Als er den Stuhl zurückschob, schabten die Stuhlbeine laut krächzend über den Fliesenboden. »Rita! Bitte.«

Das »Wrum« erstarb.

Mendes schmiss das angebissene Croissant auf seinen Teller, ließ das liebevoll angerichtete Obst, den Räucherlachs, ein Glas Sekt und den Orangensaft unberührt stehen und ging hinüber in sein Arbeitszimmer. Seine Frau verstellte ihm den Weg. Er drängte sich an ihr vorbei. Dass sie noch einen neuen Hausanzug von noch einem anderen Modedesigner trug, erkannte er mit einem Blick auf das am Kragen nach außen gestülpte Etikett. Dieses Mal französisch. Rita bedachte ihn mit dem ihr ureigenen Das-hast-du-jetzt-davon-Blick.

Dieser Sonntag war gelaufen, wusste er.

Die Kleinste fing an zu weinen. Die Zwillinge kuschelten sich an Mamas Beine. Auch sie trugen nur noch sündhaft teure Schlafanzüge. Seine eigenen Seidenpyjamas waren noch originalverpackt, er schlief lieber nackt und trug im Haus seinen alten Frotteebademantel über einem Trainingsanzug.

Er schloss die Tür zwischen Flur und Arbeitszimmer und blieb vor dem Schreibtisch stehen. Sein Blick wanderte über die blank geschliffene Nussholzplatte. Ein Federhalter in einem Marmorfuß stand zur Dekoration neben einem Bild von ihm mit seiner Familie. Die schweren Vorhänge aus Loden ließen kaum Morgenlicht herein. In der Regalwand standen Bücher und Bände. Alle behandelten sie sein Fach. Rechtswissenschaft.

Mit beiden Händen in den Taschen des Bademantels überlegte Mendes zum wiederholten Mal, wie er in diese Villa in dieses Nobelstadtviertel gekommen war. Ritas Vater war Richter. Und zwar der oberste Richter am Gerichtshof in Lissabon. Er hatte ihm den Weg in die Staatsanwaltschaft geebnet. Raus aus dem Strafverteidigermilieu, rein in den Himmel der Macht. Dieser Schritt vor zwölf Jahren hatte ihn ein Versprechen gekostet. Nämlich lebenslänglich mit Rita und damit automatisch lebenslänglich mit ihrem Vater zusammenzubleiben.

Hinter seinem Schreibtisch hing ein Foto neben einem Nachdruck von Edvard Munchs Quartett »Der Schrei« an der Wand. Die gerahmte Fotografie zeigte Mendes am Tag seines Abschlusses an der Rechtsfakultät in Coimbra. Er und seine Kommilitonen standen vor der Kathedrale im Herzen der alten Universitätsstadt am Fluss Mondego und sangen den berühmten Fado, der jedes Jahr wieder die frisch gewürdigten Juristen verabschiedete. Der Fotograf hatte dabei ihrer aller Tränen eingefangen.

Mendes schluckte. Danach hatten sie ihre Studentenbänder verbrannt, wie es in Coimbra alljährlich im Mai zur Queima das Fitas üblich war, und er hatte sich mit Feuereifer auf das Leben als Kämpfer für Justitia, die Gerechtigkeit und die Gleichbehandlung aller Kriminellen, geworfen.

Wie jung er einmal gewesen war. Das Haar schulterlang. Der Bart hatte ihm einen intellektuellen Zug verliehen.

Wieso trug er seinen Backenbart eigentlich nicht mehr? Und das Haar auf Millimeter kurz geschoren. Was ist bloß aus diesem jungen, nach Gerechtigkeit strebenden Studenten von vor fünfzehn Jahren geworden?, fragte er sich.

Dass seine Entscheidung, Rita zu heiraten, seinen Preis gehabt hatte, wusste Mendes seit seiner Hochzeitsnacht, als ihm seine Frau klargemacht hatte, den Ehering gegen einen teureren tauschen zu wollen, weil sie sich mit diesem Stück Metall am Finger schäbig gefühlt hatte. Seither hatte er ihre Extravaganz mit Gefälligkeiten bezahlt, die mit seinem Kampfgeist von einst und mit seinen Idealen kollidierten. Doch er hatte gehofft, dass das eines Tages aufhören, dass er niemandem mehr einen Gefallen schulden würde, dass seine Rechnung für seinen Aufstieg beglichen worden war. Von wegen. Ein Mal, ein einziges Mal hatte er sich weigern wollen, da hatte ihn sein Schwiegervater zu sich zitiert.

»Scherst du aus und spurst nicht mehr, Mendes, gehen wir gemeinsam unter. Alle. Auch deine Kinder.«

Die Drohung hatte gesessen. Mendes hatte weitergemacht. Und war aufgestiegen in der Hierarchieleiter bis in den Himmel der alten Garde. Nach Azevedos Tod war er an dessen Position gerückt und kommunizierte nun mit dem Drahtzieher direkt. Zuvor war er nur von dessen Mittelsleuten instruiert worden, jetzt nicht mehr. Jetzt saß er auf einem Chefsessel und bis zur Halskrause in der selbst eingebrockten Bredouille.

Das Geld, das er durch den kürzlich geschlossenen Pakt mit seinem neuen Partner mehr verdiente, gab Rita aus, so wie es reinkam. Mehr war für Rita nie genug.

Ironie des Schicksals. Als er Referendar gewesen war, hatte er am Cais do Sodré nachts in den Docks in der Disco gearbeitet, um die extravaganten Wünsche seiner Frau bezahlen zu können. Ritas Vater verdankte er das zweite Staatsexamen und hatte diesen Gefallen einige Jahre später mit einem Gegengefallen bezahlt, indem er den Richter bei einem juristischen Fehltritt gedeckt und für ihn falsch ausgesagt hatte.

Seit einigen Monaten war er nun nicht mehr bloß Ritas Marionette und die ihres Vaters, sondern hing zusätzlich an den Strippen seines Partners, der ihn mit Geld aus korrupten Machenschaften fütterte und ihn und seine Stellung benutzte, wann immer es ihm beliebte. Sein Partner hatte ihn in der Hand. Woher nämlich all das Geld stammte, hatte ihn erst nicht interessiert, bis er durchschaut hatte, wie groß das System angelegt und dass sein Partner der Kopf der gesamten Organisation war. Die alte Garde zweigte seit bald dreißig Jahren sechsstellig aus dem Staatssäckel ab.

Das ging Mendes zu weit, damit wollte er nichts zu tun haben, das grenzte an Landesverrat. Er überlegte, eine eigene Kanzlei zu eröffnen und sich aus dem Staatsdienst zurückzuziehen. Um endlich wieder ein frei entscheidender Mann zu sein und endlich wieder in den Spiegel schauen zu können.

Sein Partner hatte ihn ausgelacht. Als dummen Jungen verspottet. Zu spät, hatte er behauptet. Er habe bereits eine Spur ausgelegt, die Mendes als Mitschuldigen ins Gefängnis brachte, sollte er jemals die Identität seines Partners preisgeben.

Seit Elías Inácios Ermordung wusste Mendes, was das bedeutete, und er hatte Angst. Wenn er nicht spurte, wie sein Partner es von ihm verlangte, würde ihn ein ähnliches Schicksal ereilen.

Er schenkte sich in der Bar seines Arbeitszimmers ein Glas voll mit Whisky und trank es in einem Zug leer. Sein innerer Schrei hatte sich in den zwölf Jahren vervierfacht, so wie auf Munchs Bildern symbolisiert. Je länger Mendes mitmachte, desto lauter wollte er schreien. Aber kein einziger Laut war ihm bisher über die Lippen gekommen. Stattdessen schluckte er bittere Pillen und behandelte ein Magengeschwür, das sein Arzt als vegetative Störung diagnostiziert hatte.

Und er hatte recht. Mendes stand unter Strom, fürchtete jeden Moment, dass die Inspetora-Chefe ihn durchschaute, dass es eines frühen Morgens an der Haustür klingelte und die Abteilung zur Korruptionsbekämpfung ihn in den Knast beförderte.

Er trank das Glas aus und schenkte nach. Seine Angst quälte ihn mehr als alles andere.

Während er dem jungen Studenten Mendes auf dem Foto ins Gesicht schaute, fasste er einen Entschluss.

Er griff zum Telefon und rief seinen Partner an.

»Weißt du, wo die Monteiro steckt?«

»Schönen guten Morgen, António. Nein, weiß ich nicht.«

»Dann habe ausnahmsweise mal ich Neuigkeiten für dich. Der Inácio-Clan und Ferreiro sind nie im Safe House in Cascais angekommen.«

***

In Maurice' Wohnung eingetroffen, zog sich Cardoso zum Duschen ins Bad zurück. Luís half Maurice in der Küche und deckte den Tisch. Maurice halbierte mit einem sehr großen Messer sehr kleine Tomaten, hackte Schalotten fein, schnitt frisches Basilikum in Streifen und zauberte ein Tomatenomelett. Dazu gab es frisch gebackenes Brot, gesalzene Butter, Oliven sowie starken Kaffee. An Doras Platz stellte er einen Topf Zucker.

Bis das famose Frühstück fertig auf dem Tisch stand, blieb Dora im Wohnzimmer und betrachtete Cardosos Ermittlerdiagramm. Die Pfeile zwischen den Namen verrieten ihr die Zusammenhänge zwischen Personen und Bauprojekten und die jeweils unterschlagenen Beträge die Summen, die hierbei veruntreut worden waren. Sie triumphierte. Das sollte für einen vorläufigen Haftbefehl und eine Anklageerhebung gegen Romeu und Antunes wegen Verdachts auf organisierte Korruption und Unterschlagung von staatlichen Zuschüssen reichen.

Sobald sie allerdings daran dachte, wer ihr die nötigen Haftbefehle ausstellen sollte, bekam ihr Überschwang einen Dämpfer. Solange Mendes' Position in diesem Machtgeflecht nicht eindeutig geklärt war und Dora Zweifel hegte, dass er – aktiv oder als Mittelsmann – sogar in konspirative Machenschaften der alten Garde involviert war, schied er aus. Doch ohne Haftbefehl konnten sie und Cardoso all ihre Ermittlungen in die Tonne packen und bei Martiniano zu Kreuze kriechen.

Ins Zentrum von Cardosos Ermittlerdiagramm gehörte jedenfalls der Name Guiliano. Sie nahm einen Stift, strich das X durch und schrieb ihn in großen Druckbuchstaben hin.

»Wer bist du? Ein Phantom, der echte Guiliano oder bloß jemand, der dich imitiert und sich den Mantel des Grauens von dir ausgeborgt hat?«, fragte sie leise.

Das Zentralregister, durchzuckte es sie. Geburtsurkunde, Zeugnis, Führererschein, Bankvollmacht. Solche Sachen. Bürokratie ließ niemanden entkommen. Irgendwo musste Guiliano einen bürokratischen Fußabdruck hinterlassen haben.

»Cardoso!«

»Komme.«

Vor Doras innerem Auge entstand ein Profil. Etwa tausend PIDE-Opfer hatte Guiliano zu verantworten. Seine Unterschrift hatte fünf Jahre lang über Tod oder Leben entschieden. Er war eine Art Inquisitor gewesen, der Gehirnwäsche mit Schmerzen betrieben hatte. Im PIDE-Gefängnis in Caxias in Lissabon, im Forte de Peniche, bei Verhören auf der Insel Santiago im Lager Tarrafal.

Vor lauter Aufregung verschluckte sich Dora und hustete hektisch. Das war der Zusammenhang, nach dem sie gesucht hatten. Die Koordinaten auf Elías' Notiz. Tarrafal. Guiliano. Dort mussten sie weitersuchen, wollten sie hinter Guilianos ganzes Geheimnis kommen.

Nach allem, was sie nun über ihn gehört hatte, stellte sie ihn sich vor. Er war perfekt ausgebildet worden im Täuschen, kannte psychologische Manipulationstechniken, wusste sich zu tarnen wie ein Chamäleon. Mit ziemlicher Sicherheit war er alleinstehend. Laut seiner Dokumente hatte er keine Eltern, keine Geschwister. Er musste um die siebzig sein. In gehobener Stellung arbeiten. Unantastbar in seiner Position, hatte er die Korruptionsmaschine der alten Garde organisiert und war damit bisher ungeschoren davongekommen. Ein angesehenes Mitglied der Gesellschaft. Geachtet und respektiert. Eine perfekte Tarnung.

Hierfür kamen in Lissabon etwa eine Handvoll Männer in Frage. Aber an sie heranzukommen glich Kamikaze.

Dora stöhnte. Konnte sie Guiliano überhaupt schnappen? Vielleicht war ein Exorzist in diesem Fall gar keine so üble Idee.

Ihre düsteren Gedanken mit Galgenhumor aufzuhellen funktionierte sonst gut, heute nicht. Wahrscheinlich war sie einfach müde. Nein. Sie war nicht bloß müde. Sie war fix und fertig. Fertig mit ihren Idealen, fertig mit ihrem Glauben an die Justiz und fertig mit ihrem inneren Antrieb, Mörder zu jagen. Ausgelaugt vom andauernden Kampf gegen Bequemlichkeit, gegen den Amtsschimmel, gegen Vorgesetzte, die bei Tätern mit Rang und Namen vor Festnahmen zauderten. Als gäbe es verschiedene Sorten Mörder und Triebtäter. Als zählte nicht die Tat, sondern die Herkunft, die über das Gesetzesmaß entschied.

Dora war das alles so leid. Seit sie denken konnte, atmete sie für Gerechtigkeit und für Gleichheit vor dem Gesetz. Mehr noch. Sie vertrat es. Deswegen durfte sie jetzt, da es noch schwieriger war als sonst, nicht aufgeben. Nie durfte sie aufgeben. Das wäre Verrat gewesen. An sich selbst, an ihrem Vater und an all denjenigen, die an sie glaubten.

Einmal war die alte Garde einem ehemaligen Kollegen entwischt. Seine Reste schwammen im Meer. Jemand aus den eigenen Reihen hatte ihn verraten. Dora wollte auf gar keinen Fall vorzeitig im Meer oder sonst wo enden, aber auch nicht mit der Schuld weiterleben, versagt zu haben. Auf keinen Fall wollte sie die eine Schuld künftig mit einer anderen bezahlen und danach wieder mit einer anderen. Wer einmal aufgab, tat es wieder und wieder und manövrierte sich hinein in eine Endlosspirale von Selbstverrat. Sie wollte sich nicht wie andere betäuben mit Angst, sich nicht rechtfertigen mit Sprüchen von wegen, was hätte sie denn allein gegen diesen Kraken der Korruption ausrichten können, sich nicht rausreden von wegen, der Justiz könne man nicht trauen. Bullshit-Ausreden. Die Tür zu ihrem Seelenkerker selbst aufstoßen? Weil es so schön bequem war, stillzuhalten? Niemals!

Sollte sie dennoch den Falschen verdächtigen und keinen Beweis für Guilianos neue Identität erbringen, bedeutete das das Ende ihrer Karriere bei der Kriminalpolizei. Dann konnte sie die Kaffeemaschine aus ihrem Büro einpacken und gehen. Und ihre karge Sammlung selbst gemalter Aquarelle mit portugiesischen Landschaften mittwochs und samstags auf dem Flohmarkt auf dem Campo da Santa Clara am Pantheon verticken. Oder sie schleppte Reisegruppen zu den gruseligsten Tatorten unterwegs auf mörderischen Spuren durch Lissabon und erzählte böse Geschichten von Mord und Totschlag. Ein tragisch-tröstliches Gefühl trotz ihrer Zweifel, Alternativen für ihr Leben zu sehen.

Cardoso kam fröhlich pfeifend aus dem Bad und verbreitete neben guter Laune eine Duftwolke aus Kokosöl. Er klatschte in die Hände. »Bereit für neue Taten!«

»Guiliano war in Brasilien untergetaucht. São Paulo oder Rio de Janeiro. Jede Wette. Ich tippe auf Rio. Folgen Sie der Fährte der Bürokratie. Zollamt, Einreisebüro, Einwanderungsbehörde. Prüfen Sie die Namen der portugiesischstämmigen Immigranten aus Brasilien ab 1980.«

Cardoso schaltete grinsend den Laptop auf dem Wohnzimmertisch ein. »Das dürften ja nicht so sehr viele sein«, sagte er scherzend.

Seine gute Laune konnte Dora momentan beim besten Willen nicht ertragen. Sie ließ Cardoso stehen und schlug die Tür zum Badezimmer hinter sich zu. Endlich allein! Der Moment umspülte sie wie eine Welle warmen Wassers.

Sie duschte heiß und so lange, bis ihre Haut leuchtend rot glänzte. Zusammen mit der Dampfwolke entfleuchten ihre düsteren Gedanken nach und nach durch das offene Fenster. Und mit ihnen ihre Furcht vor einem Irrtum.

Dora drehte das heiße Wasser ab und das kalte Wasser an. Als der Strahl ihre aufgeheizte Haut traf, wusste sie mit einem Schlag genau, wie sie Guilianos Identität am schnellsten aufdecken konnten. Geld! Der neue Guiliano brauchte ein Konto. Da er sich seit über dreißig Jahren sicher fühlte, musste seines wie all die anderen Konten der Mitglieder seiner Garde auch in der Inácio-Bank angelegt sein.

Sie stellte das Wasser ab, warf Maurice' Bademantel über, knotete ihn zu und lief ins Wohnzimmer, wo Cardoso bereits damit beschäftigt war, nach Einwanderungsdaten aus Brasilien zu fahnden. Dora setzte sich neben ihn auf das Sofa.

»Äh. So schnell geht es nicht«, gab er zu bedenken.

»Es geht schneller. Verbinden Sie sich noch mal mit den Kundendaten der Inácio-Bank und suchen Sie nach einem Phantomkonto. Eine *sociedade anónima*, ein Verein mit dubiosem Namen, eine Exportfirma. Vergessen Sie die Konten mit Handlungsbefugnis Dritter nicht.«

Sie verschwand wieder im Bad. Sie hatte eine Entscheidung getroffen. Mendes sollte eine Chance bekommen, um sich zu erklären, warum der Name seines Schwiegervaters auf der Liste der Nummernkonten stand und seit Kurzem seiner ebenso. Aber dazu musste sie Druck auf ihn ausüben. Und dabei sollte ihr Staatsanwältin Cristina aus Évora helfen. Cristina war jung, idealistisch und durch und durch integer. Dora hatte bereits einmal mit ihr zusammengearbeitet.

Sie setzte sich auf den Badewannenrand und rief den Messenger-Service in ihrem Smartphone auf. Erst verhalten, bald eilend tanzte ihre Fingerspitze über die Buchstaben auf der Tastatur. Die Hoffnung, eine Verbündete zu finden, die ihr dabei half, das Polit-Schach gegen die alte Garde zu gewinnen, verlieh ihr Flügel. Bloß kurz verharrte sie über dem Feld »Senden«, dann schickte sie die Nachricht ab.

Anschließend wechselte sie ihre SIM-Karte und rief Jorge auf seiner privaten Nummer an, die nur sehr wenige kannten. »Erinnerst du dich an Staatsanwältin Cristina?«

»Die Rothaarige mit den Eisaugen und Sommersprossen?«

»Genau die. Ich habe ihr alles, was wir wissen, geschrieben und auch, dass wir Mendes ins Gewissen reden werden.

Vielleicht können wir ihn auf unsere Seite ziehen. Cardoso hat nämlich ein Nummernkonto auf seinen Namen gefunden, eingerichtet just nach Azevedos Tod. Das bedeutet, er ist definitiv in die Machenschaften der alten Garde involviert, sitzt vielleicht jetzt auf Azevedos Sessel, aber noch nicht sehr lange. Ich will ihn als Kronzeugen und nicht auf die Anklagebank schieben. Er kennt den Chef der Garde, aber ich bin mir ziemlich sicher, dass er nicht weiß, mit wem er es zu tun hat. Er könnte uns dienen.«

»Gut eingefädelt, Dora. Pass nur auf, dass Mendes den Spieß nicht umdreht und dich ans Messer liefert.«

»Ich mag es, wenn du dir Sorgen um mich machst«, sagte Dora, flirtete ein bisschen, kicherte leise in den Hörer und sagte schließlich Ja zu seiner Einladung zum Abendessen.

»Bist du im Badezimmer?«, fragte Jorge.

»Woher …?«

»Das Echo. Bist du nackt?«

Sie lachte mit geschlossenen Lippen. »Ja.«

»Ich wäre jetzt gern bei dir.«

Nach dem Telefonat zog sich Dora rasch an. Kurze Hose und bunte Bluse empfand sie genau richtig für den geplanten Ausflug an die Algarve. Ihr Haar bürstete sie bloß grob, sodass ihre Locken umherwirbelten. Während sie Make-up auflegte und ihre Wimpern tuschte, beobachtete sie im Spiegel durch die halb offen stehende Badezimmertür, wie Maurice und Luís in der Küche hantierten.

Kurz darauf setzten sie sich gemeinsam an den Tisch. Dora war hungrig und griff mit Appetit zu. Das Omelett war ein lukullisches Gedicht. Gerade als sie nach einer Scheibe Brot griff, summte ihr Handy.

»Bom dia, Pedro.« Sie hörte eine Weile zu. »Du bist ein Goldschatz.«

Luís schickte einen bösen Blick über den Tisch, aber Dora fing ihn nicht auf. Einen Augenblick später summte Cardosos Telefon. Er stand auf und zog sich zum Telefonieren ins Badezimmer zurück.

Dora tunkte den Tomatensud mit einem Kantenstück Brot auf.

»War das etwa *der* Pedro?«, fragte Luís.

Maurice zog die Augenbrauen hoch. Dora hingegen hob nicht einmal den Kopf.

»Mein Nachbar. Er passt auf Afonso-Henrique auf. Bevor du fragst, Pedro ist Cardosos Liebhaber, nicht meiner.«

»Dann hast du geblufft.«

»Was hast du denn gedacht? Gestern gehe ich mit dem, heute mit einem anderen? Wer bin ich denn?«

Maurice klatschte in die Hände. »Wie wäre es mit Obstsalat?«

»Unbedingt – und unbedingt mit Honig.«

Luís ließ seinen Teller halb leer gegessen stehen, stand auf und verschwand auf die Terrasse.

Dora steckte sich das letzte Stück Brot in den Mund. »Sag mal, Avôzinho, ich habe da ein Problem.«

»Mit deinem Aushilfsfahrer?«

»Quatsch.«

»Mit Jorge?«

»Was? Woher weißt du?«

»Ich finde Jorge dufte.«

Dora schnaufte verspielt wütend und zeigte Maurice den wackelnden Zeigefinger.

Er grinste breit und tanzte quer durch die Küche. »Erwischt.«

Dora schob ihren leeren Teller beiseite, legte das Smartphone auf den Tisch und rief die Weltkarte mit den GPS-Koordinaten der Insel Santiago auf. »Wie geht es *vovó* und *mamã*?«

»Deine Mutter ist der Meinung, du arbeitest zu viel. Du solltest keine weiteren Überstunden machen und deine Kollegen die Bösewichte jagen lassen. Alles in Gottes Namen selbstverständlich. Wo du bist, weiß sie nicht. Ich sagte ihr, ich weiß es auch nicht. Und deine Großmutter fragt nicht, damit ich nicht flunkern muss.«

»Das nenne ich Liebe.«

Maurice verzog liebevoll den Mund. »Meine Frau weiß eben, dass ich nicht lügen kann. Was wolltest du mich fragen?«

»Schau dir mal bitte diese GPS-Koordinaten-Markierung an. Sie führt zu einem Ort auf der Insel Santiago.« Dora verkleinerte den Kartenausschnitt auf dem Display. »Aber ich erkenne nichts von Relevanz.«

Stirnrunzelnd nahm Maurice ihr das Telefon aus der Hand, amplifizierte das Bild in alle Richtungen, schob es hoch, runter und zur Seite. Seine Pupillen wirkten plötzlich sehr groß. Sein Finger ruhte auf dem Display, und sein Blick verlor sich auf dem blauen Punkt.

»Mit wem lässt du dich da ein, Enkelin?«

Dora erschrak. Der Klang seiner Stimme gefiel ihr ganz und gar nicht. Er war düster, beinahe prophetisch, und sie spürte einen Hauch Panik darin mitschwingen. »Geht es dir nicht gut?«

Maurice schüttelte den Kopf. »Nein, Dora.« Sein Adamsapfel hüpfte auf und ab, als würgte er an etwas. »Das ist ein Friedhof. Dort liegen Folteropfer begraben.«

Dora nahm ihn in den Arm. Sie spürte seinen Leib zittern und seinen Atem flattern. Dank ihm kannte sie nun den Zusammenhang mit ihren Ermittlungen. Elías Inácio hatte also von diesem Friedhof gewusst. Guiliano hatte davon Wind bekommen. Deshalb musste Elías sterben. Sie rief nach Cardoso.

Er kam aus dem Badezimmer, das Telefon am Ohr, sah Dora mit Maurice im Arm, riss die Augen sorgenvoll auf und verabschiedete sich rasch von Pedro.

»Ich brauche die Namensliste. Jetzt«, sagte Dora ungeduldig.

Cardoso holte die Liste aus der Ermittlerakte, die auf dem Wohnzimmertisch lag, reichte sie Dora und setzte sich neben Maurice.

Bedächtig legte Dora die Liste auf den Tisch und bat Maurice, einen Blick darauf zu werfen. »Kennst du jemanden davon, Avôzinho?«, fragte sie sanft.

Er saß stocksteif auf dem Stuhl. »Nein, ihre Namen kenne ich nicht, Liebstes, aber ihre Schreie.«

»Avôzinho, was ist da passiert?«

Stockend erzählte Maurice von Tarrafal und vom Lager der Angst. Während er sprach, kämpfte er sichtlich mit den Bildern in seinem Kopf und gegen den Schmerz, der sich durch seinen Hals wühlte. Seine Stimme versagte ihm, während er von den betrunkenen PIDE-Offizieren sprach, die in der Bar seiner Eltern verkehrt hatten.

»Es war danach immer noch nicht vorbei. Trotz Revolution. Verstehst du? Die Henker der PIDE haben das Lager des Todes am 25. April 1974 noch nicht geschlossen, sie haben weitergemacht. Verhört und gefoltert.« Mit einer harschen Handbewegung fegte er den Zettel vom Tisch. »Menschen haben sie umgebracht und verscharrt.«

Hörte das Grauen denn nie auf? Zu den Vergewaltigten, den Verstümmelten, den Verhungerten ihrer beruflichen Vergangenheit kamen nun Verschwundene dazu. Als sie wieder einigermaßen ruhig atmen konnte, rief sie erneut Jorge an.

»Hast du etwa *saudade* nach mir?«, fragte er belustigt.

Dora betrachtete die aufgestellten Haare an ihren Armen und Beinen. »Guiliano hat weiter gequält. Und getötet. Auch nach der Nelkenrevolution. Einfach so. Aus Spaß. Oder was weiß ich.« Ihre Stimme bebte. »Er hat Angst davor, dass wir ihn nach Den Haag bringen.«

Jorge blieb lange Zeit still. »Folterleichen, sagst du.«

»Ja. Auf einem leeren Gelände begraben. Die Koordinaten schicke ich dir gleich. Kannst du dafür sorgen, dass sich dein Cousin bei der Kripo auf den Kapverden darum kümmert?«

Jorge sagte zu, seinen Cousin in die Ermittlungen einzubeziehen, meldete aber gleichzeitig Bedenken an, dass Dora weiter nach Guiliano fahnden wollte. »Lass uns das machen. Wir schnappen ihn.«

Während sie Jorge zuhörte, verfinsterte sich ihre Miene. »Was meinst du damit, du bist dagegen? Den Einsatz leite ich. … Nein, Jorge, in diesem Fall dulde ich kein Veto!«

Sie drückte den Anruf weg und stürmte in die Küche, wo Luís,

Cardoso und Maurice mittlerweile gemeinsam mit Aufräumen beschäftigt waren.

»Es geht los«, sagte sie atemlos.

Cardoso packte den Laptop, das Ermittlerdiagramm und die Akte ein. »Ich bin bereit.«

»Du kommst auch mit, Avôzinho. Wir gehen Sardinen essen«, sagte Dora an ihren Großvater gewandt.

Maurice schaute sie überrascht an. »Wir haben gerade erst gefrühstückt.«

»Bis an die Algarve brauchen wir drei Stunden. Ich schicke *vovó* eine SMS, dann weiß sie, wo du bist, und du brauchst nicht zu flunkern.«

Ein schwaches Lächeln erhellte das gütige Gesicht des alten Mannes. Dafür sah Luís sehr blass aus nach allem, was er in den vergangenen Minuten gehört hatte. Ihn zu trösten, schaffte Dora nicht. Sie brauchte die Wut, die gerade in ihr hochkochte, für sich. Für sich und für Guiliano.

***

Sonntagmorgens waren nur wenige Autos in Lissabon unterwegs, die Autobahn A 2 gen Süden Richtung Algarve war nahezu leer. Statt der üblichen vier Spuren waren lediglich zwei auf der Ponte 25 de Abril geöffnet.

Die Sonne glänzte über dem Tejo, das Wasser reflektierte tintenblau. Abermillionen Schaumkrönchen tanzten in der Strömung. An den Docks am Cais do Sodré lag ein Luxus-Kreuzfahrtschiff vertäut. Rauschschwaden schlierten durch die klare Morgenluft. Die Kranhaken im Containerhafen ragten wie Stelzenmännchen in den Himmel. Mit einem atemberaubenden Ausblick auf die Altstadt verabschiedete sich Lissabon von seinen Autofahrern auf dem Weg in den Süden. Es versprach ein weiterer heißer Sommertag zu werden.

Dora schlief ein, noch bevor Luís die Auffahrt zur Brücke im Stadtteil Alcântara erreicht hatte. Sie lag zusammengerollt auf der Rückbank, ihren Kopf auf dem Schoß ihres Opas gebettet.

Mit durchgetretenem Gaspedal steuerte Luís den Corolla über die Brücke vorbei am Europa-Park und nahm die Ausfahrt Algarve kurz hinter Setúbal auf die A 22. Neben ihm saß Cardoso, den Laptop aufgeklappt und eine mobile Internetbox eingesteckt auf dem Schoß. Luís versuchte mehrfach, nach rechts auf den Monitor zu schielen, aber Cardoso wies ihn sofort zurecht.

»Sollte ich im Dienst draufgehen, dann mit der Pistole in der Hand und nicht als Beifahrer eines unaufmerksamen Aushilfsfahrers.«

Maurice verspürte fast Mitleid mit ihm, aber eben bloß fast. Der Student hatte sich in seine Enkelin verguckt. Er fand Luís zwar niedlich, sah aber keinen Kandidaten als Partner für Dora in ihm. Es war weniger der Altersunterschied, der Maurice störte, sondern vielmehr die erschreckend geringe Lebenserfahrung, die das Bürschchen mit seinen immerhin dreißig Lenzen mitbrachte. Sein Morgenstern Dora war eine Kriegerin. Sie brauchte jemanden an ihrer Seite, der sie unterstützte. Ihr den Rücken stärkte. Sie laufen ließ und trotzdem auf sie achtgab. Jemanden wie Jorge.

Maurice seufzte. Zwar waren Dora und Jorge hin und wieder intim, aber verliebt waren die beiden nicht. Verkehrte Welt.

Geistesabwesend streichelte er Dora über den Kopf. Sein Herz zersprang fast vor Liebe für seine Enkelin, gleichzeitig raubte ihm die Angst um sie sehr oft den Atem. Wie sehr sie ihm ähnelte. Als junger Kerl war er auch ständig mit aufgerollten Ärmeln durchs Leben gelaufen und hatte Gerechtigkeit gesucht. Bis die Flamme seines Stolzes allmählich niedergebrannt worden war. Er war eines Tages aufgewacht und hatte bemerkt, dass seine Zeit vorbei war. Von da an hatte er sich samt seinem Dickschädel in sein Atelier zurückgezogen und seine Wut in Stein geschlagen. Sein Sohn hatte seinen Dickschädel geerbt und Dora den ihres Vaters. Maurice betete, ihr Trotzkopf möge sie nicht eines Tages das Leben kosten.

Dass Dora ihn nicht allein mit seiner Erinnerung an die Schreie aus dem Todeslager in Tarrafal in Lissabon zurücklassen wollte, rührte ihn. Natürlich würde der Friedhof der Verschwundenen neben dem einstigen Lager der faschistischen Folterknechte nicht ewig unentdeckt bleiben. Dass es überhaupt so lange gedauert und bislang niemand dort in der Erde herumgestochert hatte, grenzte an ein kleines Wunder.

Der PIDE-Kommandant und Aufseher des Lagers Henrique Guiliano hatte seinerzeit vielen Leuten viel Geld für ihr Schweigen bezahlt. Gerieten nun Doras Ermittlungsergebnisse an die Öffentlichkeit, würde dieses Schweigen ein jähes Ende finden. Endlich! Auch er hatte von den Gräbern gewusst. Auch er hatte geschwiegen. Aus Angst, selbst dort verscharrt zu werden.

Seine Frau Valéria wusste nichts vom Todeslager der faschistischen Miliz auf der Insel, nichts von den Toten und nichts von seinen durchwachten Nächten im Kampf gegen die Erinnerung. Die trug er allein durchs Leben.

Dora teilte jetzt sein Geheimnis. Mochte der große Löwe sie beschützen, damit Guiliano nicht auch noch sie auf sein Mordkonto lud.

***

Der Anruf weckte Dora, als sie die A 22 an der Abfahrt in São Bartolomeu de Messines verließen und Richtung Silves fuhren. Sie blinzelte das Display an. Mit einem Ruck setzte sie sich auf. Das war der Anruf, auf den sie gewartet hatte.

»Bom dia, Cristina. Danke dass Sie sich heute noch melden.«

Sie hielten sich nicht lange mit den sonst üblichen Höflichkeitsfloskeln auf, sondern kamen gleich zur Sache. Cristina stellte Dora viele Fragen und hörte ausdauernd zu.

Nach und nach erklärte Dora ihr die Zusammenhänge im Fall Elías Inácio. So erfuhr Cristina, wer die alte Garde war, wer ihre Drahtzieher waren, wie lange es diese Organisation bereits gab, wie die Veruntreuung von Staatsgeldern vonstattenging und in welchen monetären Dimensionen sie sich bewegten. Anhand eines Beispiels schilderte Dora, wie genau das Millionengeschäft bei öffentlich ausgeschriebenen Bauprojekten funktionierte und wie das in die Finanzierungspläne hineinaddierte Geld verschwunden war. Dass diese Summen in der Inácio-Bank auf Nummernkonten gelandet und Elías Inácio für diesen Dienst jahrelang entlohnt worden war. Zum Schluss erfuhr Cristina die Zusammenhänge zwischen Elías, Tarrafal und Guiliano.

»Ob der jetzige Drahtzieher an der Spitze der alten Garde der Guiliano von damals ist oder ob es sich um eine Person handelt, die sich seines Machtmythos bedient, kann ich Ihnen erst bestätigen, nachdem wir den mutmaßlichen Guiliano gefasst haben«, schloss Dora. »Dafür benötige ich Mendes' Hilfe, weil ich glaube, dass er mit dem Chef der Garde kommuniziert, ihn gar kennt. Wobei ich bezweifle, dass Mendes ahnt, mit wem er es zu tun hat.«

Christina wollte Namen hören. Als Dora in das Telefon hauchte, wer ihrer Meinung nach alles Guiliano sein könnte, blieb es eine ganze Weile lang still in der Leitung.

»Sie können auf mich zählen, egal, was passiert«, sagte sie schließlich. »Ich möchte, dass Sie das stets wissen. Viel Glück.«

Dora beendete den Anruf und ballte siegessicher beide Hände zu Fäusten. »Ja!«

Sie ließ das Autofenster herunter, schloss die Augen und atmete den Duft des nahenden Meeres ein. Kosend umspielte der Wind ihre Wangen und wirbelte ihre Locken durcheinander.

An die Algarve zu fahren war, wie nach Hause zu kommen, als sie als Kind ihre Ferien bei *mamãs* Eltern verbracht und mit ihrem Opa Ziegen im Korkeichenhain gehütet hatte. Sobald die salzige Meeresluft ihre Lippen benetzte, sobald der Wind ihr ein Ständchen aus der weiten Welt sang, sobald das Meer sie mit seinem Wellenrauschen begrüßte, kehrte sie heim zu sich selbst.

Sie besaß eben doch zwei halbe Herzen. Eine Hälfte war gefüllt mit diesem undefinierten Sehnsuchtsdusel *saudade*. Diese

Hälfte behielt sie für sich. Die andere gehörte dem Bösen. Öffnete sich der Reißverschluss dazwischen, gefror alles Weiche in ihr.

Mittlerweile waren sie in dem ehemaligen Fischerort und heutigem mondänen Strandbad Alvor angekommen.

»Da vorn biegst du rechts ab, Luís, fährst weiter bis zum Kreisverkehr neben der Mole.«

Sie folgten den Schildern zur Hafenpromenade. Luís parkte gleich neben dem Wahrzeichen des Ortes, einer fünf Meter hohen Fischerstatue.

Vor ihnen ausgebreitet lag die Ria de Alvor. Glatt wie ein Spiegel schwappte das Meer zwischen den Dünen hin und her und gluckste seicht gegen die Quader am Pier. Segelyachten dümpelten in der geschützten Bucht, ihr Bug zeigte gen Süden. Auf der Sandbank vor der Hafenmauer lagen bunt bemalte Fischerholzboote kieloben. Hinter der früheren Fischhalle saßen Fischer und putzten Fisch. Die Reste warfen sie den Möwen zu, die krakeelend um jedes Fitzelchen stritten.

Die Esplanaden am Hafen vor den Restaurants waren menschenleer, die Tische auf den Restaurantterrassen unbesetzt. Noch bevölkerten die Scharen Sommerurlauber den kilometerlangen Sandstrand von Alvor.

Der Grillmeister des Lokals gleich neben der Fischerstatue staunte, als die im Ort wohlbekannte Inspetora-Chefe von der Mordkommission aus Lissabon auftauchte und um einen Tisch bat. Er streckte ihr beide Hände zum Gruß entgegen.

»Oi, João. Bom dia, hast du noch Platz für vier Personen?«, fragte Dora.

Sie und João kannten sich aus dem vergangenen Sommer, als sie während ihrer Ermittlungsarbeit jeden Tag hier zu Mittag gegessen hatte. Ein Mordfall hatte sie an die Algarve gerufen, weil der Inspetor-Chefe aus Portimão im Urlaub gewesen war. Es ging um einen ermordeten Brasilianer, dessen Leiche nackt in einem Fischerboot gelegen hatte. Alle Spuren führten damals zu dem Sohn eines Fischers, der in Lissabon studierte und seine Eltern in Alvor besuchte. Um sich etwas Taschengeld zu verdienen, war der Sohn mit ebendiesem Boot in die Lagune gerudert und hatte nach Wattwürmern gesucht, um sie an Fischer zu verkaufen.

Dora hatte von Anfang an nicht daran geglaubt, dass der Student der Täter gewesen war, und war eigene Wege gegangen, die sie letztendlich auf die Spur eines englischen Touristen geführt hatten. Der Mord hatte sich als Eifersuchtsdrama mit unbeabsichtigt tödlichem Ausgang entpuppt. Der Tourist wurde verhaftet. Der Fischersohn freigesprochen.

»Für dich immer«, sagte João und gab dem Kellner in typischem Algarve-Dialekt Anweisungen, einen Tisch herzurichten.

»Was hat der Koch gesagt?«, fragte Luís, der seine Sprache so bisher noch nie gehört hatte.

»Du bist ein echter *maçarico*«, zog ihn Maurice auf.

»Grünschnabel«, höhnte Cardoso amüsiert. »Das ist kein Koch, das ist ein Rotisseur, der Mann steht am Grill, nicht am Herd.«

Luís lief rot an. »Ist mein erstes Mal an der Algarve.«

»Grünschnabel«, wiederholte Cardoso.

Der Kellner führte sie an einen Tisch mit freier Sicht auf die Boote, die Lagune, die Hafenstadt Lagos und die Halbinsel Ponta da Piedade mit ihrem Leuchtturm auf der Spitze. Dann brachte er ihnen das Couvert, bestehend aus Oliven, Möhren, Brot und Fischpasteten.

»Mit Gruß vom Grill.«

Außerdem stellte er drei Teller mit gedämpften Garnelen, Bacalhau-Pfannkuchen und marinierten Grillpaprika ab, dazu eine Flasche grünen Wein aus dem Hause Sezim.

Dora las das Etikett. So ein Tröpfchen bekam man nicht alle Tage. »Wo hast du denn den her, João?«, rief sie zum Grill hinüber. Ihr Portugiesisch klang auch anders als sonst. Schneller, kürzer, härter.

João entblößte seine Zahnlücken oben und unten. »Mein Cousin hat einen Cousin …«

Dora stand auf, nahm zwei gefüllte Gläser mit, stellte sich zu

João an den Grill und reichte ihm ein Glas. »Ein Toast auf die Cousins.«

Sie unterhielten sich über die alljährlich straffen Sardinen-Fangquoten und die Borniertheit im Landwirtschaftsministerium.

»Was wissen die schon von unserer Arbeit auf See?«, sagte João und stieß erneut mit Dora an.

***

Während Dora und João noch eine Weile politisierten, klappte Cardoso seinen Laptop auf. Im Sekundentakt prüfte er seinen Maileingang und klaubte unterdessen eine um die andere Olive aus dem Schälchen. Er wartete noch auf den Zugangscode zum internen Datenarchiv der Inácio-Bank, den ihm sein befreundeter IT-Spezialist schicken wollte, sobald er den neuen, täglich wechselnden Code geknackt hatte.

Auf der Fahrt an die Algarve hatte Cardoso tatsächlich ein Konto gefunden, das es längst nicht mehr geben sollte. Es war nicht einmal besonders verborgen gewesen, sondern es handelte sich schlicht um das Konto eines Toten. Aber kein stillgelegtes, sondern ein höchst aktives. Deswegen war es ihm auch sofort aufgefallen. Mit dem Zugangscode zum internen Datenspeicher der Bank würde er erfahren, wer für dieses Konto bevollmächtigt war.

Endlich. Sein Posteingang blinkte. »Sorry, Amigo, ich komm immer noch nicht rein. Geduld.«

Cardoso schnaufte. Von wegen Geduld. Sein Blick schweifte über den Platz vorbei an der Fischhalle den Hügel hinauf und blieb am Kirchturm von Alvor hängen. Für so ein kleines Nest war die Pfarrkirche ein wahres Prachtexemplar barocker Baukunst, konstatierte er anerkennend. Frisch gestrichen mit dottergelben Streifen am Glockenturm und am Dachfirst. Wie für eine Postkarte arrangiert, streckte der Kirchturm sich in den blauen Himmel, die barocke Turmkugel blitzte kalkweiß, der Wetterhahn schaute gen Süden, das Metall des lateinischen Kreuzes am Giebelkamm blitzte in der gleißenden Sonne.

»Die Kirche!« Die hatte er bei all der Aufregung rund um seine Recherchen über die alte Garde und ihre Machenschaften völlig vergessen.

Augenblicklich loggte er sich in die bischöfliche Online-Bibliothek ein und fand in der Kategorie »Kirchen in Lissabon« eine Fülle an Informationen über die Igreja de São Miguel in der Alfama. Baujahr, Bauzeit, Baustil, Architektur, besondere Kennzeichen und die Bedeutung der Mutter-Maria-Ikone für den Volksglauben. An einer Stelle in der Erklärung ging es um Verdammnis, an anderer um Barmherzigkeit. Von verlorenen und wiedergefundenen Kindern war außerdem die Rede.

Wie mochte die Inspetora-Chefe diese Theorien über die Igreja de São Miguel wohl interpretieren? Sie erkannte sicher einen Zusammenhang, er hingegen fühlte sich blind. Seine Intuition musste er wohl noch trainieren, denn mit Logik betrachtet, erschloss sich ihm kein Bild.

***

Maurice lehnte sich zurück und genoss die hochsommerlich trockene Wärme, den Blick auf das Wasser und die warme Brise. Der sanft pustende Wind erinnerte ihn an seine Heimat und an das türkisgrün glitzernde Wasser an den Stränden auf der Insel Santiago. Es erinnerte ihn vor allem daran, wie leicht der Sommer sich anfühlte, wenn man nicht gefangen in einer Etagenwohnung in der Großstadt lebte. Vielleicht sollte er beide Wohnungen in Lissabon verkaufen und mit seiner liebsten Valéria an die Algarve ziehen. Oder zurückkehren auf die Kapverden. Ein Baum sollte dort sterben, wo seine Wurzeln stehen, hieß es.

Dass er gerade jetzt ans Sterben dachte, erschreckte ihn gar nicht. Im Gegenteil. An den Tod zu denken beruhigte ihn. Die Zukunft ging auch ohne ihn weiter. Sie saß mit ihm am Tisch. Cardoso mit seinem ganzen Ehrgeiz und dieses Greenhorn, das vom Leben so viel Ahnung hatte wie er selbst von Elektromechanik.

Er seufzte, pulte Garnelen und genoss den Augenblick vollkommenen Glücks, denn er wusste, solche Momente ließen sich nicht allzu lange bannen.

***

»Du bist doch nicht nur zum Mittagessen hier runtergefahren?«, fragte João skeptisch.

Dora schmunzelte. Von Alvor aus betrachtet, lag Lissabon oben und die Algarve unten. Wenn jemand nach oben fuhr, ging es gen Kapitale, und wenn jemand sagte: »Ich komme von unten«, hieß das, man war ein Algarvio.

»Ich suche Joaquim Pires.«

João stocherte in der Glut. »Der ist doch längst tot.«

Dora stutzte. »War er krank?«

João druckste herum. »Ist schon lange her. Bestimmt vierzig Jahre. Eines Tages baumelte er im Rettungsbootshaus am Balken.«

»Er hat sich aufgehängt?«

»Als es passierte, war ich noch grün hinter den Ohren. Das ganze Dorf kam angerannt und glotzte den armen Mann am Strick an. Das vergisst man nicht. Wenn ich im Bootshaus Bereitschaftsdienst schiebe, sehe ich ihn dort hängen. Aber nicht nur ich, auch die anderen. Als hause sein Geist zwischen den Dachbalken.«

»Weiß man, warum?«

João wetzte sein Messer scharf. »Seine Tochter ist mit so einem feinen Schnösel aus Lissabon durchgebrannt. Sie kam nie wieder zurück. Das hat den alten Quim von den Füßen gerissen. Das Mädchen war sein Ein und Alles.«

Dora nickte. Alles war eigentlich so einfach. Joaquim Pires, der Vater. Sofía Pires, seine Tochter. Einer von zwölf Namen auf der Liste, die Elías Inácio einen Tag vor seiner Ermordung seinem Bruder Jósua gegeben hatte. Sie holte Elías' Kette aus ihrer Hosentasche und öffnete das Medaillon. Als sie João das Foto zeigte, gellte eine Möwe über ihnen.

Mit seinem von Holzkohle und Fischschuppen aufgerauten Daumen strich er sanft darüber. »Sofía war das schönste Mädchen im Dorf.« Er schaute an Dora vorbei hinaus in die Lagune. »Wir waren alle verliebt in sie.«

»Lebt Sofías Mutter noch?«

»Cidália? Gleich da vorn. In dem weiß-blauen Haus hinter dem Rettungsbootshaus. Sie hat ihren Quim gefunden. Schlimme Sache.«

Das Rettungsbootshaus von Alvor leuchtete weiß gekalkt in der Sonne, der Giebel war feuerwehrrot gestrichen, eine Signalglocke und eine Sirene waren auf das Dach montiert. Ein Schienenstrang führte durch das rote Flügeltor aus dem Bootshaus hinaus bis ins Wasser. So konnte im Notfall das Löschboot bei Ebbe und bei Flut schnell bis ins Wasser rutschen.

Im alten Fischmarkt neben der Statue saßen Fischer und spielten Domino. Dora hob im Vorbeigehen die Hand zum Gruß.

»Oi!«, riefen sie zurück.

Am Rettungsbootshaus bog sie rechts ab in die mit Kopfstein gepflasterte Gasse und stand nach wenigen Schritten vor dem Haus der Familie Pires. Begrüßt wurde sie von drei zotteligen kleinen Hunden, die entfernt an Pudel mit noch irgendetwas erinnerten, fröhlich mit dem Schwanz wedelten und ein Mordsgekläffe veranstalteten, als sie die mit Blumentöpfen gesäumten Stufen erklomm und an die halb offen stehende Haustür klopfte.

»Dona Cidália?«

»Komm herein, wer immer du bist, ich bin in der Küche.«

Dora folgte dem Klang der Stimme durch die Stube, in die man in den alten Algarve-Häusern sofort eintrat, sobald man einen Fuß über die Türschwelle setzte, und erreichte in dem Raum dahinter die Küche.

Dona Cidália saß auf einem Hocker und schälte Kartoffeln. In einer Emailleschüssel lagen Fischstücke, mariniert mit Salz und Zitronensaft. Dona Cidália bereitete eine Caldeirada vor, den typisch portugiesischen Fischeintopf, erkannte Dora mit einem Blick auf die Zutaten.

Dona Cidálias Haar war frisch onduliert. Auf ihrer Nase prangte eine Warze. Ihre Augen glänzten wach und dunkel, zwei Knöpfe in einem runden, mit Falten des Alters und von der Sonne gezeichneten Gesicht. Ihren rundlichen Körper bedeckte ein karierter Kittelschurz, ihre Füße steckten in Filzpuschen. Trotz sengender Hitze trug sie blickdichte Nylonstrümpfe.

»Dich kenne ich«, sagte sie und zeigte mit dem Schälmesser auf Dora. »Du hast dem Enkelsohn meines Schwagers letzten Sommer den Hals gerettet. Das vergessen wir dir nicht.«

Dora kratzte sich verlegen am Kopf. Die vor ihr liegende Aufgabe lastete zentnerschwer auf ihren Schultern. »Stimmt. Das ist gar nicht so einfach gewesen.« Sie zog sich einen Hocker heran und setzte sich.

Dona Cidália wischte sich ihre Hände an einem schrumpeligen Lappen ab, stand auf und ließ in einen Aluminiumtopf Wasser auf die geschälten Kartoffeln laufen. Dann setzte sie sich wieder und begann, Tomaten zu schneiden.

»Du weißt was von meiner Tochter«, sagte sie in einem Ton, als frage sie Dora, ob es draußen heiß oder sehr heiß sei.

Dora biss die Lippen zusammen und nickte.

»Kommst ja nicht umsonst bis von Lissabon sonntagmittags hier herunter und bestimmt nicht, um mit mir Kartoffeln zu schälen.« Cidálias Tränen rollten lautlos. Sie legte das Messer beiseite und umschlang das filigrane goldene Kreuz an der Kette um ihren Hals mit beiden Händen.

Dora nahm ihre mit Schwielen übersäten schmalen Hände liebevoll zwischen ihre schlanken jungen Hände. »Sofía ist tot«, hauchte sie.

»Mein Kind, mein Kind, sie haben es umgebracht. Oh mein Gott, mein Kind.«

Sie kam sich hundsgemein vor, ausgerechnet jetzt die nächste Frage stellen zu müssen. »Was wollte Senhor Elías Inácio aus Lissabon von Ihnen?«

Als Dona Cidália den Namen hörte, versiegten ihre Tränen. Mit einem Ruck zog sie ihre Hände zurück, ließ das Kreuz und die Kette unter den Kittel gleiten und schnäuzte lautstark in ein Geschirrtuch. Zornig knüllte sie das Tuch zusammen und blitzte Dora wütend an.

»*Senhor?* Von wegen Senhor.« Sie schnappte nach Luft. »Das erste Mal rief mich diese Kanaille Weihnachten an und winselte um Vergebung. Ein paar Monate später wieder und letzte Woche noch einmal. ›*Perdoa-me*‹, heulte er in einem fort durch das Telefon. *Pá!* Erst nahm er mir mein Liebstes weg, und dann bettelte er um Vergebung. Das ist ja wohl das Allerletzte. Kanaille, elendige!«

»Er wollte Vergebung?«

Dona Cidália schälte als Nächstes Zwiebeln im Akkordtempo und hackte sie genauso rasend schnell klein.

»Durchgebrannt ist sie mit ihm«, stieß sie hervor. »Seinetwegen hat sich mein Mann aufgehängt. Dass Sofía fortgegangen ist, hat er nie verkraftet. Wegen dieser Kanaille war ich mit knapp vierzig Witwe und alleinerziehend.« Sie schnaubte und hieb mit dem Messerrücken auf Knoblauchzehen ein, als wolle sie Elías im Geiste zerstückeln. »Wegen ihm ist mein Töchterchen nie wieder nach Hause zurückgekehrt.«

»Was meinen Sie damit, wegen ihm ist sie nie mehr zurückgekommen?«

Dona Cidália strich sich mit einer harschen Handbewegung eine widerspenstige Haarsträhne aus dem Gesicht. »Sofía hat nie den Mund gehalten. Schon als Schulkind nicht. Hat sich für Gerechtigkeit starkgemacht. Immer schon habe ich geahnt, dass sie eines Tages deswegen in Schwierigkeiten geraten musste. Als sie in der Studentenschaft in Lissabon wieder einmal Flugblätter verteilt und gegen das faschistische Regime gewettert hat, hat sie ihr eigener Freund, dieser feine Pinkel Elías, an die PIDE-Schurkenpolizei verpfiffen. Pfui Deibel. Mögen ihm Warzen wachsen, bis sein ganzes Gesicht eine einzige riesig hässliche Warze ist. Möge das Warzengesicht platzen und die Kreatur eine einzige Eiterblase sein. Pfui Deibel. Die Miliz hat meine Sofía nach Caxias gebracht. Hat sie verhört. Geschlagen. Mein Kind, mein armes Kind.« Dona Cidália presste beide Hände vor die Brust, als leide sie heftige Schmerzen. »Dann hat die PIDE meine Sofía fortgebracht. Weit fort. Bis in das Lager der Angst.«

Sie rieb sich die Tränen mit dem Geschirrtuch ab. Ihre Stimme verlor sich. Flüsternd fuhr sie fort: »All das weiß ich von einem Polizisten aus Portimão, dessen Schwester mit der Schwester meines Mannes verheiratet gewesen ist. Der hat damals einen heißen Draht nach da oben gehabt. Seitdem habe ich nie wieder etwas von meinem Töchterchen gehört. Und dann ruft dieser Verräter fünfundvierzig Jahre später bei mir an und winselt um Vergebung. Wie lange mein Kind gewinselt hat, ist ihm gleichgültig gewesen. Diese, diese … Kanaille.« Sie ballte die Faust fest um das große Küchenmesser. »Sollte ich ihm jemals begegnen, dann schlitze ich ihn auf, so Gott mir helfe.«

Dora zog die Stirn in Falten. »Zu spät, Dona Cidália. Elías Inácio wurde am vergangenen Donnerstag umgebracht.«

Cidália grunzte und ließ die Faust mit dem Messer sinken. »Gut so«, sagte sie und rührte mit einem Holzlöffel den Zwiebelsud im Topf um.

»Ich bringe Sofía nach Hause«, versprach Dora leise beim Abschied.

Als sie die Tür hinter sich schloss, hörte sie, wie Cidália sich ihren Tränen hingab. Wäre Dora einen Moment länger stehen geblieben, hätte sie das Telefongespräch belauschen können, das Dona Cidália kurz darauf führte.

***

Trotz der andauernden Mittagshitze fröstelte es Dora nach ihrem Gespräch mit Dona Cidália. Sofía war also mit Elías durchgebrannt, hatte gegen das Regime aufbegehrt und war verhaftet und verhört worden. Ausgeliefert hatte sie Elías – was ihn fünfzig Jahre später zum Büßen in die Kirche getrieben hatte.

Dora verweilte einen Augenblick lang am Hafen in der Sonne, rieb sich die nackten Arme warm und beobachtete ein Pärchen, das Selfies aufnahm.

Verliebt im Urlaub. Das muss schön sein, dachte sie. Wie schön es tatsächlich war, wusste sie nicht. Für Urlaubspläne zu zweit war sie nie lange genug verliebt gewesen.

Sie schielte hinüber zur Restaurantterrasse, wo Cardoso, Luís und ihr Großvater saßen und sich die Vorspeisen schmecken ließen. Dazustoßen wollte Dora noch nicht. Sie benötigte dringend einen Augenblick allein.

Seit sie den Zusammenhang zwischen dem Mord an Elías Inácio, Sofía Pires und Guiliano kannte, fühlte sie sich in eine Zwangsjacke der Extreme gewickelt. Extrem aggressiv und gleichzeitig extrem nahe am Wasser gebaut. Die körperliche Anspannung der vergangenen drei Tage machten sich bemerkbar. Das ständige Auf und Ab ihres Adrenalinspiegels. Ihre Wut, vermischt mit ihren Zweifeln. All das nagte an ihrer Substanz. Die Maske der Inspetora-Chefe bröckelte. Die andere, nach innen gewandte Dora boxte sich frei, und die konnte Guilianos Perversität schlichtweg nicht fassen. Mitleid für Sofía überschwemmte sie. Verraten von der großen Liebe, für die sie selbst mit ihrer Familie gebrochen hatte, von demjenigen, der der Vater ihrer Kinder hätte werden sollen. Gab es überhaupt noch eine größere Enttäuschung im Leben?

Wie schwer Elías' Schuld gewogen hatte, konnte sich Dora jetzt noch besser vorstellen. Seinen Bruder und seine große Liebe hatte er an die Geheimpolizei verraten. Skrupellos. Als er sein Gewissen vier Jahrzehnte später wiedergefunden hatte, nachdem er von Azevedo erfahren hatte, was mit Sofía geschehen und dass sie längst tot war, zerbrach er, suchte Vergebung und fand sie nicht.

Und Guiliano? Der hatte überlebt und tobte seine Machtbesessenheit in einer anderen Manege aus. Folter praktizierte er keine mehr, dafür lockte er unbescholtene Menschen mit Geld und Verlockungen in eine von ihm konstruierte Seelenfalle und ließ sie darin schmoren.

»Verdammt ist das Tier, das dem falschen Propheten folgt, schmerzvoll sein Tod, denn er stirbt zweimal.«

Dora erinnerte sich an den Bibeltext aus dem Buch der Offenbarung, das die Zukunft beschrieb. Auch Guiliano würde zweimal sterben. Das schwor sich Dora bei ihrer Liebe zu Maurice.

Sie ging zum Rettungsbootshaus hinüber. Der Bootshauswächter stand am Tor im Schatten, rollte sich eine Zigarette und grüßte sie freundlich. *»Oi, tudo bem?«*

Dora nickte im zu. »Oi, alles klar.«

Kaum die Schwelle übertreten, tauchte Dora ein in die Stille alter Algarve-Häuser. Dicke Wände, verputzt mit Lehm und Muschelkalk, hielten alle Geräusche und die Hitze draußen.

Sie hob das Kinn und starrte in den Dachgiebel hinauf. Dort droben am Querbalken hatte Sofías Vater also gehangen. Dora stellte sich die Tragödie vor. Den Schifferknoten eigenhändig geknüpft, das Seil über den Balken geworfen und die Schlinge um den Hals geschlungen, war er in den Giebel hinaufgeklettert und hatte sich fallen lassen. Knacks.

Gefunden hatte ihn seine Frau. Dona Cidálias Schreie hatten das gesamte Dorf angelockt. Alle hatten den Toten angestarrt. Bis die Feuerwehr eingetroffen war und den toten Fischer vom Strick geschnitten hatte.

Kein Wunder, dass sich die Witwe darüber freute, dass Elías Inácio tot war. Damit war diese offene Rechnung beglichen. Ironie des Schicksals. Von dem Mann ermordet, an den er Sofía verraten hatte. Am Ende ergibt alles einen Sinn, pflegte Maurice zu sagen, und Dora glaubte langsam selbst an diese Weisheit.

Sie brauchte dringend etwas zu trinken. Am besten etwas mit Alkohol. Medronho.

Sie steuerte die nächstbeste Snackbar an und bestellte einen Baumerdbeerschnaps.

»Vom richtig Guten«, fügte sie hinzu.

Der Wirt zwinkerte, holte eine Karaffe ohne Etikett aus dem Kühlschrank und stellte Dora ein volles Schnapsglas hin.

Sie setzte das Glas an die Lippen, kniff die Augen zusammen

und schluckte den Medronho auf ex hinunter. Mit über fünfzig Umdrehungen raste das Destillat durch ihren Hals abwärts und sauste in Hochgeschwindigkeit in ihre Blutbahn.

Sofía und Elías waren durchgebrannt, hatten heiraten, Kinder zeugen wollen. Und dann lieferte Elías den Menschen, den er am meisten liebte, an die Miliz aus und beging damit eine Todsünde. Wie einst Judas, als er Jesus verriet. Wie einst Abraham, der seinen Sohn opfern wollte. Wie der Verführte, der dem Propheten glaubte und dem Tier der Verführung gefolgt war. Das Tier der Moderne war der Faschismus. Der Prophet der Regimeführer. Die Versuchung seine Stellung. Geblendet vom Faschismus, dressiert auf Gehorsam, gehorchte Elías seinem Treueschwur und nicht seinem Herzen.

Dora hielt dem Kellner das leere Schnapsglas hin. »Nachschenken.«

Elías hatte Sofía weitergeliebt, auf ein Lebenszeichen von ihr gehofft. Tagein, tagaus, jahrein, jahraus. Gehofft. Gewartet. Gehofft. Gewartet. Vergeblich.

Eines Tages hatte er Mónica getroffen. Sie füllte sein weinendes Herz mit Zuneigung. Sie heirateten. Zeugten Kinder. Gründeten eine Familie. Gedacht hatte Elías trotzdem an Sofía und hatte ihr Bild stets an seinem Herzen getragen.

Dora bezahlte und ging zurück zum Restaurant. Noch nicht ganz an ihrem Tisch angekommen, hörte sie Luís, Cardoso und ihren Großvater bereits über Fußball diskutieren. Später am Abend stand schließlich das Spiel des Jahres bevor. Benfica Lissabon gegen Sporting Lissabon. Seit Tagen sorgte das Kicker-Happening schon für Foppereien zwischen den Fans. Auch Cardoso neckte Luís und Maurice wegen ihres Fußball-Faibles.

Gerade als sich Dora zu ihnen an den Tisch setzte, ließ er eine Salve Spitzfindigkeiten vom Stapel.

»Klar, verliert Benfica, ist der Schiedsrichter schuld. Verliert Sporting, dann wegen der Sportwetten-Quote.«

»Die Eidechsen von Sporting kassieren mindestens drei Tore«, höhnte der Benfica-Fan Maurice.

Luís, eingefleischter Sporting-Fan, konterte mit der Androhung, heute Abend esse seine Mannschaft Adler vom Grill, mit Seitenhieb auf das lebende Adler-Maskottchen von Benfica. Aber kaum servierte der Kellner die erste Platte mit frisch gegrillten Sardinen, schwenkte das Tischgespräch augenblicklich um zum zweitwichtigsten Gesprächsthema in Portugal: Essen.

Maurice rieb sich die Hände und angelte eine Sardine von der Vorlegeplatte auf eine Scheibe Brot.

»Genau auf den Punkt. Die besten Sardinen, die ich je gegessen habe«, lobte Luís und rückte den Fischlein mit Messer und Gabel zu Leibe.

»Und der Salat erst. So schmecken Tomaten nur hier an der Algarve«, schwärmte Cardoso und spießte Tomatenwürfel auf seine Gabel.

Dora aß die Sardine wie ihr Großvater mit den Fingern und von einer Scheibe Brot. Gekonnt zog sie dem Fisch erst die Haut ab, dann das Filet von der Mittelgräte. Das Fleisch schmeckte saftig, war genau richtig gesalzen und butterzart. »Delikatissimo!«

***

Für die Rückfahrt von der Algarve nach Lissabon wählte Luís die Ponte Vasco da Gama über den Tejo. Nach nur zweieinhalb Stunden Autofahrt erreichten sie am späten Nachmittag die Stadt. Selbst jetzt waberte die Kapitale noch unter einer Hitzeglocke von über vierzig Grad Celsius.

Kaum bei Maurice angekommen, schickte Dora Luís nach Hause. Sie verabschiedeten sich mit Handschlag voneinander. Das Strohfeuer war abgebrannt. Luís kehrte zurück in sein Leben. Dora blieb in ihrem.

Während eines Spaziergangs im Park an der Stierkampfarena Campo Pequeno besprachen Dora und Cardoso ihr weiteres Vorgehen. Vom Spielplatz hallte Kindergelächter herüber, auf den Terrassen rund um die Arena saßen Eltern und genossen ihren Sonntag mit Familie, Zeitung und Getränk.

»Auf der Rückfahrt habe ich nachgedacht, Cardoso. Zwar scheint jetzt alles logisch zu passen, aber ich erkenne da einige Diskrepanzen.«

»Jetzt machen Sie mich aber neugierig, Senhora Inspetora-Chefe. Unsere Beweiskette steht juristisch gut da.«

»Zu gut, Cardoso. Guiliano konnte zur Tatzeit am Donnerstag noch gar nichts von der Liste gewusst haben, weil wir noch nichts davon wussten und weil Jósua sie noch in der Hosentasche hatte. Erst seit wir die Liste kennen, hat Guiliano davon erfahren, weil bei uns im Dezernat ein Maulwurf sitzt. *Wir* haben Guiliano aufgescheucht, nicht Elías und auch nicht Jósua. Zwar kommen Antunes, Romeu und Guiliano selbstverständlich auch wegen Korruption in großem Stil und wiederholter Veruntreuung aus der Staatskasse vor Gericht, aber davor fürchtet sich Guiliano nicht. Er fürchtet sich vor seiner Enttarnung und davor, dass wir den Zusammenhang zwischen ihm und den Todesopfern im Lager des Todes beweisen können. Denn dann lautet die Anklage auf mehrfachen vorsätzlichen Mord. Guiliano hat Fracksausen.«

Cardoso widersprach ihr. »Guiliano wusste vielleicht doch vorher von der Liste, unternahm aber zunächst nichts und plante den Mord von langer Hand, um einen Zusammenhang zu vertuschen.«

Dora faltete ihre Hände auf dem Rücken und blieb stehen. »Glaube ich nicht, Cardoso. Niemand wartet länger als nötig ab, ob er enttarnt wird und bis ans Lebensende ins Kittchen wandert.«

»Elías konnte mit seinem Wissen aber gar nicht zur Polizei gehen. Er war ein Erpresser, hat der alten Garde beim Horten der veruntreuten Summen aus dem Staatssäckel geholfen und das Korruptionsgeschäft jahrelang gedeckt. Darauf stehen hohe Gefängnisstrafen.«

»Ich denke, er war bereit dazu. Er fieberte seit Monaten nach Erlösung. Gefängnis als Strafe verhieß Erleichterung. Er stand kurz davor, den Verstand zu verlieren, Cardoso, schließlich hatte er Sofía auf dem Gewissen. Deswegen flehte er Sofías Mutter um Vergebung an. Er ging täglich zum Beten und Büßen in die Kirche, schlug sich in einem Hotelzimmer versteckt den Rücken wund. Trotzdem schwand seine Hoffnung auf Vergebung jeden Tag ein bisschen mehr. Es wurde dunkel in seinem Herzen. Er sah keinen Ausweg mehr, hat sich selbst angeklagt und verurteilt. Er war sein Kläger, sein Richter und sein Vollstrecker in einer Person. Er wollte abrechnen. Mit sich und mit Guiliano.«

»Ich gebe zu, aus dieser Warte betrachtet geschah der Mord zu einem denkbar unlogischen Zeitpunkt.«

»Das ist nur deswegen unlogisch, Cardoso, weil es uns passieren kann, dass Guiliano gar nicht der Mörder ist.«

»Sie scherzen.«

»Ist bis jetzt nur ein Gefühl. Seit drei Tagen jagen wir einem Phantom hinterher, decken unterwegs immer noch Ungeheuerlicheres auf. Der Kreis schließt sich mit Sofía Pires' Foto im Medaillon des Toten. Alle Spuren deuten auf Guiliano, aber trotzdem bin ich unsicher, ob die alte Garde etwas mit dem Mord an Elías Inácio zu tun hat. Mir scheint es eher umgekehrt. Der Mord an Elías hat uns zum Polit-Schach von einst und heute geführt. Als hätte der Täter das sogar beabsichtigt.«

Einen Kommentar erwartete Dora nicht von Cardoso. Ihr war bewusst, wie spekulativ ihre Theorie klang. »Wie läuft die Spur des Geldes?«, fragte sie.

Cardoso rieb sich die Hände. »Vielversprechend. Ich habe das Konto eines Toten gefunden. Es ist hochaktiv. Aktienhandel, Devisenkäufe, Abhebungen in nicht unerheblicher Höhe. Ein Toter spekuliert jedoch, wie man weiß, nicht mehr. Aber dafür jemand, der sich dessen Kontos bedient. Wer das ist, erfahre ich hoffentlich bald.«

Sie kehrten in Maurice' Wohnung zurück, setzten sich an den Wohnzimmertisch und legten sich eine Strategie zurecht. Dora instruierte Cardoso für sein Treffen mit Mendes. Nach reiflicher Überlegung hatte sie entschieden, dass es besser war, wenn er ging und nicht sie. Cardoso hatte so eine überzeugend argumentative

Art. Er blieb ruhig, wo sie Gefahr lief, zynisch zu werden. Ihr Motor war momentan Wut, Cardosos Logik. Für Mendes der bessere Schlüssel. Sollte der Staatsanwalt mitspielen, konnte seine Kollegin Cristina ihn zumindest teilweise beruflich rehabilitieren. Sollte er sich stur stellen, dem Mammon weiter dienen und denjenigen, der ihn damit fütterte, decken, saß er in einem Boot mit Antunes und Romeu – mit Direktkurs Anklagebank.

Cardosos Laptop meldete einen Posteingang.

»Bescheid von der Einwanderungsbehörde. Die Daten der portugiesischstämmigen Immigranten bis 1985 sind nicht digitalisiert, sondern liegen in Aktenordnern abgelegt im Archiv im zentralen Melderegister.«

Dora winkte ab. »Sie brauchen nicht weiterzureden. Ich weiß. Das Archiv ist bis morgen geschlossen.«

Sie trennten sich. Von Maurice' Wohnung aus nahm Dora den Weg zu Fuß zur Kreuzung an der Bahnstation Areeiro/Roma und die Metro Richtung Innenstadt zum Rossio. An der Praça da Figueira stieg sie aus und eilte die Rua dos Franqueiros entlang bis Hausnummer 178, nahm den Elevador zur Rua Santa Madalena und von dort aus im Supermarkt den Fahrstuhl Castelo bis in den sechsten Stock des Graffiti-Parkhauses.

Sie startete ihren Mustang. An der Ausfahrt fädelte sie sich in den Verkehr ein und folgte der Avenida Almirante Reis stadtauswärts, bog auf den Zubringer ab Richtung Flughafen und schoss mit überhöhter Geschwindigkeit über die pünktlich zur Eröffnung des Weltausstellung Expo 98 fertiggestellte siebenundzwanzig Kilometer lange Brücke Ponte Vasco da Gama. Das Expo-Gelände Parque das Nações schmiegte sich am Ostende von Lissabon bis zum Hafen von Santa Apolónia am Tejo entlang. Die Messestadt mit dem futuristisch gestylten Bahnhof Gare do Oriente, den ehemaligen Ausstellungspavillons, dem Torre Vasco da Gama und dem Meeresaquarium Oceanário glich einer Märchenstadt aus der Zukunft, eigens geplant und erbaut auf einer ehemaligen Industriebrache zur Fünfhundert-Jahr-Feier in Andenken an Vasco da Gamas Indien-Entdeckung.

Die längste Stahlseilbrücke Europas brachte Dora an diesem Sonntagabend kurz vor Anpfiff des wichtigsten Fußballspiels der Saison beinahe verkehrsfrei auf die andere Seite des Flusses nach Alcochete und von dort weiter auf der A 33 nach Palmela. Die Ritterburg der Herzöge von Palmela thronte auf der Bergkuppe neben der Autobahn, eine Liegenschaft aus den Eroberungszügen gegen die Mauren in Lissabon vor neunhundert Jahren. Dora steuerte direkt darauf zu, als ihr Telefon läutete. Über die Lautsprecherfunktion in ihrem Bordcomputer nahm sie den Anruf entgegen.

»Cardoso. Wie ist es mit Mendes gelaufen?«

»Ich sage es mal so, zu einem besseren Zeitpunkt hätte ich kaum auftauchen können. Mendes befand sich allein zu Hause, seine Frau war mit den Kindern im Zoo und anschließend Pizza essen. Mendes war im Bademantel, anscheinend seit er aufgestanden ist. Er war unrasiert, mit deutlicher Whiskyfahne. Er ist geschockt gewesen, als ich ihm unser Ermittlungsdiagramm gezeigt habe. Natürlich stritt er ab, in die Machenschaften der alten Garde verwickelt zu sein, bis ich ihm einen Auszug des Nummernkontos, das auf seinen Namen eingetragen ist, vorlegte. Danach räumte er ein, seit einigen Monaten von der Struktur zu profitieren. Widerwillig mache er mit und habe sich auf Nachdruck seines Schwiegervaters verleiten lassen, der ebenso im Schaltzentrum der Garde seinen Platz hat.«

»Weiß er, wer die Garde leitet?«

Cardoso antwortete mit einem lang gezogenen »Ja«.

Dora schaltete auf der Stelle das Warnblinklicht an, bremste und hielt auf dem Seitenstreifen kurz hinter der Autobahnraststätte Alcochete. Ihr Puls jagte hoch bis unter ihren Gaumen. »Und?«

»Mit dem Namen wollte Mendes partout nicht rausrücken.«

»Haben Sie Cristina in Stellung gerückt und ihm erklärt, was wir von ihm wollen?«

»Habe ich, Senhora Inspetora-Chefe. Nichts zu machen, er bat mich zu gehen, bis ich …«

Dora ahnte, was Cardoso ihr verschwieg. »Sie haben ihm alles erzählt.«

»Wie befürchtet hatte Mendes keine Ahnung, dass der Drahtzieher der Garde Guiliano ist.«

Dora biss sich auf die Lippen. Mendes war wie alt? Unter fünfzig. Mit Fürsprache seines Schwiegervaters, dem obersten Richter, war er in diesen Schlamassel hineingerutscht. Nun saß er im engsten Kreis des korrupten Kraken ganz oben auf einem Stuhl und konnte die Hände, die ihn fütterten, nicht mehr abschlagen. Da hingen viele Menschen und Existenzen mit dran.

Dora fluchte still und nannte Guiliano alles Schlimme, was ihr überhaupt je einfallen konnte.

»Wie hat Mendes reagiert?«, fragte sie.

»Er hat geweint.«

»Ich melde mich, sobald ich mich entschieden habe, wie wir weiter agieren.«

Dora drückte den Anruf weg, vergewisserte sich mit einem Blick in den Rückspiegel, dass ihre Spur frei war, und gab Vollgas. Der Wagen schlingerte, als sie vom zweiten direkt in den vierten Gang schaltete. Sie musste diese Neuigkeiten sortieren, an ihrem ursprünglichen Plan, Jósua als Köder für Guiliano zu benutzen, einiges feilen. Das funktionierte am besten während einer rasanten Fahrt durch die Serra da Arrábida.

An der Ausfahrt Palmela/Sesimbra verließ Dora die Autobahn auf der Via-Verde-Spur, folgte den Schildern Richtung Sesimbra und Serra da Arrábida auf der Halbinsel Setúbal und fuhr dem nahenden Sonnenuntergang entgegen. Wie gern wollte sie einfach weiterfahren bis zum Cabo Espichel und dort auf der höchsten Klippe am Atlantik warten, bis die Sonne ins Meer fiel und die See in Flammen tauchte. Im Café neben dem verlassenen Kloster einen Kaffee und einen Moscatel trinken. Aber dazu fehlte ihr gerade der Nerv. Sie musste nüchtern bleiben und cool.

Über den Kordilleren färbte sich der Horizont bereits rosa. Der Himmelsmaler spielte mit den Farben des Feuers am Ende eines heißen Tages. Auf der anderen Seite des Tejo lag die Metropole Lissabon im abendlichen Dunst ausgebreitet.

Dora erreichte die Kleinstadt Azeitão und bog etwa fünf Kilometer dahinter von der Hauptstraße ab in eine Landstraße, die sie kurvenreich über den Bergkamm auf die andere Seite brachte. Sie folgte der Route bis zum Fischerort Portinho da Arrábida, bog dort nach links gen Osten ab auf die Küstenstraße und raste mit überhöhter Geschwindigkeit durch etliche enge Kurven, die dem zerklüfteten Straßenverlauf an den Stränden Praia de Galápos und Praia dos Coelhos bis zum Marmorsteinbruch vor Setúbal folgten. Dort bog sie wieder links ab und schraubte sich Serpentine für Serpentine aufwärts bis zum Gipfel, raste an den Funkantennen und der Wetterstation vorbei und bremste auf ihrem Weg wieder abwärts scharf in einer engen Kurve an einer schmalen Parkbucht an der Einsiedelei Santa Maria ab.

Sie stellte den Motor ab und stieg aus. Die Stille der Serra umfing sie augenblicklich. Die türkisblaugrün glitzernde Bucht von Sesimbra beruhigte ihre Sinne, der Ausblick bis zur Dünenstrandinsel Tróia und zu dem endlosen Horizont entlang der südlichen Westküste senkte ihren Puls auf normal. Dora konnte wieder ruhig atmen und klar denken. Vor allem aber konnte sie wieder an sich und ihr Vorhaben glauben.

Zufrieden stieg sie ein, fuhr zurück bis fast nach Azeitão und bog unterwegs ab in eine unscheinbare Privatstraße, die auf das Landgut des Herzogs führte.

Das Safe House lag mitten im Naturpark auf den herzoglichen Ländereien. Dieses völlig isoliert stehende Bauernhaus diente dem DEA hin und wieder als Versteck. Das Haus kannte kaum jemand aus der Spezialeinheit des Marinekorps. Offiziell sollte sich die Familie Inácio in dem sonst für Personenschutz üblichen Versteck im Lissabonner Badevorort Cascais befinden.

Gen Süden trennte ein Gebirgsmassiv das Landgut vom Meer. Rund um das Safe House breiteten sich mehrere hundert Hektar Weidefläche aus, bewachsen mit Korkeichen und Olivenhainen. Es war still in den Bergen am Kap. So still, dass man ein herannahendes Auto bereits Kilometer entfernt hören konnte. Eine abendlich auffrischende Brise blies vom Gebirgskamm herüber. Dora parkte den Mustang hinter dem Haus.

Jorge begrüßte sie mit Küsschen.

»Du traust dich was«, sagte sie tadelnd und hielt ihm gern beide Wangen hin.

Er grinste frech und ließ ihr den Vortritt durch die Hintertür in die Waschküche hinter der Küche. Dort waren sie unter sich.

Jorge hatte seinen Laptop auf dem Wäschetrockner abgestellt. Auf dem Bildschirm war ein Ausschnitt der Umgebung erkennbar, in der Mitte blinkte ein roter Punkt. Jósua Inácios Mobiltelefon. Jorge bewegte die Maus, bis ein Straßenausschnitt in Lissabon, präzise im Stadtteil Belém, Gestalt annahm.

Dora beobachtete, wie der Torre de Belém, der Park davor, die Stiftung Champalimaud und das Monument im Andenken an die Kriegsveteranen in Angola und Mosambik in ihr Blickfeld rückten. Die Avenida Torre de Belém gewann an Länge, als Jorge der Straße mit der Maus folgte, und endete am Jardim Ducla Soares. Ganz in der Nähe der Apostelkirche Schoenstatt blinkte ein zweiter roter Punkt.

»Das ist das Handy mit der Nummer, die du mir gegeben hast. Es befindet sich in diesem Moment in der Inácio-Villa.«

Dora senkte den Blick. »Die Nummer, die der Pförtner angerufen hat, gehört zu einer Prepaidkarte?«

»So ist es. Wem sie gehört, weiß ich nicht. Aber du. Das sehe ich dir an der Nasenspitze an.«

Doras Gedanken überschlugen sich. Der Pförtner am Eingang des Präsidiums hatte diese Nummer in der vergangenen Nacht angerufen, und kurz darauf war Martiniano aufgetaucht. Das war kein Zufall mehr.

Zwar bedeutete das immer noch nicht, dass Martiniano letztendlich Guiliano war, aber ihr Verdacht erhärtete sich. Verzwickte Situation. Hielt sich Martiniano momentan tatsächlich in der Villa Inácio auf, war das ein weiteres eindeutiges Indiz dafür, dass er zumindest zur Garde gehörte. In welcher Position, würde sich zeigen.

Dora hob den Blick und sprach den Namen zum allerersten Mal laut aus. »Martiniano.«

Jorge brauchte eine Weile, um das zu verdauen. »Deshalb wolltest du die Familie Inácio und Ferreiro hierher in die Serra da Arrábida und nicht in das sonst übliche Haus für Zeugenschutz in Cascais bringen. Du hast mich nur halbseiden eingeweiht.«

Jorge sprach sehr leise, aber Dora hörte die Enttäuschung in seinen Worten trotzdem und kam sich ziemlich schäbig vor. Außer Cardoso war Jorge ihr einziger Vertrauter, und ausgerechnet ihn hatte sie von ihren Schlussfolgerungen ausgeschlossen.

»Du weißt doch ganz genau, was mit Nestbeschmutzern passiert, Jorge. Du wachst eines Morgens mit einem DEA-Team in deinem Schlafzimmer auf, und dein eigener Boss wedelt dir mit einem Kokainbeutelchen unter der Nase herum. Du hast zwar nie im Leben geschnupft, aber plötzlich weisen dir die eigenen Kollegen Koks im Blut nach. So wie sie es mit Greta von der Sitte gemacht haben, als sie intern gegen Kollegen ermittelt hat, die an einer mehrfachen Vergewaltigung von minderjährigen Prostituierten beteiligt gewesen waren. Greta wurde unehrenhaft entlassen, hat eine Haftstrafe abgesessen, während sich das Trio ungestraft weiter durch den Lissabonner Kiez vögelt.« Die letzten Sätze hatten – typisch portugiesisch – rasant zischend ihren Mund verlassen.

»Du hättest mich trotzdem vorwarnen können, Dora Monteiro, damit ich auf eine solche Situation vorbereitet gewesen wäre«, konterte Jorge genauso rasant zischend. »Dein Ehrgeiz wird dich eines Tages einsam machen. Du gehst über Leichen, um ans Ziel zu gelangen. Und du drehst dich nicht einmal um.«

Sein verbaler Hieb traf Dora mit voller Wucht. War sie wirklich derart besessen? Sie lauschte in sich hinein. Ja, das war sie. Einzig die Aussicht, Guiliano zu fassen, trieb sie weiter. Koste es, was es wolle, sie wollte ihn schnappen. Ein Exempel statuieren. Damit Greta und Tausende andere Gretas in Zukunft eine

Chance bekamen und nicht kaltschnäuzig von einer Handvoll Polit-Schacherern abserviert wurden. Sogar die Freundschaft zu Jorge würde Dora als Tribut setzen.

»Ich *muss* ihn fassen, Jorge. Hilf mir.«

Sein verletzter Blick tat ihr mehr weh als seine groben Worte. »Bitte.«

Als Jorge betreten schwieg, ging sie übergangslos zu ihrem Plan über. »Ich stelle mir das so vor. Jósua Inácio wird Martiniano anrufen und ihm die Negative von den Fotos der alten Garde anbieten. Treffpunkt in der Alfama im ›Hostal Anjo‹, Zimmer Nummer acht. Im Gegenzug verlangt Inácio, dass die Garde seine Familie in Frieden lässt.« Jorge zog skeptisch die Nase kraus. »Du und noch zwei Mann postiert euch vorher in der Pension, ich begleite Jósua.«

Jorges Augenbrauen schnellten in die Höhe. »Soso.«

Dora überging seine Spitzfindigkeit. »Um Schlimmeres zu verhindern, muss ich mitgehen.«

Jorge erwiderte nichts. Er bereitete Doras Ausrüstung vor. Mikrosender, Sendegerät, Mikrofon, kugelsichere Weste, alles lag bereit.

Dora respektierte sein Schweigen, wusste aber, es währte nicht lange. Sie zog die Bluse aus und knöpfte ihren schwarzen Spitzen-BH auf, damit Jorge sie verkabeln konnte.

»Ich bin dagegen«, grummelte er und starrte ungeniert auf ihre entblößten prallen Brüste.

Dora ließ sich das winzige Mikrofon zwischen ihrem Busen festkleben. »Fotografieren verboten«, sagte sie neckisch, hakte das Dessous wieder zu und zog die Weste an.

Jorge platzierte den Empfänger in ihrer Ohrmuschel. »Dora. Im Ernst. Guiliano weiß, dass du ihm an den Fersen hängst. Er wird die Finte erkennen und sich vorbereiten. Du hast ihn verwundet. Jetzt ist er unberechenbar. Wie ein angeschossener Wolf.«

Ohne auf seine Worte einzugehen, fixierte Dora ein Messer an ihrer Wade und zog einen Spezialanzug über die kugelsichere

Weste. Die Glock schob sie in das dafür vorgesehene Holster unter der Achsel, und Jorge half ihr, den Reißverschluss hochzuziehen, damit nichts verrutschte. Für einen Atemzug lang herrschte wieder die gewohnt erotische Vertrautheit zwischen ihnen, bis Jorge einen Schritt von ihr abrückte. Dora bat ihn, Jósua Inácio in die Waschküche zu rufen.

Dessen Begeisterung für ihren Plan fiel vornehm zurückhaltend aus. »Ich soll den heutigen Drahtzieher der alten Garde bitten, meine Tochter in Frieden zu lassen, und ihm dafür die Negative anbieten?«

Dora sprach mit Engelszungen. »Es ist ein Bluff.«

Inácios Blick wanderte zwischen ihr und Jorge hin und her. Seine Skepsis wuchs, das konnte Dora an den Falten auf seiner Stirn abzählen. Dann lächelt er schief, als habe er sie bei einem Streich erwischt.

»Mit wem treffe ich mich da eigentlich?«, fragte er und bleckte die Zähne. »Mit dem Maulwurf oder mit seinem Chef?«

***

Doras Finte, dem mutmaßlichen Guiliano ein Treffen zwecks Übergabe der Negative mit Jósua Inácio vorzuschlagen, hatte entgegen Jorges Skepsis funktioniert. Sie hatten von Jósua Inácios Handy aus eine entsprechend formulierte SMS an die besagte Nummer geschickt und relativ rasch eine positive Rückmeldung erhalten. »23 Uhr, Hostal Anjo, Zimmer acht.« Viel Zeit blieb ihnen also nicht.

Sie fuhren mit zwei Wagen hintereinanderher. Im vorderen Wagen saßen Dora und Jorge. Im Wagen dahinter zwei DEA-Beamte und Jósua Inácio.

Der Spielanpfiff der beiden Lissabonner Kickerteams sorgte für freie Fahrt. So sparten sie ordentlich Zeit an der Mautstation zur Brückenauffahrt auf die Ponte 25 de Abril und kamen zügig voran.

Die Brücke wirkte beinahe gespenstisch leer. Es fuhr nur

Auto, wer fahren musste. Lissabon saß vor dem Fernseher. Leute standen in Cafés und verfolgten das Spiel, auf der Praça do Comércio standen Tausende vor dem Giant Screen oder tobten in der Cheerleader-Kurve im Stadion.

Dora steuerte den Mustang, und Jorge wetterte auf dem Beifahrersitz in einem fort, wie es ihr hatte einfallen können, ihren Kronzeugen einer solchen Gefahr auszusetzen, ohne ihm zu sagen, wem er gegenübertreten würde.

Zu Unrecht schimpfte Jorge nicht mir ihr, das musste sich Dora eingestehen, aber es stand einfach zu viel auf dem Spiel, als dass sie es riskieren konnte, dass Inácio überschnappte, weil er glaubte, den mutmaßlichen Mörder seines Bruders zu treffen.

Am Ende der Brücke nahm sie die erste Abfahrt zum Yachthafen in Alcântara und fädelte sich Richtung Centro ein. An den Docks an der Avenida 24 de Julho leitete die Verkehrspolizei den Verkehr um zum Campo de Ourique.

»Seit wann hast du eigentlich deinen Führerschein wieder?«

Dora sah stur geradeaus. »Ich fahre schwarz.«

Was Jorge zu einer weiteren Moralpredigt animierte, während Dora den Umleitungsschildern bis zum Jardim da Estrela an der gleichnamigen Basilika in die Altstadt quer durch den Chiado in die Rua da Conçeição folgte. Sie hörte ihm schweigend zu und überlegte, ob es möglich war, dass er sich mehr als spontane Intimitäten von ihr wünschte.

Drei Straßen hinter dem Triumphbogen an der Rua Augusta vorbei verlief die Einbahnstraße, durch die sie fahren mussten, um geradewegs gen Burghügel an den Treppen vor der Kathedrale Sé de Lisboa und aufwärts in Richtung Alfama weiterzufahren. Denn dort lag ihr Ziel.

Jorges Schimpftirade wurde von einem Anruf von Cardoso unterbrochen, gerade als sie im Schritttempo hinter einer Tram durch die enge, auf den Schienen verlaufende Calçada de São Francisco rollten.

»Ich habe ihn.« Cardosos Stimme vibrierte vor lauter Aufregung. »Er ist 1980 aus Rio nach Lissabon eingereist, nicht immigriert. Er kehrte mit portugiesischen Papieren von einer angeblichen Expedition am Amazonas an Bord eines Luxusdampfers nach Portugal zurück.«

Dora blieb keine Chance für Fragen. »Tor!« – »*Goooooooooolo!*« –, echote es quer durch die Stadt. Augenblicklich füllte sich die Baixa mit Tausenden Menschen. Fans rannten fahnenschwenkend über die Fahrbahn, krakeelten »Benfiiiiica« im Chor und verstopften die gesamte Rua Augusta und Nebenstraßen, ergo auch die Rua da Conceição. Nichts ging mehr voran. Die Tram steckte fest, und Dora und der Einsatzwagen des DEA hinter ihr waren umringt von Fans in roten Trikots, die in einem fort den Namen ihrer Lieblingsmannschaft brüllten. »Benfiiiiica.«

Jorge stöhnte. »Ausgerechnet jetzt ist Halbzeitpause.«

Dora schaute in den Rückspiegel und traute ihren Augen nicht. Jósua Inácio büxte aus! Im Nullkommanichts verließ sie das Auto und drängelte sich durch die Menge der Fans.

***

Bevor Jorge reagieren konnte, war Dora bereits ausgestiegen und in der Menschenmasse verschwunden.

»Was zum Teufel?«, fluchte er.

Da erreichte ihn der Anruf seines Kollegen aus dem Wagen hinter ihm. »Inácio ist getürmt. Mit Marcos Pistole!«

Zeitgleich meldete sich Cardoso aus der Lautsprecheranlage am Bordcomputer. »Hallo. Hallo?«, rief er.

Wütend schlug Jorge auf das Armaturenbrett. »Hier ist Jorge, Cardoso. Ich sitze in Doras Oldtimer, bin umzingelt von *benficistas* und stecke in der Rua da Conceição fest. Ihr Kronzeuge hat das Chaos nach dem Eins-zu-null ausgenutzt und ist verduftet. Dora hinterher.«

Cardosos Stimme klang nicht sonderlich überrascht. »Inácio wird eins und eins addiert haben und wissen, dass der Kopf der Garde Guiliano sein muss. Somit wird er glauben, dass er der Mörder seines Bruders ist. Jetzt ist er sauer.«

Jorge verrenkte sich fast, hieb mit dem Kopf gegen das Autodach, blieb mit der Hose beinahe am Schalthebel hängen und schaffte es nur mit großer Anstrengung, vom Beifahrersitz auf den Fahrersitz zu wechseln. Endlich hinter dem Steuer eingeklemmt, schob er den Sitz mit einem Ruck ganz zurück, damit seine kräftigen langen Beine Platz fanden, und stellte die Lehne nach hinten.

»Er hat eine Waffe, Cardoso, irgendwie hat er Sergeant Marco die Pistole abgenommen, bevor er ausgestiegen und getürmt ist.«

»Dumm gelaufen, Jorge. Beeilen Sie sich um Gottes willen. Ach, bevor ich es vergesse. Der Reisende aus Brasilien heißt Virgílio Martiniano. Ich treffe Sie in Zimmer acht.«

Jorge pfiff durch die Zähne. »Wir kommen.«

Über Funk gab er seinen Kollegen im Wagen hinter ihm Anweisungen und drückte permanent auf die Hupe, bis ihm die marschierende Fantraube endlich Platz machte.

Nie im Leben hätte er es für möglich gehalten, dass Dora recht behielt. Dass es Guiliano tatsächlich noch gab und dass er in der Maske des Chefs der Kriminalpolizei so viele Jahre unbehelligt seine Position für seine Geschäfte hatte nutzen können. Natürlich musste sie Martiniano dingfest machen. Und er wollte ihr dabei helfen. Auf jeden Fall. Er hatte Mist gebaut, sie beleidigt. Dafür schuldete er ihr etwas. Martiniano zu unterschätzen, hätte er sich nicht leisten dürfen. Wer dreißig Jahre lang unter den Augen des Gesetzes konspirativ tätig sein konnte, war ein ausgebufftes Chamäleon.

***

Jósua trug ein rotes T-Shirt, was normalerweise hilfreich gewesen wäre, um ihn in der Fußgängerzone von Lissabon zu verfolgen. Heute nicht. Weil alle Menschen um Dora herum Rot trugen, die Trikotfarbe von Benfica.

War denn diese verfluchte Halbzeitpause nicht endlich vorbei, damit all die singenden, herumhüpfenden und brüllenden Fans auf die Praça do Comércio zurückkehrten und ihren Blick auf die Großleinwand richteten?

Mit beiden Ellenbogen schob sich Dora durch die aufgeputschte Menge und behielt dabei Jósuas kahl geschorenen Schädel im Blick. Er lief die Rua Augusta entlang Richtung Rossio. Die Fans strömten entgegengesetzt Richtung Torbogen.

Sie schwitzte in ihrem Spezialanzug mit kugelsicherer Weste. Die Hitze hielt sie fest eingewickelt, das Atmen fiel ihr schwer. Die vielen Menschen um sie herum brachten ihr Blut in Wallung. Sie hasste Menschenaufläufe.

An der Kreuzung Rua Augusta/Rua da Vitória blieb der Menschenfluss vor dem Benfica-Fangeschäft stehen, auch hier war eine Giant-Screen aufgestellt worden.

Am Eck zur Rua Vitória verlor sie Inácio aus den Augen. Wo konnte er hinwollen? Zum Elevador Castelo!

Entschlossen drängelte sie sich zum Straßenverkauf von Bacalhau-Kroketten durch, betrat das Lokal, in dem den gesamten Tag lang Leute anstanden, um die frisch frittierten Fischbällchen aus Portugals Nationalfisch, dem gesalzenen Kabeljau, zu ergattern und sofort auf der Straße zu verzehren.

Sie zeigte auf ihre Dienstmarke, die sie am Gürtel sichtbar trug, duckte sich unter dem Tresen durch, gelangte so in die Küche, von dort in den Hinterhof – und schon stand sie in der fast leeren Parallelstraße Rua dos Correeiros.

Inácios Vorsprung hatte sich verkleinert. Sie spurtete los, nahm an der Igreja de São Nicolau gleich mehrere Stufen auf einmal, stoppte per Handzeichen den Verkehr auf der Rua da Prata und sprang Inácio just in dem Moment von hinten an, in dem er in Haus Nummer 178 verschwinden wollte, um in den Elevador Castelo zu steigen.

»Dora!« Wie angewurzelt blieb er stehen.

Sie ließ atemlos von ihm ab. Der Aufzugwächter machte große Augen. Dora deutete auf ihr PJ-Abzeichen.

Langsam beruhigte sich ihr Puls. In dem Foyer vor dem

Aufzug war es angenehm klimatisiert. Passanten eilten vorbei, stiegen in den Fahrstuhl ein oder aus.

Jósua Inácio befand sich in einem höchst kritischen emotionalen Zustand. Jetzt waren Engelszungen gefragt. Obwohl Dora ihn für diese blödsinnige Aktion liebend gern geohrfeigt hätte.

»Guiliano ist nicht der Mörder Ihres Bruders.«

Inácio glaubte ihr nicht. »Mag sein, mag nicht sein. Guiliano hat mich und Elías' Leben kaputtgemacht. Dieses Monster hat Menschen zu Tode gequält. Zum Spaß! Ich wusste gar nicht, wie mir geschah, als mein Bruder mir das Foto hinlegte. Ich habe ihn sofort erkannt. An seinem herrischen Blick. Den kann kein Gesichtschirurg ändern. Ich dachte, der verdammte Folterknecht sei längst tot, da posierte er neben meinem Bruder bei der Beerdigung von Azevedo vor der Kamera. Seither male ich mir aus, dass ich ihn verschleppe und so lange quäle, bis er krepiert! Dass er Polizist ist, habe ich nicht einmal geahnt. Erst als Sie ein solches Geheimnis um ihn machten, fiel bei mir der Groschen.«

Dora korrigierte ihre Einschätzung. Inácio befand sich in keinem kritisch emotionalen Zustand, er plante präzise einen Mord.

Die Glocken der Kathedrale kündigten die nächste halbe Stunde an. Zweiundzwanzig Uhr dreißig. Ihnen blieb bloß noch eine halbe Stunde bis zu ihrer Verabredung.

»Sie klingen, als würden Sie Guiliano ziemlich gut kennen.«

Inácio bedachte Dora mit einem verwirrten Blick. »Ach, das haben Sie gar nicht verstanden?«

Sie blinzelte. Was mochte er damit meinen? Er hatte ihr viel über sich und seinen Bruder erzählt und noch viel mehr verheimlicht. Zum Teil aus Schmerz. Zum Teil aus Scham.

Endlich begriff sie. Guiliano war der fünfte Mann während Jósuas Tortur gewesen. Er war derjenige gewesen, der tatenlos zugeschaut hatte. Und gelacht.

Sie stoppte per Handzeichen ein Taxi, stieg gemeinsam mit

Jósua in den Fond ein und zeigte dem Taxifahrer ihre Dienstmarke. »Die Fahrt bezahlt die Kriminalpolizei.«

Der Taxifahrer drehte sich um und grinste schief. »Hat ein Kollege von Ihnen vor ein paar Jahren auch behauptet. Bezahlt wurde *nada*, Menina. Wo soll's denn hingehen?«

»Largo Portas do Sol.«

An der Kreuzung zur Cruzes da Sé erwischten sie erst eine rote Ampel und dann eine Tram, hinter der sie mit Schrittgeschwindigkeit herzuckelten. Dora wurde von Sekunde zu Sekunde nervöser, die Turmglocke an der Kathedrale kündigte mit vier Glockenschlägen die volle Stunde an. Es war dreiundzwanzig Uhr. Ihre Verabredung war geplatzt. Hoffentlich hatten Jorge und das DEA-Team Guiliano erwischt.

Sie probierte, ihren Mikrosender zu aktivieren, um mit Jorge Kontakt aufzunehmen, aber sie waren noch zu weit von seinem Standort in der unteren Alfama entfernt.

»Geben Sie mir Ihr Handy, Jósua.«

Auch dieses Display blieb dunkel. Die Batterie war leer.

Irgendwie musste das ja so kommen, dachte sie. Ihr Hochleistungssender funktionierte nicht, das Handy war tot, und den Taxifahrer um sein Handy zu bitten war unnötig, sie kannte Jorges Nummer nicht auswendig. Die war in ihrem Handy eingespeichert. *»Chatice!«*

An der Steigung zum Aussichtspunkt Miradouro Santa Luzia schaffte es der Taxifahrer endlich, die Tram zu überholen. Zwei Minuten später hielten sie am Largo Portas do Sol. An der Statue des São Vicente stiegen Dora und Jósua eilig aus.

Sie wählten die Treppe abwärts in die Alfama, bogen auf halber Höhe links ab und gelangten durch einen Durchlass auf eine zweite Treppe und zum Mosteiro do Salvador. Diesmal verstellten ihnen keine Touristen den Weg, die standen dicht gedrängt auf der Aussichtsterrasse vor dem Kiosk und verfolgten gebannt das Kicker-Derby auf dem dort aufgebauten Fernsehbildschirm.

Ein Pärchen schaute ihr und Jósua erstaunt hinterher. Eine in Schwarz gekleidete Polizeibeamtin der PJ mit Waffenholster in

Begleitung eines Zivilisten sah man nicht alle Tage in Lissabon. Sonst nahm niemand Notiz von ihnen. Das Spiel war wichtiger.

Am Waschhaus des Viertels stießen sie überraschend auf Cardoso.

»Senhora Inspetora-Chefe. Zu Ihren Diensten.«

»Wie kommen Sie denn hierher?«, rief Dora, während sie gemeinsam weiterrannten.

»Tenente Jorge hat unser Telefongespräch übernommen. Ich habe ihn gefragt, wo es hingeht, weil Sie mir noch nicht Bescheid gegeben hatten. Ich erfuhr, dass Senhor Inácio den Kollegen entwischt ist. Daraufhin habe ich sein Mobiltelefon geortet. Bevor wir es ihm nach seiner ersten Festnahme zurückgegeben haben, habe ich für alle Fälle seine Nummer getrackt. Und hier bin ich.«

Das »Hostal Anjo« am Ende der Gasse rückte ins Blickfeld. Cardoso bremste abrupt ab.

Dora tippte auf eine nicht vorhandene Armbanduhr an ihrem Handgelenk. »Moralpredigt später, Cardoso.«

Er blieb stur stehen. Inácio beugte sich vor, stützte sich mit beiden Händen auf den Knien ab und schnappte nach Luft. Dora hingegen tänzelte hin und her wie eine Boxerin, bereit für das anstehende Finale. »Cardoso, Jósua. *Vamos, vamos.*«

Cardoso wich ihrem Blick aus. »Es ist vorbei, Senhora Inspetora-Chefe. Jorge hat ihn vor sieben Minuten überwältigt und festgenommen.«

Dora spürte ein Zittern in ihrem Becken, das sich nach oben durch den Hals bis unter ihren Gaumen ausdehnte. Eine Mischung aus Triumph und Erleichterung. »Ist er es?«

Cardoso nickte. »Ja, ist er.« Es vergingen einige Augenblicke, bevor er sagte: »Senhor Inácio. Darf ich bitten?«

Inácio holte die Glock unter seinem T-Shirt hervor. Seine linke Faust legte sich fest um den Griff der Waffe, die Mündung war auf das Kopfsteinpflaster gerichtet. Sein Blick ebenso. Langsam streckte er seinen linken Arm aus.

Dora traute ihren Augen nicht. Eine Pistole?

»Jósua. Denken Sie an Sara.« Ihre Stimme klang eindringlich. »Geben Sie Cardoso die Waffe.«

Ihre Blicke verhakten sich. Jósua gab auf und gab Cardoso die Glock. Zu dritt verschwanden sie in einem engen Häuserdurchlass.

Vor der Tür des »Hostal Anjo« waren GNR-Beamte damit beschäftigt, ein Absperrband zu spannen. In der Bar nebenan zeigte Dora ihre Dienstmarke und fragte nach dem Hintereingang in das Etablissement. Der Wirt kaute auf einem Zahnstocher, polierte Gläser und deutete mit dem Kinn auf eine Tür.

»Ziemlicher Tumult da draußen. Muss ein hohes Tier sein, das die Jungs von der Spezialeinheit da verhaften.«

Gefolgt von Cardoso und Inácio drangen sie in den Hof vor. In einem Verschlag waren Hühner eingepfercht, die ein Mordsgegacker veranstalteten. In der Mitte des Hofes sah Dora zuerst Jorge stehen, dahinter seine beiden Kollegen, die den Verhafteten rechts und links flankierten. Über ihren Köpfen flatterte ein Stringtanga in Leopardenoptik, daneben ein paar Ringel-Babysöckchen. Völlig surreal und dennoch irgendwie passend, um den Kopf der größten Korruptionsaffäre des Landes dingfest zu machen. Schäbige Geschäfte fanden immer ein schäbiges Ende, wusste Dora aus Erfahrung.

Noch vier Schritte trennten sie und das DEA-Team. Dann stand der wiederauferstandene Guiliano leibhaftig vor ihr. Er blutete aus einer Kratzspur am Hals, sein linkes Auge war geschwollen, seine Lippe geplatzt.

Der Kopf der alten Garde. Der Dieb der Millionenzuschüsse aus der EU. Die Bestie der PIDE. Virgílio Martiniano, der Chef der Kriminalpolizei.

Dora zuckte nicht einmal mit der Wimper.

»Virgílio Martiniano alias Henrique Guiliano, ich verhafte Sie wegen Veruntreuung von EU-Geldern, wegen Korruption in mehr als zwanzig Fällen, wegen vorsätzlichen Mordes an Sofía Pires sowie wegen Mordes an etlichen weiteren Personen und wegen Menschenrechtsverletzung.«

Martiniano lachte böse.

Inácio zuckte zusammen. »Du Monster!«, zischte er und wollte vorpreschen, doch Cardoso hielt ihn zurück und nahm ihn in den Polizeigriff.

Martinianos Stimme überschlug sich, so laut lachte er. »Monteiro. Sie mache ich fertig, sobald ich diese himmelschreiende Verschwörungstheorie dem Staatsanwalt übergebe.«

»Pech gehabt, Martiniano«, sagte Cardoso, dem die Genugtuung anzusehen war. »Mendes hat das Boot gewechselt. Vor einer halben Stunde haben Kollegen der GNR Antunes und Romeu festgenommen. Sie befinden sich bereits in Polizeigewahrsam. Mendes hat sich gestellt, aber kurz vorher hat er mir noch den Haftbefehl für Sie ausgestellt und per Fax zugeschickt. Ach ja, und in einer SMS hat er uns bestätigt, dass Sie sein Chef in der alten Garde sind. Finde ich mutig von ihm. Sie nicht?«

Martinianos Lachen verstummte.

Dora überlegte fieberhaft, wie sie beweisen konnte, dass Martiniano tatsächlich der für tot erklärte Guiliano war. »Schwierige Aufgabe«, hatte er selbst noch in der letzten Nacht zu ihr gesagt.

Sie stand so dicht an ihm dran, dass sie seinen Atem ihr Haar streifen spürte. »Sofía war nicht das einzige Todesopfer nach Ende der Nelkenrevolution in Tarrafal. Wie viele haben Sie noch zum Spaß zu Tode gequält?«, stieß sie leise hervor.

»Warum fliegen Sie nicht hin und zählen beim Buddeln mit?« Martiniano schnitt eine Grimasse, als sei ihm gerade ein besonders guter Witz gelungen.

»Brav bleiben«, warnte Jorge den Festgenommenen.

Dora forschte in Martinianos Gesicht. Seine Augen bewegten sich unruhig hin und her. Hinter seinem Zynismus witterte sie Angst. Die sollte er gewiss haben.

Genugtuung verspürte sie keine, dafür Ekel. Sie erinnerte sich an die Worte ihres Großvaters und Padre Nunos. »Ich höre ihre Schreie«, hatte Maurice ihr gebeichtet. »Sie wollen keine Vergebung, Sie wollen Vergeltung«, hatte Padre Nuno ihr vorgeworfen.

Sie fröstelte. Es war genau so, wie es Admiral Lourenço beschrieben hatte. Es werde kalt, wenn der Folterknecht der PIDE sein wahres Gesicht zeige. Er sei psychologisch zum Täuschen geschult, hatte der Admiral gesagt.

Ausgetrickst hatte er sie. Mit Zuckerbrot und Peitsche. Eine Zeit lang war Dora ihm gern auf den Leim gegangen, damit alles so blieb, wie es war. Bequem hatte sie es sich in seinem Licht, das vermeintlich auf sie abstrahlte, gemacht. Hatte all ihre Zweifel an seiner Teamführung gebannt. Konfrontationen vermieden. Damit man sie im Präsidium respektierte und sogar der oberste Polizeichef ihr bei jeder Begegnung die Hand schüttelte und ihr angedeutet Wangenküsschen gab.

Sie gaukelte sich vor, gute Gründe für diesen Wunsch gehabt zu haben, und klammerte sich an ihre eigenen Lügen, damit der Würgereiz nachließ. Mit dieser Verdrängungstaktik hatte sie ihr Ego-Fell gebürstet. Erfolgreich. Jahrelang. War dabei fast blind geworden. Blind und unglücklich. Jetzt sah sie alles glasklar. Die Flamme des Erfolgs, Martiniano überführt zu haben, erfasste sie mit voller Wucht.

»Ich habe eine bessere Idee«, konterte sie. »Ich nehme Sie mit. Sie buddeln, ich stehe mit Peitsche hinter Ihnen.«

Er schnalzte mit der Zunge. »So kenne ich Sie ja gar nicht, Monteiro. Erahne ich da etwa eine sadistische Neigung?«

Er ahnte nicht einmal ansatzweise, wie sadistisch sie in ihrer Phantasie werden konnte, wenn sie nur darüber nachdachte, wie sie ihn für all seine Gräueltaten quälen wollte. Jeden Zahn, jeden Zehen- und Fingernagel wollte sie ihm ausreißen. Langsam. Sehr langsam.

Sie ballte beide Fäuste. Sterne hüpften vor ihren Augen umher. Etwas passierte mit ihr. Als fahre sie aus sich heraus. Ihre Lider zitterten, ihr Puls beschleunigte sich.

Atmen, befahl sie sich, atmen.

»Ich bringe Sie bis nach Den Haag vor den Europäischen Gerichtshof.«

»Sie sind übergeschnappt, Monteiro. Der Fall Elías hat Ihre

Sicherungen rausgedreht. Ich bin nicht Guiliano.« Martiniano lachte schallend.

Doras Kinnhaken traf ihn direkt am Kehlkopf. Er schnappte nach Luft, beugte sich vor, ging auf die Knie. Genau da wollte Dora ihn haben. Sie riss seine Haare im Nacken zur Seite.

Jorge pfiff durch die Zähne. »Das tat weh.«

Plötzlich stutzte sie, zog hektisch die Haare nach links, nach rechts, aber sie fand nichts. Kein Muttermal. Keinen Fleck. Nicht mal eine Narbe.

Martiniano hatte sich von dem Kinnhaken erholt, rappelte sich hoch und grinste. Seine Augen glänzten diabolisch. »Das wird gewaltig böse Folgen haben.«

Dora hörte nicht, was er sagte. Alles, woran sie zu denken vermochte, war ihr möglicher Irrtum. Hatte sich Martiniano womöglich doch bloß Guilianos Mythos angezogen? War der wahre Guiliano tatsächlich tot?

In ihrem Kopf piepste es. Der Film im Hof ging stumm und ohne sie weiter. Sie sah Martiniano lachen. Cardoso und Jorge versuchten, Inácio zu bändigen, der sich trotz Klammergriff wand wie ein Aal. Er klappte seinen Mund auf und zu. Tränen liefen ihm über das Gesicht. Es war schön, dass jemand um sie weinte. Der kaffeebraune Jorge war richtig bleich um die Nase. Maurice hatte recht gehabt. Jorge war wohl tatsächlich in sie verliebt.

Cardoso sah zum Fürchten erschrocken aus und schüttelte pausenlos den Kopf. Alle drei mochten sie.

»Dora!«

Inácios Schrei weckte sie aus ihrer Starre. Ihr Gehirn arbeitete auf Hochtouren. Was hatte Inácio in der Gerichtsmedizin erzählt? Drei hatten ihn festgehalten, einer hatte ihn misshandelt, der Fünfte hatte gelacht. Der Fünfte war Guiliano gewesen. Sie erinnerte sich an Inácios Schmerz. Dann war der Zorn gekommen, hatte er ihr erklärt. An allen fünfen hatte er sich gerächt. Und etwas hinterlassen, damit sie sich für immer und ewig an ihn erinnern würden.

Sie bückte sich, zog ihr Hosenbein ein Stück hoch und griff nach dem Jagdmesser in dem verborgenen Schaft an ihrer Wade.

Martiniano krächzte um Hilfe, als Dora ihn am Kragen packte. Sie schenkte ihm ein teuflisch verschmitztes Lächeln und brachte ihr Messer in Position.

»Dora! Nein!«, hörte sie Jorge und Cardoso gleichzeitig brüllen.

Mit einer einzigen fließenden Bewegung schlitzte sie Martinianos Hemd auf. Auf seiner Brust prangten zwei Narben. Sie formten zwei Buchstaben. J und I. Die Initialen von Jósua Inácio. Sein Andenken an die Misshandlung.

Inácio applaudierte. »Jetzt hilft dir niemand mehr, Henrique Guiliano.«

Cardoso und Jorge ließen ihn los. Aus seiner Hosentasche holte Cardoso einen Bogen Papier hervor. Den Haftbefehl für Martiniano.

»Sie haben doch nicht wirklich angenommen, dass Sie der Inspetora-Chefe entkommen.«

***

Jorge brachte Martiniano alias Henrique Guiliano zu den Kollegen der GNR und setzte ihn in einen Streifenwagen.

Dora folgte ihnen und schaute dem Wagen hinterher, bis er um die nächste Ecke gebogen war. Eine weitere Bibelstelle kam ihr in den Sinn.

»Das Tier ward gegriffen und mit ihm der falsche Prophet, durch den er verführt das Tier anbetete. Schuldig wurden sie in den feurigen Pfuhl geworfen, der mit Schwefel brannte.«

Der falsche Prophet war sie selbst, das Tier Guiliano, und schuldig hätte sie sich beinahe gemacht, wenn sie tatsächlich ihre Suche nach Guiliano aufgegeben hätte. Dann wäre auch sie zwei Tode gestorben. So wie Elías, der seine größte Liebe und seinen Bruder verraten hatte. So wie Guiliano zwei Tode sterben würde, denn auch sein Prophet, die Macht, hatte ihn verlassen. Das Tier, sein Glaube an das Evangelium, war geschlachtet. Schuld kannte er nicht. Noch nicht. Schuld würde ihn kennenlernen und jeden Tag ein Stück sterben lassen.

Guiliano hatte Menschen gequält. Gelacht hatte er, wenn sie weinten, um Gnade, um ihr Leben flehten. Dass niemand ihn findet, hatte er gedacht und sich geirrt. Seine Mission war tot. Aber die Kadaver lebten fort. Sie würden sich in seinem Kopf einnisten, sich einzeln in seine Seele fräsen und ihn in seinen Seelenkerker begleiten. Guiliano würde wie all seine Opfer um Vergebung winseln. Aber niemand würde ihm je vergeben, denn sein Gott hatte ihn längst vergessen.

***

»Dorrra, Dorrra.«

Der Rabe schlug aufgeregt mit den Flügeln, als ein verschlafener Pedro die Tür öffnete.

»Wie geht es meinem Galgenvogel?«

Afonso-Henrique kletterte auf Doras Arm, knabberte an ihrem Ohrläppchen und gab merkwürdige Geräusche von sich.

»Cardoso meldet sich später bei dir, Pedro. Wir sind fix und fertig. Ich muss dringend etwas Alkoholisches trinken, ein Kilogramm Schokolade essen und dann schlafen. Danke fürs Aufpassen.«

Auf dem Flur zu ihrer Wohnungstür klingelte ihr Handy.

»Avôzinho? Wir haben ihn. Wir haben Guiliano geschnappt.« Ihre Stimme brach mitten im Satz. Tränen liefen ihr über die Wangen, als sich die Anspannung löste. »Das feiern wir. Auf jeden Fall.«

Sie schloss die Tür ihrer Wohnung. Noch im Flur zog sie den DEA-Anzug und die kugelsichere Weste aus, ging direkt ins Bad und nahm eine Dusche. Mit kurzer Trainingshose und Shirt bekleidet, stand sie wenig später in der Küche, schnitt ein Stück Fleisch für Afonso-Henrique in kleine Würfel. Dankbar pickte der Rabe in das Schälchen.

Mit Weißwein und Schokolade ausgerüstet, wechselte sie ins Wohnzimmer, machte es sich auf dem Sofa bequem und ließ amüsiert den Blick schweifen. Federn. Überall.

Seit Afonso-Henriques Attacke auf ihr Lieblingskissen war eine Menge geschehen. Ihr Fall war gelöst. Zwar völlig anders, als sie es sich noch am Donnerstag in der Igreja de São Miguel vorgestellt hatte, aber effektiv. Guiliano war gefasst.

Irgendwann waren die Flasche Weißwein und die Pralinenschachtel leer, das erste Morgenrot zauberte eine rosafarbene Linie zwischen Lissabon und den Himmel, und Dora schnarchte. Afonso-Henrique bewachte auf dem Fensterbrett auf und ab spazierend ihren Schlaf.

***

Am Montag nach der erfolgreichen Festnahme Henrique Guilianos war Dora kaum eine Minute zum Luftholen geblieben. Die geplante halbstündige Presseerklärung hatte beinahe drei Stunden gedauert. Einzelinterviews mit Fernsehsendern und Radiostationen nahmen sie in Anspruch, zum Schluss gab es unter anderem noch eine Audienz beim Polizeipräsidenten, der sie lachend mit Augenzwinkern und den Worten »Da habe ich ja noch mal Glück gehabt, dass Sie mich nicht auch verhaftet haben« verabschiedet hatte.

Als Dora am späten Nachmittag endlich in ihre Wohnung gekommen war, hatte sie ihre hohen Schuhe von den Füßen gekickt, sich aus der verschwitzten Uniform und ihrem Rock geschält, Afonso-Henrique gefüttert und war wenig später auf dem Sofa eingeschlafen.

5

Dienstag, 13. August

Während Dora den gesamten Dienstagvormittag verschlief, saß Cardoso bereits im Büro und schrieb den Bericht für die Staatsanwaltschaft in Évora. Das vierte Erpresserkonto, für das Guiliano alias Virgílio Martiniano als Kontomitinhaber eingetragen war, gehörte einem gewissen Sérgio Metelo. Die Krux daran war: Es gab gar keinen Sérgio Metelo. Beziehungsweise nicht mehr. Er war seit der Nelkenrevolution tot. In der Inácio-Bank war es offensichtlich niemandem aufgefallen, dass Sérgio Metelo, im August 1890 geboren, heute über einhundertdreißig Jahre alt gewesen wäre und in diesem stolzen Alter vermutlich keine Termingeschäfte mit Beträgen in Millionenhöhe online hätte ausführen können.

Noch kurioser war es, dass Martiniano für dieses Konto eine Vollmacht besaß, unterschrieben von Metelo, jedoch erst nach dessen Tod.

Der Name Virgílio Martiniano stand auch gar nicht in Portugals Geburtenregister. Guiliano war mit gefälschten Papieren nach Portugal eingereist und hatte sich eine neue Identität aufgebaut. Das Muttermal im Nacken hatte er sich während seiner Gesichtsoperation entfernen lassen. Nur die Narbe auf der Brust war ihm geblieben. Das einzige Identifikationsmerkmal.

Dora war echt ausgebufft gewesen. Als sie das Messer gezückt hatte, hatten er und Jorge tatsächlich befürchtet, sie würde Martiniano den Garaus machen. Nun saß ihr einstiger Vorgesetzter und früherer Foltermeister hinter Schloss und Riegel, die Beweiskette gegen ihn und die alte Garde war lückenlos.

Während Cardoso den Bericht für die Staatsanwältin fertig tippte, gingen diverse E-Mails mit Fotodateianhängen von den

Polizeibehörden auf den Kapverden ein. Beherzt öffnete er die Dateien.

Die Luftaufnahmen zeigten ein Terrain von der Größe eines Fußballfeldes. Cardoso erkannte Erdhügel und Gruben, darin Skelette. Die Bilder trieben ihm Tränen in die Augen. Er griff zum Hörer und rief Dora an. Eigentlich wollte er sie an ihrem freien Tag nicht stören, aber er musste seine Eindrücke mit ihr teilen.

Während er wählte, erinnerte er sich an die gestrige Pressekonferenz. Und daran, wie die Inspetora-Chefe den Friedhof auf der Insel Santiago beschrieben und den Journalisten die Zusammenhänge, die nach der Nelkenrevolution zum gewaltsamen Tod von über zwanzig Menschen durch Henrique Guilianos Befehl in ebendiesem Lager geführt hatten, auseinandergesetzt hatte, während die Reporter mucksmäuschenstill geblieben waren. Als sie Henrique Guilianos jetzige Identität sowie die Namen der restlichen Gardemitglieder bekannt gegeben hatte, war ein Sturm der Empörung losgebrochen. In den Lokalnachrichten im Fernsehen war seither von nichts anderem mehr die Rede. Der Fall machte in jedem Blatt Schlagzeilen.

Dora hatte erreicht, was sie wollte. Die Folteropfer von Santiago hatten ein Gesicht bekommen. Doch eines bereitete Cardoso nach wie vor Kopfzerbrechen. Martiniano alias Guiliano hatte zur Tatzeit des Mordes an Elías Inácio in einer Konferenz gesessen und schied als möglicher Täter aus. Das war ein herber Schlag für Dora gewesen. Was hatten sie übersehen?

Elías' Mörder lauerte irgendwo da draußen. Sie mussten bei null anfangen. Zwar hatte Dora gestern Abend noch zu ihm gesagt, Elías sei für Sofía gestorben, aber Cardoso vermochte sich so gar nicht vorzustellen, wer fünfundvierzig Jahre lang wartete, um Sofías Tod zu rächen.

***

Doras Mobiltelefon summte und vibrierte auf dem Glastisch im Wohnzimmer.

»Cardoso, was gibt's?«

Fast befürchtete sie, es gebe eine neue Leiche, erinnerte sich aber just in dem Moment daran, dass in der Gerichtsmedizin noch ein Mordopfer auf dem Seziertisch lag, das darauf wartete, dass sie seinen Täter stellte.

»Boa tarde, Senhora Inspetora-Chefe.«

Dora stöhnte. Cardosos Stimme klang grausam arbeitswütig. »Wie spät ist es?«

»Zwölf Uhr durch.«

»Ich habe frei.«

»Die Kollegen von den Kapverden haben sich gemeldet. Sie haben den Ort neben dem ehemaligen PIDE-Lager umgegraben, ich glaube, Sie sollten ins Büro kommen und sich das selbst ansehen.«

»Ich bin noch nicht richtig wach, Cardoso. Geben Sie mir etwas Zeit.«

Sie beendete das Gespräch, ging in die Küche und braute sich einen dreifachen Zuckerkaffee. Afonso-Henrique flatterte hinter ihr her und landete auf der Arbeitsplatte. Sie stellte ihm ein Schälchen mit Apfelstückchen hin und setzte sich mit Kaffeebecher, einem Glas Schokoladencreme und einer Packung Butterkekse auf ihren Schreibtischstuhl im Wohnzimmer. Sie schaltete den Fernsehapparat ein und verfolgte staunend die Nachrichten des Tages. Auf allen Kanälen flimmerte ihr Konterfei über den Monitor.

Zufrieden lehnte sie sich zurück und knabberte Kekse mit Schokocreme. Sie machte gar keine so üble Figur.

***

Etwa eine Stunde später tauchte Dora mit geflochtenen Zöpfen, Sonnenbrille auf der Nase und salopp mit kurzen Jeanshosen und einer Bluse in Kapverden-Farben bekleidet in der Mordkommission auf. Sie nahm wie sonst auch die Treppe zu ihrem Büro im fünften Stock.

In ihrem Korridor angekommen, stieg ihr der liebliche Duft von Rosen und Gardenien in die Nase. Nanu? Blumen? Feierte etwa eine Kollegin Geburtstag?

Wie komme ich bloß darauf?, dachte sie. Auf ihrer Etage arbeitete nur eine einzige Frau, und das war sie selbst.

An der Tür zu ihrem Büro blieb sie abrupt stehen. Das war ihr ja noch nie passiert. Blumen für die Lösung eines Falls.

Auf leisen Sohlen ging sie zu ihrem Schreibtisch, ließ ihre Fingerkuppen über üppige Blüten gleiten, las die Absender auf den Grußkarten an dem halben Dutzend Bouquets. Sie stammten von Admiral Lourenço, Cristina aus Évora, Maurice, Luís, dem Polizeipräsidenten und von Jorge.

Cardoso saß am Fenster und fixierte die hässliche, mit Moos überwucherte graue Wand im Innenhof des Präsidiums. Auf dem Monitor seines Computers entdeckte sie Fotos von mit Nummern gekennzeichneten Skeletten neben Erdhügeln und ausgehobenen Mulden

»Unvorstellbar«, flüsterte er, als er Dora bemerkte.

Sie gab sich einen Ruck, ging zu ihm und nahm ihn in den Arm, was sie sonst nie gemacht hätte. Wegen der Distanz zu Kollegen. Elías' Tod hatte ihr jedoch gezeigt, wie unwichtig Distanz und wie wichtig Nähe sein konnte.

»Wie weit sind die kapverdischen Behörden?«, fragte sie.

»Ihr Tenente hat gute Kontakte. Die bürokratischen Formalitäten werden unkompliziert und effizient erledigt.«

»*Mein* Tenente?«

Cardosos Miene blieb traurig. »Die Kollegen in Tarrafal haben die Gräber gestern geöffnet und zwanzig Skelette geborgen. Sie befinden sich bereits auf dem Weg nach Portugal.«

»Da hat die forensische Abteilung ja einiges zu tun. Was ist mit Guilianos Alibi? Kommt er nun als Mörder von Elías Inácio in Frage oder nicht?«

»Nein. Er hielt den Vorsitz in einer Sitzung bis neunzehn Uhr. Von dem Mord erfuhr er erst, als die GNR-Polizei ihn benachrichtigt hat.«

Als sie merkte, dass Cardoso die Schultern straffte, ließ sie ihn los und setzte sich auf ihren Sitzball neben ihn.

»Da gibt es etwas, das ich Ihnen noch gar nicht erzählt habe.« Cardoso stand auf und machte sich an der Kaffeemaschine zu schaffen.

Dora schaute ihn auffordernd an. »Na?«

»Es geht um die heilige Mutter Maria. In der Igreja de São Miguel betet man sie an wegen …«, Cardoso seufzte, »wegen verlorener Kinder.«

»Klingt grauenhaft. Was denken Sie, Cardoso? Hat sich Elías verloren gefühlt oder Sofía als verlorenes Kind betrachtet?«

»Sie waren beide Verlorene.«

Cardoso war so niedergeschlagen, dass Dora es dabei beließ und das Thema wechselte.

»Hat wirklich keiner der Nachbarn etwas gesehen oder bemerkt?«

Die Kaffeemaschine brummte zweimal hintereinander, bis die zwei Espresso schaumig braun aus dem Schnabel liefen und köstlichen Duft verbreiteten. Cardoso servierte Dora ihre Bica mit vier Tütchen Zucker dazu. Dora holte die Keksdose mit selbst gebackenen Orangenkeksen ihrer *mamã* aus der Schreibtischschublade. Eine Weile knabberten sie schweigend Kekse und tranken ihren Kaffee.

»Nein. Zum Haareraufen, was in der Alfama alles passieren kann, und niemand interessiert sich. Das ist die Kehrseite der Medaille. Der Tourismus verroht die Leute.«

»Haben Sie denn auch die Kinder in der Nachbarschaft befragt?«

»Haben wir. Die konnten sich nicht einmal an Elías Inácio erinnern, obwohl er bestimmt jeden Tag zweimal an ihrem Schwimmbecken vorbeigelaufen ist.«

Dora rief sich den Kirchplatz ins Gedächtnis. Sie war überzeugt, dass irgendwo ihr Zeuge gesessen hatte. Ein alleinstehender Senhor hinter einer Gardine, eine Mutter, die gerade in der Küche gestanden und das Mittagessen gekocht hatte, ein

Hundebesitzer, der seinen Hund Gassi geführt hatte. Oder … ein Kind, das ein Lied sang. Falalalala …

Wo hatte sie diesen Refrain eines bekannten Kinderliedes gehört?

Natürlich! Am Tatort! Draußen in der Menge der Schaulustigen.

»Cardoso! Wir haben etwas Entscheidendes übersehen … Da war ein Junge. Er hatte einen Buckel, schraubte an einem Bonanza-Rad herum und sang dazu dieses Reigenlied, Sie wissen, welches, der Refrain falalalala.« Dora schnippte mit den Fingern und summte die Melodie dazu.

»Ja, kenne ich aus dem Kindergarten. Den Jungen habe ich auch singen gehört, aber nirgends mehr danach gesehen. Ich habe ihn nicht befragt, aber vermutlich die Kollegen. Hoffentlich.« Cardoso mopste noch einen Keks und schob ihn sich auf einmal in den Mund. Mit vollem Mund meinte er: »Übrigens hat Ihr Tenente nicht bloß Blumen geschickt, sondern auch schon viermal angerufen.«

Dora schnupperte an einem Strauß mit gelben und rosafarbenen Gardenien. Dass ihr Jorge den Hof machte, gefiel ihr. »Ich gehe spazieren, Cardoso. Und suche den buckligen Jungen. Schauen Sie sich noch mal in Sofía Pires' Vergangenheit um.«

Auf dem Weg zum Treppenhaus begegnete Dora einem hageren, kleinen Mann mit zerfurchter Stirn und großer Nase. Er trug einen Pagenschnitt, einen Schnurrbart und war bekleidet mit einem altmodischen braunen Cordanzug und einem beigefarbenen Hemd mit braun-blau gestreifter Krawatte. Er stieg aus dem Fahrstuhl aus und hielt ihr galant die Tür zum Lift auf. »Boa tarde.«

Dora nickte ihm zu und deutete auf die Treppe.

Als sie vor das Gebäude trat, rief Cardoso an.

»Werden Sie anhänglich?«, fragte Dora gut gelaunt.

»Senhor Coordenador-superior Mendonça sucht Sie.«

»Das Männlein in braunem Cordanzug mit Prinz-Eisenherz-Frisur und Schnurrbart?«

Cardoso hüstelte. Also stand Mendonça neben ihm.

»Geben Sie ihm einen Termin.«

Es war ein herrlicher Sommertag. Die Hitzewelle war vorbei. Ein laues Lüftchen wehte durch die Altstadt, und Dora beschloss, Touristin zu spielen. Sie schlenderte vom Präsidium durch das hippe Ausgehviertel Santa Marta, machte halt in einem Antiquitätenladen, den sie noch nicht kannte, ging dann weiter zum Tivoli-Theater auf die Avenida da Liberdade und lief die Treppen an der U-Bahn-Station Avenida hinab. Die gelbe Linie brachte sie zwei Stationen weiter zum Rossio.

Dort stieg sie aus der Metro, verließ die Unterwelt Lissabons an der Praça da Figueira vor der »Manteigaria Silva«, dem wohl famosesten Feinkostladen der Stadt, wo es Schinken vom *porco preto*, Käse aus allen Regionen und Bacalhau in jeder Größe und Güte nebst feinstem Olivenöl und Wein zu kaufen gab, und ging zielstrebig zur Igreja de São Domingos.

Die in den siebziger Jahren im Kirchenschiff völlig ausgebrannte Kirche empfing ihre Besucher mit ihren verkohlten Seitenwänden nackt und ohne Altarschmuck. Dora kaufte beim Küster eine Kerze, zündete sie am Altar der Heiligen Jungfrau Maria an und gedachte ihres Vaters. Die Wut über seinen ungerechten Tod hatte sie bis zu diesem Fall stets vorangetrieben. Seit sie Guiliano geschnappt hatte, kehrte ihre Zuversicht in die Gerechtigkeit zurück.

»Das Leben siegt immer, Papá«, betete sie leise, wischte sich verstohlen die Tränen aus den Augen und flüchtete in dem Moment aus der Kirche ins Freie, als eine Gruppe Touristen hereinströmte.

Sie flanierte durch die Schuhputzer-Gasse, wo *engraxadores* auf ihren Schemeln sitzend auf Kunden warteten, um ihnen die Schuhe zu wienern, und hinüber bis zur Statue des Königs D. Pedro IV auf dem Rossio. Das Gurren der Tauben in den blühenden Jacaranda-Bäumen rund um den Platz, der einsame Blues eines Saxofonisten am Brunnen vor dem Theater Dona Maria II, all dies verführte zum Träumen.

Auf dem Sockel unter der Statue des Königs saßen junge Leute und zeichneten den Ausblick auf den Elevador de Santa Justa, den eisernen Aufzug, der sich nach Gustave-Eiffel-Manier über die Dächer des Chiado hinausreckte und seine Passagiere bequem von der Baixa hinauf ins Bairro Alto und zum Convento do Carmo brachte. Eine Kulisse, die jeder Lissabon-Besucher im Herzen mit nach Hause trug.

Lissabon zeigte sich von seiner gemächlichen Seite. Die Leute flanierten über den Rossio, in die Rua Augusta und in die Rua Almeida Garrett zum Einkaufen und Bummeln, als gäbe es kein Morgen, sondern nur das Hier und Jetzt.

Dora ließ sich von der Behaglichkeit ihrer Stadt anstecken, betrat das traditionelle Caféhaus »Confeitaria Nacional« und kaufte sich ein Eis. Mit drei Kugeln Lavendeleiscreme in einer hausgemachten Waffel in der Hand bummelte sie durch die noble Einkaufszone. Maßschneider in dritter, gar vierter Generation, Kaffeeröstereien, Schuhmanufakturen, Goldschmiede, Krämerläden, Schokoladenconfiserie und alteingesessene Hutmachersalons teilten sich die pombalinische Prachtstraße mit Mode-Markenboutiquen aus aller Welt, Cafés und Bars.

Der Pantomime, der Königin D. Maria I darstellte, zwinkerte ihr frech zu, als sie den Arco Augusta durchquerte. Unter den Arkaden rund um die Praça do Comércio boten Kunsthandwerker ihre regionalen Produkte und Kunstwerke feil. Dora überquerte den Zebrastreifen wie Dutzende andere Leute aus aller Welt auch und setzte sich auf dem Handelsplatz auf den Sockel zu Füßen der Reiterstatue König D. Josés I, lehnte sich gegen den von der Sonne aufgewärmten Sandstein und schloss die Augen. Völlig entspannt hörte sie dem Stimmensoufflé zu und beobachtete eine Schar Möwen.

»Haschisch. Sonnenbrille. Markenuhr?« Ein Mann bot seine Waren feil. Dora setzte sich auf, lachte und schickte ihn mit einer Handbewegung weg. Dass am helllichten Tag mitten in Lissabon ausgerechnet ihr Marihuana angeboten wurde, fand sie hochkomisch.

Ein Amerikaner setzte sich neben sie. *»Hi, I am Jack from New York.«*

Dora blinzelte ihn an. Er sah nett aus. *»Hi, Jack. I am Dora from Lisbon.«*

Jack war typisch amerikanisch neugierig und wollte wissen, ob sie Portugiesin sei. »Wegen der Locken«, meinte er.

»Kapverden, eingebürgert.«

»Verheiratet?«

»Bitte nicht! Und du?«

»Bitte nicht.«

Sie lachten. Jack sah gut aus, zeigte herzlichen Humor und war auch sonst genau ihre Kragenweite. Eine Begegnung, wie Dora sie mochte. Ein Flügelschlag menschlicher Nähe. Ein Pakt gegenseitigen Vertrauens. Im Moment intensiv, später eine hübsche Episode der Erinnerung.

»Was machst du sonst, wenn du nicht gerade mit wildfremden Männern auf der Straße scherzt?«

Dora schob ihre Sonnenbrille hoch und schaute in Jacks spitzbübisch blitzende Augen. »Ich fange Mörder.«

Er legte den Kopf schief und gab ihr seine Karte.

»Profiler, CIA, Washington, D.C. Ist nicht wahr«, sagte sie überrascht.

»So, Dora. Tell me: What are you doing to deal with all this evil?«

»Ich bin ein Zuckerjunkie«, gestand sie. »Sobald mein Adrenalin ungebremst Fahrstuhl fährt, sobald ich befürchte, ich flippe aus und schieße einem mutmaßlichen Täter mein ganzes Magazin in die Eier, sobald ein psychopathisches Arschloch mich herausfordernd angrinst und ›Schieß doch, Süße‹ sagt, sobald ein Zuhälter eine Frau schlägt oder ein Perverser ein Kind quält, besteche ich mein Nervenkostüm mit Schokolade und meinen Magen mit Unmengen Zucker im Kaffee.«

»Me too«, sagte Jack lächelnd.

Eine Stunde und etliche Momente Ausgelassenheit später brach Jack auf zum Flughafen. Der Abschied war kurz. Ein fester Händedruck. Ein Lächeln. Ein tiefer Blick. Keine Versprechen. Keine Frage nach Telefonnummern.

Von der Praça do Comércio aus waren es nur zehn Gehminuten zum Brunnen Chafariz d'El-Rei. Dora ging trotz der Hitze zügig. Ihr machte die trockene heiße Luft nichts aus. Sie liebte den Sommer.

Am Übersee-Kai lag ein Kreuzfahrtschiff vertäut. Sie passierte die José-Saramago-Stiftung, untergebracht in der Casa dos Bicos, und staunte wie jedes Mal über den prächtig pink blühenden Florettseidenbaum auf dem Platz davor. Das Stadttor Porta do Mar brachte sie schließlich in die Alfama.

Wie bereits am Donnerstag erklomm sie die Treppen, bog am Ende rechts ab und erreichte kurz darauf die Igreja de São Miguel. Mehrmals umkreiste sie das Kirchengebäude und schaute sich gründlich um, sah hinauf zu den Fenstern in den Häusern rund um den Platz, lauschte auf Kindergelächter, Musik, Kindergesang. Nirgends saß ein einsamer Senhor hinter einer Gardine, kein Kind spielte Fußball auf der Straße, nirgends sang ein Junge das bekannte Reigenlied von Celeste und ihrem Garten.

Vor der Kirche blieb Dora am Fuße der Freitreppe stehen und schaute wie bei ihrem ersten Besuch an der Fassade hinauf bis zum Kreuz auf dem Giebel.

»Im Garten von Celeste, da ist es passiert, falalalala, ich weiß wo, ich weiß was, ich weiß wer, falalalala.«

Dora hörte ihn, bevor sie ihn erspähte. Sie entdeckte ihn, verborgen unter einer herabhängenden Weinlaubranke, neben dem Brunnen. Der bucklige Junge aus dem Viertel. Er kauerte auf einem Melkhocker und hantierte an einem Kassettenrekorder herum. Jetzt unterbrach er seine Beschäftigung und schaute ihr entgegen.

»Olá.« Der Junge winkte ihr zu.

Dora lächelte. »Olá«, sagte sie, schlenderte über den Platz und setzte sich im Schneidersitz neben ihn auf das Kopfsteinpflaster.

»Ich bin Miguel, der Bucklige. Der einzige Bucklige in der Alfama. Ich bin ein Original, alle anderen sind bloß Fotokopien«, sagte er stotternd und schlug sich wie Tarzan mit beiden Fäusten auf die Brust. »Manche nennen mich Junge mit Rucksack. Das mag ich nicht. Ich habe einen Buckel und finde ihn schön.«

Dora lachte. Miguels Humor gefiel ihr. Ein aufgewecktes Kerlchen. Vielleicht hatte er tatsächlich am Donnerstag etwas beobachtet, das ihr weiterhelfen konnte. Sie tastete sich langsam vor.

»Fotokopien? Das gefällt mir. Was machst du da?«

Miguel drehte die Schraubenmuttern an der Rückseite des Radios auf. Dabei zuckten seine Finger unkontrolliert hin und her, was seine Aufgabe nicht gerade erleichterte. »Was reparieren.« Vier Muttern reihte er auf dem Brunnenrand auf und hob den Deckel des Rekorders ab. »Halt mal«, bat er sie.

Dora hielt den Deckel fest. »Ich heiße Dora.«

Miguels Finger zupften an zwei Kabeln im Bauch des Apparates. »Weiß ich. Aus der Zeitung.«

Dora half ihm, die beiden Kabelenden zusammenzuhalten, bis er es schaffte, sie mit einer Klemme zu verbinden. Dann schraubte er den Kasten wieder zu.

»Magst du Orangensaft?«

Er strahlte über das ganze Gesicht und ging mit ihr in das Café an der Ecke. Sie bestellte Orangensaft für Miguel und Mineralwasser für sich. Er fummelte den Strohhalm aus dem Zellophan, steckte ihn in das Glas und schlürfte gierig. »Er humpelt.«

Dora ahnte, wen Miguel meinte. Dabei hatte sie ihn doch noch gar nichts gefragt. »Wer humpelt?«

»Der Mann, den du suchst.« Miguel zeigte auf sein linkes Bein. »Er läuft mit Stock.« Er deutete auf seine linke Hand. »Links.«

»Woher weißt du, wen ich suche, Miguel?«

Er schlürfte Saft durch den Halm und biss ein Stück des Kuchens ab. »Die Polizisten haben meine Mama ausgefragt. Aber die war ja arbeiten, als es passiert ist.« Noch ein Schlürfen und das Glas war leer. »Sie hat nichts gesehen. Mich haben sie nichts gefragt. Ich habe Angst vor Polizisten. Vor ein paar Jahren, da war ich noch klein, wollten sie mich meiner Mama wegnehmen. Deswegen habe ich mich versteckt.«

»Und du? Hast du etwas beobachtet?«

Erneut schlug er sich auf die Brust, als sei er Tarzan. »Ich habe ihn gesehen.«

Und dann erzählte Miguel ihr alles, was er am vergangenen Donnerstagnachmittag beobachtet hatte, und lieferte ihr darüber hinaus eine astreine Personenbeschreibung des mutmaßlichen Täters. Sie gewann mehr und mehr den Eindruck, als kenne sie den Mann. Sie suchte in ihrem Gehirnarchiv nach dem passenden Verbindungsglied. Und dann fiel es ihr ein. Als sie zum Tatort in die Alfama geeilt war, war ihr auf der Treppe hinter dem Brunnen ein Herr mit Gehstock begegnet.

Sie bestellte für Miguel ein zweites Glas Saft und ein weiteres Stück Kuchen. Der Wirt warf ihr einen dankbaren Blick zu, als sie Miguel die Mundwinkel mit einer Serviette abtupfte, sobald etwas danebenlief, und das tat es wegen seiner Hasenscharte bei jedem Schluck und bei jedem Bissen.

»Hast du den Mann seitdem einmal wiedergesehen?«, fragte sie sanft.

»Gestern.«

Dora konnte ihr Glück kaum fassen. »Wohnt er hier in der Nähe?«

Miguel schüttelte den Kopf. »Frag Padre Nuno.«

Zum Abschied schlang er seine dünnen Arme um ihren Hals und schmiegte seine Wange an ihre. »Danke, Dora.«

Sie schaute ihm nachdenklich hinterher, wie er Stufe für Stufe die Treppe erklomm, bezahlte und ging die Gasse zurück zur Kirche.

Der Fall endet dort, wo er seinen Anfang genommen hat, dachte sie. In der Igreja de São Miguel.

***

Sie fand den Padre in der Sakristei. Wie schon beim ersten Mal raubte ihr die devotional-religiöse Atmosphäre für einen Augenblick den Atem, und sie blieb auf der Türschwelle stehen.

Padre Nuno zuckte. »Haben Sie mich erschreckt, Senhora Inspetora-Chefe.« Sein Blick blieb an ihren nackten Beinen hängen. »Nach dem, was man in den Nachrichten hört und liest, haben Sie den Fall gelöst. In sagenhaften vier Tagen.«

Dora schob die Sonnenbrille hoch ins Haar. »Elías' Mörder hat Sie besucht.«

Padre Nuno schluckte schwer. »Mörder? Ich dachte, dieser Guiliano sei der Mörder.«

»Nein, ist er nicht. Und der Rest ist Berufsgeheimnis. Also, was wollte der humpelnde Mann gestern von Ihnen?«

Padre Nuno knetete unruhig seine Finger. »Ach, den meinen Sie. Der Herr erbarme sich seiner Seele. Er tauchte hier auf, hat mir einen Riesenschreck eingejagt, ein großer, kräftiger Mann mit fiebrig glänzenden Augen und dicht gewachsenem Backenbart. Gesehen habe ich ihn vorher noch nie. Wie ein gehetztes Tier wirkte er. Die Haare standen ihm wirr vom Kopf. Das Hemd war falsch zugeknöpft. Ich spürte seine Furcht wie eine kalte Hand, die sich nach mir ausstreckte. Er könne ihnen nicht vergeben, stammelte er immerzu und ergriff meine Hände. Mir war ganz schön mulmig zumute, das dürfen Sie mir glauben. Ich war überzeugt, ein geistig Verwirrter stand vor mir. Aber da war er schon wieder verschwunden. Eine Streife kam, die Polizisten haben das ganze Viertel abgesucht, ihn aber nicht wiedergefunden. Vielleicht ein Alzheimerpatient, aus dem Seniorenheim ausgebüxt, meinten sie. Also ich muss schon sagen, was Sie da aufgedeckt haben, ist grandios, Senhora Inspetora-Chefe. Ich lüfte den Hut vor Ihnen.«

Dora überging die Schmeicheleien. »Und der Mann hat ganz sicher ›ihnen‹ gesagt?«

Padre Nuno nickte.

Sie bedankte sich und lief zügig los durch die engen Gassen der Alfama in Richtung Militärmuseum, daran vorbei links bergauf bis zum Panteão Nacional und dort die Treppengasse hinunter, bis sie ihr Ziel erreicht hatte, die »Barbearia 77«. Ferreiro stand neben einem Frisierstuhl und rasierte einen Kunden nach Altväter-Sitte mit Rasierschaum und Messer. Als Dora in den Laden stürzte, übergab er den Kunden augenblicklich an seinen Gesellen und winkte sie in sein Büro.

»Was gibt's Neues?«, fragte er.

Dora wiederholte Miguels Beschreibung des mutmaßlichen Täters. »Geheimratsecken, Backenbart, beleibt, humpelt links und stützt sich auf einen Gehstock.«

Ferreiro wurde kreidebleich. »Ich habe es kommen sehen«, stieß er hervor.

In dem Moment vibrierte Doras Smartphone. »Cardoso, ich bin in einer wichtigen Besprechung … Kann nicht warten? Also gut, spucken Sie es aus.« Dora hörte Cardoso und gleichzeitig Ferreiro zu.

»Ich hoffe, Sie sitzen. Nachdem Sie behauptet hatten, der Mord an Sofía sei aus Rache geschehen, habe ich mir ihre Biografie nochmals genauer angeschaut. Und das Melderegister angerufen …« Cardosos Stimme überschlug sich beinahe. Dora hielt das Handy ein Stück vom Ohr weg.

Ferreiro rückte die Gegenstände auf seinem Schreibtisch hin und her, bis sie im rechten Winkel zueinanderstanden. »Rogério humpelt, seit Josh ihn damals beim Militärputsch aus dem Kreuzfeuer gerettet hat.«

Er sprach so leise, dass Dora ihn kaum verstand und sich deswegen dicht neben ihn stellte, damit sie ihn und Cardoso verstehen konnte.

»Sofía Pires hatte einen Bruder.« Cardoso zog das Wort Bruder in die Länge.

»Es muss bei der Geburtstagsparty im letzten Jahr bei Josh im Atelier passiert sein.« Ferreiro schob die Kanten Papier im Drucker gerade.

Cardoso wusste noch eine Menge mehr über den Gesuchten zu berichten. »Er heißt Rogério Pires und war zusammen mit

Ferreiro und Jósua Inácio bei den Dragonern. Inácio war sein Sergeant.«

»Josh hat ihm damals das Leben gerettet«, sagte Ferreiro.

Dora erinnerte sich an Cidália Pires' Worte, als sie ihr in Alvor die traurige Botschaft vom Tod ihrer Tochter Sofía überbracht hatte. »Seinetwegen hat sich mein Mann aufgehängt. Dass Sofía fortgegangen ist, hat er nie verkraftet. Wegen dieser Kanaille war ich mit knapp vierzig Witwe und alleinerziehend.« Das Wort »alleinerziehend« hatte Dora in der Trostlosigkeit des Momentes schlichtweg überhört.

Rogério Pires. Er war Elías' Mörder und hatte fünfundvierzig Jahre darauf gehofft, den Tod seiner jüngeren Schwester zu rächen. Nachdem er Elías umgebracht hatte, hatte er ihm vermutlich extra die Kette vom Hals gerissen und sie in der Kirche liegen lassen. Eine Spur mit einer Botschaft, damit sie das Foto seiner ermordeten Schwester Sofía fand und die Fährte zu Guiliano aufnehmen konnte. Sollte sie mit dieser Vermutung richtigliegen, hätte Rogério Pires die Tat übergründlich geplant und genial eingefädelt.

Sie hatte ihn zum ersten Mal auf der Treppe in der Alfama und später sogar noch einmal gesehen. Auf einem Foto in Admiral Lourenços Büro. Auf dem Bild stand er neben Jósua Inácio. Sogar seinen Namen auf der Uniform hatte sie laut gelesen. Rogério Pires. Sein linkes Bein war eingegipst gewesen, erinnerte sie sich. Aber auf ihrer Treibjagd nach Guiliano hatte sie sein Gesicht und seinen Namen vergessen.

Der Mord an Elías Inácio war aus Liebe geschehen. Aus Geschwisterliebe.

»Dora!«, rief Ferreiro.

»Schreien Sie doch nicht so.«

»Ich schreie doch gar nicht«, protestierte Cardoso an ihrem Ohr.

»Rogério ist noch nicht fertig«, prophezeite Ferreiro.

Dora stellte Cardoso auf Mithören. »Woher kannten Sie Sofía?«, fragte sie Ferreiro.

»Von einem Foto von Rogério mit ihr. Er liebte seine Schwester abgöttisch. Eines Abends auf einer Patrouille brach er zusammen, weinte und stammelte, Sofía sei verschwunden, aber niemand wusste, wohin. Als du mir das Foto von ihr gezeigt hast, dachte ich an eine Verwechslung. Erst als du eben erwähnst hast, dass der Mörder humpelt, fiel bei mir der Groschen, dass Elías' Geliebte Rogérios Schwester Sofía gewesen sein muss.«

»Haben Sie das alles gehört, Cardoso? Setzen Sie Rogério Pires augenblicklich zur Fahndung aus. Rufen Sie Jorge an und schicken Sie ihn und ein DEA-Kommando in die Escolas Gerais zu Inácios Werkstatt. Ich laufe hinüber.«

Dora verabschiedete sich von Ferreiro, verließ den Salon und rannte hinauf zum Panteão Nacional. Neben dem Kinderkrankenhaus bog sie in eine schmale Gasse unterhalb des Klosters Vicente de Fora ab. Vor einer Straßenbahn flitzte sie über die Schienen, was ihr ein lautes Warnklingeln des Tramfahrers einbrachte.

An der Gasse zur Werkstatt angekommen, blieb sie stehen und wartete, bis sich ihr Atem beruhigt hatte.

Die Tür war angelehnt. Dora zog ihre Waffe aus der Handtasche, schubste das Holzportal ein Stück auf und trat ein. Die Ouvertüre aus der Wagner-Oper »Parsifal« schallte ihr entgegen. Geduckt schlich sie durch das Atelier, jederzeit darauf gefasst, Jósua Inácio tot vorzufinden oder einen Angriff Rogério Pires' abwehren zu müssen.

Ein Paukenschlag. Die Ouvertüre endete. Sie hörte Stimmen. Zwei. Die eine gehörte Inácio. Die andere seinem Besucher. Die beiden Männer saßen in der Küche am Tisch. Eine Flasche wurde entkorkt.

Dora spähte durch den Spalt an der Tür und entdeckte einen Gehstock, der an die Tischkante gelehnt war.

»Dass du mich mal wieder besuchen kommst, Compadre«, hörte sie Inácio sagen.

»War gerade in der Gegend«, sagte der andere.

Dora schob die Pistole unter ihre Bluse in den Hosenbund.

»Boa tarde. Was wird denn hier gefeiert? Kann ich ein Gläschen mittrinken?«

Ein breites Lächeln huschte über Jósua Inácios Gesicht. Seine Augen glänzten. Er breitete beide Arme aus. »Dora, Sie Heldin. Setzen Sie sich, trinken Sie mit uns.«

Sein Gast drehte den Kopf in ihre Richtung und taxierte sie. Dora ließ mit keiner Miene erkennen, dass sie sich an die kurze Begegnung auf der Treppe in der Alfama erinnerte, und schenkte ihm ein Lächeln.

»Dora, das ist mein Compadre Rogério Pires. Wir kennen uns seit der Militärpolizei, haben die Revolution und den Putsch zusammen durchgestanden«, sagte Inácio. »Rogério. Das ist Inspetora-Chefe Dora Monteiro. Sie hat Guiliano geschnappt, ihm das Hemd aufgeschlitzt und mein Andenken auf seiner Brust gefunden. Damit war er überführt. Bravo! Die Hoffnung, dass Guiliano irgendwann für seine Gräueltaten bezahlt, habe ich ehrlich gesagt vor fünfundvierzig Jahren verloren. Nicht zu fassen. Jetzt sitzt die Bestie im Bau.«

»Freut mich, Ihre Bekanntschaft zu machen«, log Dora.

»Die Ehre liegt ganz bei mir.« Pires beherrschte die Lage ebenso perfekt.

Dora scannte ihn unauffällig. Wie seine Mutter Cidália Pires war auch ihr Sohn pausbäckig und untersetzt. Dafür größer und feister. Seine Ausstrahlung wirkte brachial. Wie schon auf dem Foto im Büro des Admirals imponierte ihr auch jetzt vor allem sein kantiger Schädel.

»Jósua übertreibt. Ich habe lediglich meine Arbeit gemacht.«

Pires zu unterschätzen wäre fatal gewesen. Ein verletzter Bruder, der seine Schwester und den Glauben an Kameradschaft verloren hatte, saß vor ihr. Seinen Ingrimm über ihr überraschendes Auftauchen konnte sie regelrecht riechen.

»Nichts für ungut.«

Sie nickte. Das Wort »danke« blieb ihr im Mund stecken. Ihre Gedanken überschlugen sich. Vielleicht war Pires bewaffnet. Aber das falsch zugeknöpfte Hemd spannte derart über seinem prallen

Bauch, da passte nirgends mehr eine Waffe hin. Eine Tasche trug er auch nicht bei sich. Ob der Gehstock präpariert war? Mit einem versenkten Stilett? Oder hielt er gar ein Stecheisen aus Jósuas Werkstatt parat? Bis Jorge mit dem Sonderkommando eintraf, musste sie der Situation nonchalant begegnen, beschloss sie.

»Jósua, haben Sie noch einen Schluck von diesem richtig guten Schnaps aus der Algarve?« Sie legte ihre Ellenbogen auf den Tisch und strahlte beide Männer mit ihrem Zuckerbäckerinnenlächeln an.

»Baumerdbeerschnaps. Gute Idee!« Inácio stand auf, holte eine Flasche und drei Schnapsgläser aus dem Schrank.

»Kommen Sie Jósua öfter besuchen?«

Rogério Pires' Nackenmuskeln spannten sich, als säße er auf dem Schleudersitz, darauf gefasst, dass Dora den Knopf drückte. »Wenn ich in der Gegend bin ...«

Sie ließ Pires keine Sekunde lang aus den Augen. In der Spiegelung des Fensters hinter ihm sah sie auf dem Stuhl neben seinem Oberschenkel etwas Metallisches aufblitzen. Was sollte sie bloß tun? Wie konnte sie ihn ohne jeglichen Beweis überhaupt überführen? Einzig mit Indizien würde es schwierig, wenn nicht unmöglich werden. Sie brauchte ein Geständnis. Aber warum sollte Pires den Mord gestehen? Ein Spaziergang in der Nähe der Kirche und die Aussage eines Jungen aus der Nachbarschaft reichten bei Weitem nicht für eine Verhaftung.

Inácio goss die drei Stamperl voll mit dem scharfen Obstler. »Trinken wir auf die Gerechtigkeit, *saúde*.«

Dora hob ihr Glas. »Auf die Gerechtigkeit und auf Kameradschaft.«

Die drei Gläser klirrten aneinander.

»Ah, ist der gut.« Sie wischte sich den Mund mit dem Unterarm ab und spürte den Schnaps durch ihre Blutbahn tanzen, bevor er überhaupt ihren Magen erreicht hatte. Als Inácio nachschenkte, vibrierte ihr Telefon.

»Cardoso, was gibt's? ... Aha. Ich verspäte mich etwas. Können Sie den Besuch hinhalten?«

»Sie möchten den Zugriff verzögern?«

»Exakt.« Dora drückte den Anruf weg. *»Saúde.«* Auch den zweiten Schnaps kippte sie auf ex. Dann stand sie auf. »Leider muss ich los.« Sie schnappte die drei leeren Gläser vom Tisch und räumte sie in die Spüle.

»Schade, dass Sie schon gehen müssen«, meinte Inácio. »Kommen Sie bald wieder?«

Er gab ihr die Hand. Für einen winzigen Moment verband sie wieder das Band der absoluten Vertrautheit. Er hatte sie seelisch nackt gesehen und sie ihn, das sollten sie beide nie mehr vergessen.

»Auf jeden Fall, Jósua. Hat mich gefreut, Senhor Rogério.«

Vor dem Haus wartete Jorge mit dem DEA-Team, bereit zum Zugriff. Polizisten hatten bereits die Straße gesperrt und sorgten dafür, dass niemand sich der Werkstatt nähern konnte.

Auf Doras Kommando stürmten Jorge und sein Team in die Werkstatt. Dora hörte Jorge Befehle bellen, Inácio schimpfen und Rogério protestieren. Sie zählte bis fünf, holte tief Luft und folgte dem Einsatzteam in die Küche.

»Im Namen des Gesetzes verhafte ich Sie, Senhor Rogério Pires, wegen Mordes an Elías Inácio.«

Als sie ihm Handschellen anlegte, senkte Rogério den Kopf.

Inácio ließ sich auf den Stuhl fallen und schaute seinen Compadre an, als sei er ein völlig Fremder. Dann Dora.

»Sie irren sich, Dora. Sie *müssen* sich irren! Guiliano ist der Mörder meines Bruders. Rogério ist mein Kamerad.«

Dora konnte seine Fassungslosigkeit kaum ertragen und drehte sich zu Rogério Pires um.

»Sie können mir gar nichts nachweisen«, tobte dieser.

»Ich kann, Senhor Pires, und ich werde. Wir haben einen nicht identifizierten Fingerabdruck auf der Tatwaffe. Präzise gesagt, vom linken Daumen.«

Auf dem Stuhl neben Rogério erspähte sie tatsächlich ein Stecheisen. Das gleiche Kaliber wie die Tatwaffe. Sie war also gerade noch rechtzeitig gekommen.

»Reinlegen wollen Sie mich.«

»Olá, hübsch brav bleiben«, wies Jorge Pires zurecht.

Dora blieb gelassen und rief Cardoso an. »Die Spurensicherung soll den unbekannten Finderabdruck auf der Tatwaffe mit Pires' Fingerabdrücken vergleichen.«

»Welchen unbekannten Fingerabdruck denn, Senhora Inspetora-Chefe?«

6

Mittwoch, 14. August

Die Vernehmung im Präsidium verlief zäh. Rogério Pires tischte ihnen eine Ausrede nach der anderen auf, um seine Anwesenheit in der Igreja de São Miguel zu erklären.

»Wie oft soll ich es Ihnen noch sagen, es ist so romantisch dort.«

Entnervt verließ Dora den Raum und rief Rogérios Mutter Cidália an. In kurzen Sätzen erklärte sie ihr, was geschehen war und dass Jósua Inácio nichts von Sofía gewusst hatte und auch nicht, dass Elías Sofía an die PIDE verraten hatte.

»Bitte erklären Sie das Ihrem Sohn. Er steht unter Mordanklage und unter Anklage wegen versuchten Mordes. Nur wenn er seinen Irrtum erkennt und die Tat gesteht, kann die Staatsanwaltschaft das Strafmaß reduzieren.«

Cidália rief Gott, den Herrn, um Hilfe an und schluchzte laut. »*O meu Deus*, mein Sohn.«

Zurück im Vernehmungsraum, reichte Dora Rogério Pires ihr Telefon.

»Mãe?« Rogério hörte seiner Mutter zu, versuchte mehrmals zu widersprechen. Doch je länger er zuhörte, desto mehr veränderte sich sein Gesichtsausdruck, wechselte von hart zu ungläubig, bis er am Ende des Gesprächs fast weich wirkte. Tränen liefen ihm über das Gesicht.

Dora nahm ihm das Telefon aus der Hand. »Dona Cidália, ich halte mein Versprechen und bringe Sofía nach Hause«, sagte sie, verabschiedete sich und holte die blutverschmierte Tatwaffe unter dem Tisch aus einem Karton hervor. Sie verströmte den typischen Geruch nach nassem Rost.

»Senhor Pires. Weihen Sie uns ein.«

Rogério Pires walkte seine Finger. Seine trostlose Miene

offenbarte Dora die nach wie vor anhaltende Ohnmacht über den gewaltsamen Tod der kleinen Schwester. Die eben noch zur Schau gestellte Arroganz verschwand. Zerknirscht erzählte er, was passiert war.

»Eines Tages hat Sofía ihren Freund Elías mit nach Alvor gebracht und unserem Vater eröffnet, dass sie zusammenziehen und eine Familie gründen wollten. Heiraten wollten sie vor allem und erbaten Vaters Segen. Sofía war bereits schwanger von ihm, aber das wusste bloß ich.«

Dora bekam einen Schreck. Schwanger? Dann war Sofía mit dem ungeborenen Kind gestorben. Durch Elías' Verrat.

Pires erzählte weiter. »Vater lehnte eine Heirat mit Elías strikt ab. Sofía sollte in ihrer Heimat bleiben. Von ihren Flausen eines Studiums wollte er nichts wissen. Sofía brannte trotzdem mit Elías durch. Wenige Monate danach verschwand sie spurlos. Meine Mutter heulte sich jahrelang nachts in den Schlaf. Mein Vater hängte sich eines Tages auf. Als ich Elías auf Jósuas Geburtstag im vergangenen Jahr wiedergetroffen habe, dachte ich, ich schlitze ihn an Ort und Stelle auf. Ich wusste längst, wie Sofía gestorben war und wer sie an die PIDE verraten hatte, aber ich habe es *mamã* nie erzählt. Seit dem Geburtstag war ich nicht mehr ich selbst. Elías war Jósuas Bruder. Ich dachte, ich verliere den Verstand. Der Mörder meiner Schwester war der Bruder meines Lebensretters. Von da an sah ich rot. Ich beschloss, beide zu töten, weil ich dachte, Jósua wusste, was Elías damals alles verbrochen hat. Ja. Ich habe Elías umgebracht, und ja, ich wollte Jósua auch noch umbringen. Aber dann saß ich bei ihm am Tisch, und meine Rachelust schwand in dem Moment, als er mich umarmte und drückte wie einen verlorenen Sohn. Mein Zorn, meine Trauer, puff, alles weg. Jósua war mein Kamerad. Er hat sein Leben riskiert, um mich zu retten. Und ich wollte ihn umbringen. Danach mich. Mit dem Stecheisen. Ein Hieb mitten ins Herz.«

Genau das hatte Dora befürchtet und war deswegen heilfroh, dass sie noch rechtzeitig die Werkstatt erreicht hatte. Jetzt konnte sie den Mord an Elías Inácio aufklären, einen Mord an seinem Zwillingsbruder Jósua vereiteln, den Selbstmord von Rogério Pires verhindern und somit einer kleinen rundlichen Frau in Alvor den Verstand retten.

7

Donnerstag, 15. August

»Sie haben geblufft?« Mendonça verschränkte beide Arme vor der Brust und blähte die Backen auf.

Das Kennenlernen mit ihrem neuen Coordenador-superior fing ja gut an. Dora kannte diesen Ton seit dem ersten Tag ihrer Laufbahn in der Kriminalpolizei. Diese Mischung aus männlicher Autorität, Vorwurf und Belehrung. Sie hatte gehofft, dass er mit Martinianos Festnahme endgültig aus dem Morddezernat verschwinden würde. Da hatte sie sich wohl geirrt.

»Daran müssen Sie sich gewöhnen«, sagte sie selbstbewusst.

Mendonça lief rot an, schnaufte wie ein Boxerrüde und hielt ihr nach einem tiefen Atemzug lautstark und ohne Punkt und Komma einen Vortrag über Gesetz und Gesetzeshüter.

Dora ließ ihn lamentieren, solange er wollte, kramte in ihrer Handtasche nach ihren Pfefferminzdragees ohne Zucker, die sie seit Neuestem ständig bei sich trug, und steckte sich gleich drei auf einmal in den Mund. Wortfetzen wie Vorbildfunktion, Vertreter der öffentlichen Ordnung und Berufsehre flogen ihr um die Ohren, begleitet von einem Speichelregen bei jeder Cedille, und davon hatte ihre Sprache wahrlich reichlich.

Sie stand auf und stellte sich demonstrativ desinteressiert ans Fenster.

»Wie sind Sie überhaupt angezogen?«, echauffierte sich Mendonça wohl angesichts ihrer Unverfrorenheit, ihm den Rücken zuzudrehen.

Dora verlor allmählich die Geduld. »Geht Sie das was an?«

Mendonça wechselte abrupt den Gesprächston. Doras Gelassenheit brachte ihn offensichtlich aus dem Konzept. »Senhora Inspetora-Chefe, bitte, ich will ja kollegial mit Ihnen zusammenarbeiten und möchte wirklich eine angenehme Atmosphäre schaffen, Ihnen auf gar keinen Fall zu nahe treten«, raspelte er Süßholz. »Adäquat in Ihrer Position wäre ein Damenkostüm, gern mit Hose, wenn Sie lieber Hosen tragen, aber doch keine Hotpants mit Hawaiibluse.«

Aha. Adäquat, äffte sie Mendonça still nach. Sie drehte sich um und ging zwei Schritte auf ihn zu. »Kapverden. Die Bluse ist ein Kleidungsstück der Kapverden. Übrigens meine Heimat.«

Widerspruch war Mendonça nicht gewohnt, erkannte sie an seinem Blick. Sobald er sprach, hatte man strammzustehen.

Sogar ohne Zuckerration blieb Dora gelassen. Ihr Nervenkostüm war entspannt. Sie konnte frei durch die Nase atmen, das dunkle Loch in ihrer Mitte öffnete sich nicht einmal einen Spaltbreit. Mendonça auf der anderen Seite des Besprechungstisches bedeutete ihr nichts. Sie kannte ihn nicht, und er kannte sie nicht. Sie lernte sich ja soeben erst wieder selbst kennen. Ihr Selbstvertrauen meldete sich zurück und mit ihm ihr Kampfwille.

Sie drehte Mendonça erneut den Rücken zu und schaute aus dem Panoramafenster aus Martinianos alias Guilianos ehemaligem Reich in Richtung Burghügel. Lissabon führte sein romantisches Sommerkleid spazieren. Purpurrosa erstrahlten die Fassaden der Patriziervillen am Hügel Campo Mártires da Pátria, sienarot die Zinnen der Burg.

Dora verspürte Lust auf ein Glas Weißwein und auf Musik aus ihrer Heimat. Die Entscheidung war gefallen. Wenn sie ehrlich war, bereits vor ihrer Begegnung mit Mendonça aus Porto, der Stadt des Liberalismus und der Wiege der Demokratie. Bestimmt hatte die PJ Porto das Männlein in braunem Cord loswerden wollen und Mendonça deshalb nach Lissabon geschickt, unkte sie. Jetzt rieben sich die Kollegen da droben im Norden sicher gerade die Hände und stießen mit einem Glas Portwein darauf an, dass er weg war. Dieses Requiem antiquierter Machtstrukturen sollte jemand anders von seinem Stuhl räumen.

Sie legte zwei Dinge auf Mendonças Schreibtisch. Ihre Dienstmarke und ihre Glock.

***

Dora war keine Freundin von Sammlerstücken. Es gab in ihrem Büro nicht viel, was ihr gehörte. Die wenigen Habseligkeiten fanden Platz in ihrer Handtasche, die Blumen in einer Tasche und die Kaffeemaschine in einem Pappkarton. Bevor sie ging, rief sie Cardoso an.

»Boa tarde, Senhora Inspetora-Chefe.«

»Ich komme nicht mehr ins Büro zurück«, sagte sie kurz und bündig. »Und ab heute bin ich Dora.«

»Oh«, meinte Cardoso. Seine Stimme klang eher erfreut als überrascht. »Ich bin heute den ganzen Tag bei Pedro. Wäre schön, wenn du nachher anklopfst und deinen Galgenvogel mitbringst. So ein possierliches Tierchen, hat Pedro erzählt. Wir könnten auf dem Balkon sitzen, eine Kleinigkeit zusammen essen, *petiscos* naschen, Wein trinken, reden. Was meinst du?«

»Gern, Dário Cardoso.« Sie legte auf, schnappte ihre Handtasche, die Tasche und den Karton und summte ein Liedchen. »Falalalala.«

Bevor sie das Dezernat verließ, ging sie hinunter in den Keller in die Gerichtsmedizin.

»Haben Sie zufällig die vier Samenkörner aus Elías Inácios Hosentasche aufbewahrt?«, fragte sie die Pathologin.

Dotoura Isabel nickte, holte ein Stofftaschentuch aus ihrer Schublade und wickelte die Weizenkörner aus. »Irgendwie ahnte ich, dass Sie danach fragen würden. Sie bedeuten etwas, nicht wahr?«

Dora ließ die Körner in ihrer Handfläche hin- und herrollen. »Jedes einzelne.«

Epilog

Es geschah am 25. November, einem Sonntag. Es war regnerisch, stürmisch, kalt. Das Meer schäumte und brüllte. Der Himmel hing tief. Dunkelgraue Wolkenberge quollen bedrohlich vom Horizont näher. Sturmböen schickten peitschende Regengüsse an die Küste.

Die Stimmung in der winzigen Kapelle Nossa Senhora da Misericórdia in Alvor erreichte ihren Tiefpunkt, als der Bestatter und seine Gehilfen den Sarg hereintrugen und vor dem Altar aufbahrten. Der Deckel des Sarges war geschlossen. Obenauf lag ein Foto von Sofía Pires und zeigte sie als vor Kraft strotzendes junges Mädchen mit hüpfenden Zöpfen und strahlendem Lachen.

Ein Blitz erhellte den Gebetsraum. Kurz darauf brachte ein Donner den Steinfliesenboden zum Beben. Die Trauergäste zuckten zusammen und rückten einander noch näher.

Das Kirchlein war zum Bersten voll, trotzdem drängten immer mehr Nachbarn herein und fanden irgendwie einen Platz zwischen den anderen. Alle Fischersleute waren gekommen, um das verlorene Kind auf seinem letzten Weg zum Friedhof zu begleiten, um der Mutter Trost in dieser verlassenen Stunde zu spenden und um während der Ansprache des Gemeindepfarrers Sofías Schicksals zu gedenken.

Dora stand inmitten der trauernden Menschen und ließ die Tränen rollen. Sie weinte über die Vergangenheit der Familie Pires und über die Schuld der Familie Inácio. Über den Schmerz, den Sofías Tod all denen hinterlassen hatte, die auf dieser Seite des Lebens geblieben waren. Über ihren eigenen Schmerz und über ihre Unfähigkeit, ihn zu vergessen.

Der nächste Donner brachte den Saal zum Schweigen. Die Demut vor Gott und den Elementen wog schwer bei den Fischern. Ihr Glaube an Gott und die Verdammnis war allgegenwärtig.

Neben Cidália Pires saß Rogério, bewacht von zwei Polizisten in Zivil. Seine Hände lagen mit denen seiner Mutter ineinander verschlungen in ihrem Schoß. Er hielt den Kopf gesenkt.

Dona Cidálias Antlitz glich einer Madonna. Starr geradeaus hielt sie den Blick auf den Sarg gerichtet, stocksteif harrte sie auf der vordersten Kante der Kirchenbank und blinzelte nicht ein einziges Mal mit den Lidern.

Das »Amen« des Padre rief den Chor zusammen. Alte und junge Fischersfrauen, bekleidet mit weißen, knielangen Hemden, sangen das traurig-schönste Ave-Maria, das Dora je in ihrem Leben gehört hatte.

Hatte es eben noch gestürmt, verstummte der Wind, kaum dass sich der Trauerzug mit den Sargträgern und dem Sarg auf den Schultern Richtung Friedhof in Bewegung setzte. Der Regen fiel weich wie ein Schal auf die Trauergemeinde nieder. Der Himmel über Alvor riss einen Spaltbreit auf. Sonnenstrahlen kreuzten ihren Weg.

Geschützt wie in einem Trichter aus Sonnenlicht, standen die Trauernden auf dem Friedhof im Kreis um die Öffnung herum, bis der Sarg in die Erde versenkt wurde. Mutter Sonne schenkte der aus dem Leben geraubten Fischerstochter aus Alvor ein allerletztes Mal ihr wärmendes Licht, bevor Mutter Erde ihren Sarg verschluckte und Sofía endlich ihre letzte Ruhestätte fand. Schweigend gingen die Menschen auseinander.

Dona Cidália drückte Dora im Vorübergehen die Hand. »Danke, dass Sie mir meine Kinder wiedergegeben haben, Kindchen.«

Dora schaute Mutter und Sohn, flankiert von Polizisten, nach, bis sie durch das Tor verschwanden. Sie blieb neben dem frisch aufgehäuften Erdhügel stehen und wartete, bis sich der Friedhof geleert hatte. Dann hob sie den Kopf und blinzelte in die Sonne. Ein zarter Regenbogen wuchs zwischen den Gräbern empor.

Dora lächelte. Ihre Haare trieften. Ihre Kleidung war durchnässt, aber sie spürte weder die Kälte noch die Nässe und kniete neben dem Grab nieder.

»Ein guter Ort«, sagte sie hoffnungsfroh und holte die vier Getreidekörner aus ihrer Hosentasche.

Elías Inácio war nicht in irgendeine Kirche zum Beten gegangen. Er war in die einzige für ihn mögliche Kirche gegangen. Eine alte Legende in der Alfama besagte, dass Mütter, die ihre Kinder bei der Geburt verloren hatten, Mütter, die ihre Kinder im Kindbett hatten sterben sehen, und Mütter, die ihre Neugeborenen hatten weggeben müssen, in der Igreja de São Miguel in der Gruft unter dem Altar der heiligen Mutter Maria Getreidesamen in ein verborgenes Beet säten. Für jedes Korn beteten die Mütter zur heiligen Maria für ein neues Kind und erbaten Erlösung für die toten Kinder.

Dora grub mit dem Fingerknöchel drei Mulden in die regennasse rotbraune Erde an Sofías Grab und vergrub die Körner. Einen für Vergebung für Elías. Den zweiten für Gerechtigkeit für Rogério. Die restlichen zwei bettete sie gemeinsam in eine Mulde. Für Sofía und ihr ungeborenes Kind.

Danksagung

Die Idee für »Leiser Tod in Lissabon« entstand eines Abends beim Essen. Ein ehemaliger Militärpolizist erzählte mir von seinem Dienst bei der Militärpolizei in Lissabon vor, während und nach der Nelkenrevolution. Damit offenbarte er mir eine völlig andere Perspektive auf den Militärputsch am 25. November 1975 in Lissabon, denn er war mittendrin gewesen. Angestachelt bis in die Haarspitzen von bestimmten Details, die in keinem Geschichtsbuch stehen, sah ich eine Geschichte sich vor meinem inneren Auge aufblättern.

Als Nächstes verriet ich meine Idee für dieses Buch meiner Schwester Nina George. Sie sagte: »Das Buch will ich lesen.« Hier ist es.

Meine Freundin Marion Louca meinte lapidar, Geld als Motiv sei zu wenig für einen Mord aus Rache. Ihrem Einwand verdanke ich, dass es zwei Erzählstränge mit unterschiedlichem Ausgang gibt.

Meine Freundin Berenike Jacob las das Manuskript in einem Zug und rief mich begeistert an, sie habe geweint und gelacht. Das schenkte mir Zuversicht.

Meine Testleserin Gabi Skarupke machte mich auf ein essenzielles Missverständnis aufmerksam und rettete mich somit vor einem inhaltlichen Irrtum.

Des Weiteren bedanke ich mich beim Emons Verlag für die konstruktive Zusammenarbeit und hier besonders bei Stefanie Rahnfeld, die den Weg für die Entstehung des Buches bereitet, und bei Nina Schäfer, die das Cover ausgebrütet hat, sowie bei meiner Lektorin Susann Säuberlich für ihre durchgehend professionell straffe Unterstützung.